613

Du même auteur
chez le même éditeur

Serial eater
Saraka bô
Dieu-Dope
Les Nuits de Patience

Tobie Nathan

613

Collection dirigée par
François Guérif

Rivages/noir

Retrouvez l'ensemble des parutions
des Éditions Payot & Rivages sur

payot-rivages.fr

Pour la Regina :

Yom lek oué yom 'alek
« un jour pour toi, un jour contre toi. »
yom 'assal oué yom bassal
« un jour de miel, un jour d'oignon. »

Prologue

Jeudi soir, le 20 mars.

Les informations du vingt heures étaient presque exclusivement consacrées à la crise du Bongo. On y voyait d'abord le colonel Donatien Toussega, avec un large sourire, annonçant aux caméras des pays occidentaux et, comble de provocation, dans un anglais parfait, que le peuple bongolais venait de se libérer du tyran le plus sanguinaire que l'humanité ait connu depuis la mort de Hitler et de Staline. Mais immédiatement après, et durant près de dix minutes, ils avaient passé un reportage sur la situation à Zébraville, capitale du Bongo, où l'on voyait des cadavres mutilés par centaines. Le commentaire précisait que le coup d'État avait été suivi d'une répression sanglante. D'après le journaliste, on comptait les morts par dizaines de milliers. On montrait des hommes abattus à bout portant, d'autres brûlés vifs dans des pneus de camion. Pire que tout, le même journaliste se lamentait devant la scène où des militaires s'emparaient des caméras de télévision et les explosaient à la kalachnikov. Cette séquence avait déjà fait le tour des télévisions du monde entier. À la fin du reportage, le présentateur du journal, la moue consternée, déplorait les terribles atteintes aux droits de l'homme qui étaient en train d'être commises au Bongo, et annonçait une déclaration des officiels français.

Complet noir, cravate foncée, le premier sinistre, l'air cureton, disait sa très profonde inquiétude devant les récents événements survenus au Bongo. Il déclarait que la France ne saurait rester indifférente à des exactions d'une telle violence et qu'elle condamnait avec la plus extrême fermeté les comportements de l'APLB de Donatien Toussega, « l'Armée Populaire de Libération du Bongo ». D'autre part, il annonçait que le Conseil de l'Europe avait été saisi d'une demande conjointe de la France et de la Belgique et qu'il comptait bien déposer avant la fin de la semaine une motion au Conseil de sécurité de l'ONU. Il concluait, l'air sévère – et l'on avait l'impression qu'il adressait directement l'admonestation au nouveau président – que la France avait toujours su prendre ses responsabilités en Afrique et qu'elle ne resterait pas insensible devant des violations aussi éhontées des droits de l'homme. Finalement, personne n'avait parlé de l'ancien président ni des motifs de la révolte du peuple bongolais ; seulement accusé le nouveau.

Dans les deux dernières minutes du journal, le présentateur annonçait néanmoins que le nouveau régime venait de recevoir une délégation américaine pour une conférence d'une semaine sur la reconstruction du pays après deux mois d'une révolution sanglante.

1

« Ô, toi qui t'en vas, tu commettras toujours plus d'erreurs »

Sans doute la veille, mercredi 19 mars, peut-être en début d'après-midi. Je place cette scène à cet endroit du récit parce que c'est ce qui me paraît le plus logique. En vérité, je n'y ai pas assisté, je l'ai simplement reconstituée après coup, une fois toute l'histoire terminée.

Quai d'Orsay, tout au fond d'un couloir, après avoir enjambé des caisses de documents à détruire, une petite porte qui ne payait pas de mine ouvrant sur un bureau somptueux. Bureau de Charles-Gilbert de Naintré, conseiller spécial auprès du Président de la République, attaché aux affaires africaines.

Le bruit courait dans les milieux bien informés que Naintré était le troisième ou quatrième personnage du pays. Il n'était pourtant que « conseiller » mais, vu la taille de son bureau, sans doute de ceux dont on ne peut pas se passer. C'était un homme apparemment chaleureux, qui souriait toujours, avec les puissants comme avec les humbles. C'était sa stratégie, pour ainsi dire. Mais à bien y regarder, ses yeux trop clairs, presque jaunes, restaient étrangement fixes – à croire qu'il ne voyait pas son interlocuteur. Et c'était un peu vrai car peu importait ce qu'on lui disait, il avait toujours été informé auparavant. Ce vendredi, s'il fulminait intérieurement, rien ne transparaissait sur son visage.

Patrick Dufer, belle quarantaine, grand, les épaules larges, le maintien assuré et toujours une main glissée dans la poche de son veston, a hésité un moment avant de frapper à la porte du patron. Cela faisait bien dix-sept ans qu'il travaillait pour la DST, depuis la fin de son service militaire. C'était ce qu'on appelait un agent actif. D'abord plusieurs opérations en Guadeloupe et en Guyane, contre les indépendantistes ; une mission dans le Pacifique, où il avait brillamment réussi, presque seul, à démanteler un réseau de terroristes tahitiens traditionalistes et tatoués de la tête aux pieds. Après ce succès remarqué, à peine âgé de trente-deux ans, il avait été promu commandant. Par la suite, il s'était en quelque sorte spécialisé dans les affaires africaines. Depuis une dizaine d'années, il avait été de tous les coups. Zaïre, Centre-Afrique, Mali, Bénin, Guinée… À chaque fois qu'un pays africain risquait de changer de régime, il était expédié sur place pour « sauvegarder les intérêts de la France » – c'était du moins l'intitulé officiel de sa mission. La plupart du temps, il avait statut de diplomate, soit en tant que conseiller militaire, soit en tant que conseiller « technique ». Pour son travail, il disposait d'une ligne budgétaire totalement secrète et pour ainsi dire illimitée. Arrivé sur place, il prenait les contacts, distribuait les pots-de-vin, repérait les forces en activité. Il lui arrivait même d'organiser les interventions militaires. Sa réussite, il la devait à un véritable intérêt pour l'ethnologie. Car avant d'accepter une mission, il épluchait tous les documents disponibles sur les habitudes culturelles et religieuses des populations au sein desquelles il devait intervenir. Il avait appris l'importance de la langue et la nécessité de toujours avoir sous la main les meilleurs traducteurs, l'importance aussi de ces systèmes que les Africains appellent sorciers, que les Occidentaux dénigrent comme puérils et qui, en fait, organisent souvent la vie politique – pas seulement en Afrique, d'ailleurs. Il se doutait du motif de sa convocation chez le conseiller : les développements récents de l'affaire bongolaise. Il en revenait, du Bongo, débarqué une semaine plus tôt, juste avant de se voir signifier son expulsion par le nouveau régime. Car cette fois, les choses avaient fort mal tourné. Jusque-là, il était de ceux qui pensaient qu'il fallait continuer à soutenir officiellement le vieux général Makundu, président à vie, pourtant sur le point de mourir. On aurait dit qu'il restait persuadé que même mort, il continuerait à gouverner le pays. Il faut dire que, à chaque fois qu'il l'avait rencontré, il avait été impressionné par l'intelligence et la hargne silencieuse du vieux chacal – n'était-il pas en place depuis près de trente-cinq ans ? Et puis brutalement, la rébellion de Donatien Toussega s'était développée comme une traînée de poudre, comme si elle avait été préparée de longue date, ailleurs… Par qui ? Et lui, il n'avait pas vu le coup arriver. Impardonnable ! Dans chaque ville de quelque importance, la rébellion disposait de troupes entraînées, bien équipées, et surtout parfaitement disciplinées. Dufer était bien placé pour savoir que des armées de cette importance ne s'improvisaient pas ; qu'il fallait bien faire arriver les armes, recruter, nourrir et payer les soldats ; les instruire et les entraîner aussi. Ce n'était pas l'affaire d'un jour ou deux mais de mois de travail avant de parvenir à de tels résultats. Quelqu'un était derrière tout ça ; du gros, du très gros poisson. Quelques semaines avant de quitter le Bongo, il avait bien repéré la présence très discrète d'agents du Mossad, les services secrets israéliens ; mais il n'y avait pas attaché plus d'importance que ça. Qu'est-ce que les Israéliens pouvaient gagner à déclencher une crise en Afrique centrale ? Et lorsque le porte-avions de l'US Navy, *The Independence*, avait mouillé avec toute son escadre à Zébraville, le jour même de la mort du vieux général Makundu, il était trop tard ; beaucoup trop tard pour tenter quoi que ce soit. Ce n'est qu'en voyant les interminables défilés des nouveaux dirigeants bongolais au mess du porte-avions américain qu'il avait compris que le Mossad s'était chargé de tout le travail préparatoire pour le compte des États-Unis. Cela, aucun service ne l'avait réalisé, ni les Anglais, ni les Russes, ni même les Chinois, pourtant très bien implantés dans la région. Que les autres n'aient rien vu, il savait parfaitement que ce ne serait pas une excuse aux yeux du patron. D'autant que la France avait d'autres intérêts ici. Il fallait se rendre à l'évidence : nous venions de perdre le Bongo qui avait basculé avec ses mines de diamants, son uranium, son coltran, son inépuisable pétrole non encore exploité, son immense forêt encore vierge, dans l'escarcelle américaine.

Patrick Dufer était trop rôdé à ce genre d'affaires pour être découragé. Certes, il avait échoué, lamentablement échoué dans sa mission de « sauvegarder les intérêts de la France », mais il savait que la vie continuait et il avait sans attendre commencé à appliquer sa stratégie de remplacement. Son nouveau plan était simple : laisser faire Toussega qui, naturellement, commettrait les exactions habituelles, et en appeler ensuite aux droits de l'homme. Entre-temps, il suffisait de préparer activement la relève, retrouver les hommes de l'ancien président qui s'étaient évaporés dans les pays voisins, les équiper et les préparer à la revanche – eux, au moins, étaient francophones. Ce n'était pas évident à réaliser, ça coûterait certainement très cher, mais c'était faisable – d'autant que Toussega qui avait été emprisonné dix ans par Makundu commençait une sorte d'épuration que l'on qualifiait « d'ethnique », y compris dans la presse américaine, ce qui fait toujours très mauvais effet, surtout par les temps qui courent. Mais il y avait un grain de sable dans le nouveau mécanisme que Dufer avait imaginé, et il le savait. C'est que la France avait aussi fourni son aide sans compter à Toussega, et cela depuis plus de dix ans, puisqu'elle avait secrètement décidé de lâcher Makundu dont le régime était de jour en jour plus corrompu. Dufer restait opposé à ce double jeu, mais on l'avait décidé plus haut, pour préserver l'avenir. Il avait d'ailleurs personnellement rencontré le jeune colonel à plusieurs reprises et il lui avait paru facile de le manipuler – il n'avait certes pas la carrure du « vieux », comme on appelait Makundu là-bas. Il ne fallait à aucun prix que l'on apprenne l'implication des Français dans le coup d'État car si cela se savait, il deviendrait impossible de crier ensuite au loup. Cela, Toussega l'avait vite compris. Et, voulant étouffer dans l'œuf les velléités déstabilisatrices de la France, il avait expédié des témoins de sa lune de miel avec les services français pour rencontrer les politiciens français de l'opposition et leur raconter l'hypocrisie de la politique officielle. Cette fois, Dufer avait été tout de suite au courant de la contre-attaque de Toussega, avant même le départ d'Afrique de l'envoyé bongolais, et il lui avait préparé un comité de réception sur mesure – à la bongolaise ! Finalement, à bien réfléchir, il pensait que tout était rattrapable ; il n'était pas certain que ses supérieurs apprécient la situation de la même manière. Mais après tout, c'étaient les aléas de ce genre de travail…

Le patron avait crié « Entrez ! » Curieusement, Patrick Dufer n'était pas inquiet à cause de cette entrevue ; l'angoisse qui le tenait au ventre était liée à Clara qu'il venait de quitter, place Dauphine. Elle lui avait collé la *ghasra*, « l'angoisse », à la peau, comme chaque fois qu'il la rencontrait.

« Entrez », s'énervait l'autre. Il entra.

Naintré s'était levé pour accueillir son subordonné. Il était à peine plus petit que lui, mais il avait quelque chose de plus naturellement distingué, un port de tête, une allure. Ce jour-là, il souriait à peine.

« Je n'ai que dix minutes à vous consacrer, alors notre conversation durera dix minutes. Pas une de plus ! »

Dufer n'avait jamais vu son chef aussi tranchant.

« Oui, monsieur !

– Je vais vous poser une question, siffla Naintré, vous connaissez la différence entre vous et Dreyfus ? » Et il regardait intensément Dufer dans les yeux. « Il en existe une seule et d'importance : Dreyfus n'était pas coupable… »

Naintré savait bien que Dufer était juif. Né au Maroc, avant sa naturalisation, il s'appelait Haddad – en arabe : « forgeron ». Il avait simplement traduit son nom, l'homme du fer – « Dufer ». À l'annonce de cette phrase que Naintré avait dû ruminer un moment, le cerveau de l'agent très spécial venait de se prendre une véritable décharge électrique qui lui était descendue au travers des bras et des jambes. Que voulait insinuer Naintré ? Que Dufer avait trahi par sympathie envers le Mossad, par solidarité tribale, en quelque sorte. Or, Dufer n'en avait que faire des Juifs, des religions, des dieux et des diables… Et rien n'était plus éloigné de son esprit que la solidarité envers Israël. Au contraire, chaque fois qu'il avait pu faire une vacherie aux Israéliens, il ne s'en était pas privé. L'année dernière, il avait même fait coffrer deux agents du Mossad qui voulaient enlever un physicien syrien en plein Paris. Il n'avait aucune sympathie pour ces gens imbus d'eux-mêmes, toujours persuadés qu'ils étaient les meilleurs en tout et tellement mal élevés par-dessus le marché. Mais surtout, Naintré ne pouvait ignorer qu'une seule, une unique énergie animait Dufer : son ambition. Qu'allait-il chercher avec cette trouble histoire de solidarité ? Voulait-il se couvrir aux yeux de son supérieur, le ministre lui-même ? Ça ne lui ressemblait guère… C'était absurde ! Ce n'est pas de ça qu'il voulait parler… À moins que… Clara… C'était à Clara qu'il pensait ? Il était au courant ? Évidemment qu'il devait être au courant, le vieux singe ; il savait toujours tout sur tout le monde. « Si tu veux vivre un peu, tu sais ce que fait ta mère, un peu plus, tu sais ce que fait ta femme, encore plus, tu sais ce que fait ton voisin et si tu veux vivre le plus longtemps possible, tu sais ce que fait celui avec qui tu n'as rien à faire. » C'était le conseil qu'il avait autrefois donné à Dufer. Alors, c'était ça… Il savait pour Clara…

Parce que ça faisait trois mois que Dufer s'était dragué une minette au mariage de son frère – un mariage juif, bien sûr, à la marocaine, avec des danseuses du ventre, des chanteurs arabes, du couscous qui dégorgeait de soupières grandes comme le dôme de Milan et des grosses qui parlaient fort en faisant cliqueter les ors et les argents. C'était la première fois qu'il avait une aventure avec une fille juive et en plus – il n'osait même pas y penser tellement ça l'écœurait – en plus, le comble, cette fille était sa cousine germaine. Une semaine plus tard, c'étaient les histoires qui commençaient. Où étais-tu parti ? J'étais en mission au Burkina ; tu sais bien, c'est mon travail. Pendant quinze jours ? Et il n'y a pas de téléphone au Burkina ? Pourquoi tu ne m'as pas appelée ? Elles sont belles les Noires ? Elle lui faisait sans cesse des crises de jalousie. Et puis, voilà que quinze jours auparavant, elle lui avait annoncé froidement que puisqu'il en était ainsi, elle allait épouser Ouakda – un lointain cousin, moche comme un pou et ingénieur en informatique. Que, d'ailleurs, elle s'était déjà fiancée avec lui et que ses parents étaient venus rencontrer les siens. Comment fiancée ? Et pourquoi ? Parce que tu n'es jamais là ! Monsieur est à Ouagadoudou – Non, dougou ; pas doudou ! Dougou, dougou, Ouagadougou… Ils avaient failli en venir aux mains. Ensuite, c'est lui qui s'était mis à être jaloux. Tout à l'heure, il essayait justement de la convaincre de quitter Ouakda… que ces missions à l'étranger, ça durerait encore deux ou trois ans, mais que, sitôt qu'ils auraient leur premier enfant, il demanderait au ministère un poste dans un bureau, à Paris ; qu'ils achèteraient une maison dans la vallée de Chevreuse… Et elle avait refusé. Pire que cela, elle lui avait appris que cette passion soudaine pour l'autre n'était pas tout à fait naturelle. Et elle lui avait raconté… Oh, quelle histoire ! En vérité, c'était la mère de Ouakda qui lui avait fait absorber quelque chose comme un philtre, dans du café, sans doute… Sinon qu'est-ce qu'elle irait faire avec un idiot pareil ? La solution ? Qu'il vienne avec elle voir la vieille Édith, une sorcière tunisienne qui savait faire le plomb. Faire le plomb ? Quel plomb ? Mais oui ! Le *khfif* ! Quoi ? Le quoi ? Oui, elle fait fondre du plomb dans une casserole, puis elle le verse dans de l'eau froide. Et alors ? Alors, le *s'hur*, le sort qui t'a attrapé, il s'en va… Dufer croyait rêver. Lui, un colonel d'active, des services spéciaux, écouter sérieusement des sornettes pareilles. Qu'est-ce qu'il avait à faire avec tout ça ? D'ailleurs, qu'elle lui dise seulement : pourquoi fallait-il qu'il l'accompagne ? Puisqu'elle croyait à ces choses, ne pouvait-elle pas s'y rendre seule… ou même avec sa mère ? Eh bien, non ! La vieille Édith ne pouvait faire ce travail qu'à condition d'être commanditée par le véritable fiancé, l'être aimé. C'était comme ça ; la condition, en quelque sorte, pour que l'opération réussisse. Soudain, il s'était ressaisi. Il s'était levé, furieux, l'avait plantée au bistrot et s'était précipité jusqu'à la première station de taxi. Il arrivait de son rendez-vous avec Clara, justement, directement au Quai.

Naintré n'avait pas bronché. Il avait seulement suivi sur le visage de Dufer la poursuite de tout le raisonnement. Maintenant, il savait que son agent avait compris.

« Je vais vous expliquer ce qui vous est arrivé, Dufer. » Il souriait à nouveau. « Tant que vous vous pensiez en apprentissage, vous n'avez jamais fait d'erreur. Jamais ! Aucune ! Vous étiez parfaitement professionnel, vous raisonniez technique, et sans aucun état d'âme – peut-être même un peu trop froid, à mon goût.

Mais depuis que vous avez imaginé que vous connaissiez votre métier, que vous étiez devenu un expert, vous vous êtes laissé aller. Vous vous êtes dit que vous étiez tellement bon que plus rien ne pouvait vous arriver. Et le passé a envahi votre tête, sans même que vous ne vous en rendiez compte. Si vous voulez encore réussir votre mission bongolaise, il faut impérativement que s'achève cette histoire de… » Et il avait appuyé sur le dernier mot, arrondissant les lèvres dans une moue méprisante… « Cette histoire de cul !

– Je viens de la quitter, monsieur… À l'instant… Nous avons rompu. »

Naintré a franchement éclaté de rire.

« Vous me prenez pour un débutant, Dufer ? »

Il s'était détourné. Puis, se dirigeant vers son bureau, sans se retourner, il lui avait annoncé d'une voix neutre :

« Non, mon jeune ami ! On l'efface ! Point, trait ! »

C'était la formule pour signifier que le service allait proprement liquider la cousine Clara. Et Dufer avait baissé les yeux. Il comprenait que c'était le prix à payer pour qu'on ne le soupçonne jamais plus de duplicité. Et toujours sans se retourner, Naintré siffla à Dufer :

« Bon ! Vous pouvez disposer. Nous avons chacun beaucoup à faire… »

⁂

La conversation avait duré huit minutes et trente secondes. Longtemps après la fin de toute cette histoire, nous en avons discuté avec Abie. Il ne comprenait pas, le gros ; il n'y arrivait pas…

Mais quoi, il était juif, après tout, qu'il me répétait,

même s'il s'en fichait et puis, quand même, sa cousine… Liquider sa cousine…

« Vois-tu, les Juifs sans leur dieu, Abie, c'est comme les abeilles à la tombée de la nuit : sitôt qu'elles ont perdu le soleil, elles ne savent plus se diriger ; elles deviennent comme folles…

– Ah, je comprends ; si tu m'expliques les choses comme ça, je comprends. Il existe un proverbe en arabe qui dit : *ya ellé raye'h kattar men el fadaye'* – ça veut dire : “Ô, toi qui t'en vas, tu commettras toujours plus d'erreurs”… C'est sans doute pour dire que les émigrants se trompent souvent, tu sais… »

2

Samuel Katzman

Un autre proverbe arabe dit qu'il existe trois chemins : celui de la paix, celui du regret et celui du départ sans retour. Dieu seul sait celui qui sera le mien. Oui, j'accomplirai mon destin. Mais avant, je m'en vais rédiger ma confession. Il faut que je raconte tout, que je témoigne… Tout ce qui est arrivé… Tous ces événements aussi secrets et inconnus qu'incroyables… Tout, sans rien oublier… Maintenant, j'ai le temps, installé sur la toile cirée de la table de la cuisine avec un grand bol de café. Commençons par le début. Je m'appelle Samuel Katzman. On dit que les chats ont sept vies et je suis bien mort six fois… Pour moi, tout a commencé un vendredi, je m'en souviens, un vendredi de printemps…

Vendredi 21 mars, 8 h 45.

Le soleil était soudain réapparu sur Paris et même sur sa banlieue, crevant exceptionnellement la couche de la zone. Parce que ça faisait bien deux mois qu'il pleuvait tous les jours, presque sans interruption et que je n'avais pas quitté les abris : métro, Croix-Rouge, Emmaüs, Médecins du monde, Armée du Salut, les poux, le mélange d'odeur de patates dans la soupe et de crasse entre les cuisses de mes compagnons de chambrée. Ce matin, un rayon avait caressé ma jambe, celle que j'avais niquée l'hiver dernier durant la neige en oubliant de l'envelopper dans du papier journal. La petite toubib d'Emmaüs, avec ses petits cheveux rouges, avait voulu m'administrer un traitement... Des piqûres ! Déjà que le froid était entré et sans doute des armées de bestioles à sa suite... Voilà qu'elle voulait à son tour y introduire ses saloperies. Mes couilles, ouais ! Oh ! Je ne les avais pas prises à pleines mains, tout de même ; seulement fait le geste... J'ai nettement aperçu la peau de son cou qui s'était mise à frissonner. Elle devait les croire pourries... Elle m'a demandé : « Vous avez des enfants ? » C'était une association d'idées, je pense... Je ne lui ai pas répondu, seulement découvert mes chicots noircis. Lorsqu'on est « Soldat de France » – SDF, comme ils disent partout en abrégeant – on s'habitue à toutes les humiliations ; on y trouve même une certaine grandeur ! J'ai regardé quelques instants le rayon de lumière iriser les rouges et les bleus sur mon mollet pourrissant et puis j'ai rejeté la couverture d'un seul geste et je me suis levé du plumard, déjà prêt à partir. Direction : la fac ! Car c'était vendredi...

Mon futal de velours verdâtre en accordéon n'atteignait pas les vieilles tennis trop grandes dans lesquelles j'avais réussi à introduire trois couches : une de chiffon, une de journal, une autre de chiffon. J'ai pensé à ce que nous répétait Yayir : « Un homme sert de couverture à l'autre, mais le premier doit aussi avoir une couverture. Notre métier, c'est comme les poupées russes... » Et il roulait les « r », en plus, notre papy russe ! J'ai fini par appliquer ses méthodes, bien qu'à une autre échelle !

Plutôt que de marcher, je me suis engouffré dans la bouche de métro. Quelle direction ? Bon, comme je disais, c'était vendredi, j'ai donc choisi Saint-Denis Université. Je me suis installé sur un banc, sorti ma baguette et mon pinuche et j'ai commencé à petit-déjeuner lorsque je les ai vus débarquer. Ils étaient bien cinq ou six, avançant de front sur toute la largeur du quai. On devinait leur attirail sadomaso – matraques et gourdins – qui gonflait leurs blousons de cuir. Ils m'ont regardé et ils ne me quittaient pas des yeux ; j'ai tout de suite compris à leur air que ma barbe les intéressait. Ribouldingue, qu'on m'appelait à Saint-Lago, parce que des barbes comme la mienne avec des poils bien drus, bien distincts qui pointent chacun pour lui-même dans une direction, ça ne se rencontre tout de même pas tous les jours ! Dans notre milieu, les barbes style laine de mouton ou paquets de tissus dégoulinants comme les portent certains caniches blancs sales, il y en a tout de même beaucoup ! Des barbes de louba, genre loubavitch, je veux dire, hirsutes avec des morceaux de pain azyme collés dessus depuis les dernières pâques, on en voit aussi beaucoup. Ou même des barbes filaments, un peu spaghettis chinois, genre Ho Chi Minh, ça peut aussi se trouver. Mais comme la mienne, c'est rare… C'est seulement dans les bédés… Je peux admettre qu'on ait envie d'y mettre le feu… Il ne faut pas toujours juger ; il faut aussi comprendre son prochain. Ça ne veut pas dire qu'on accepte tout… Non, bien sûr !

Les portes du métro ont sonné l'hallali. D'un seul mouvement, j'ai abandonné mon litre – il restait tout de même deux doigts au fond du parallélépipède de carton – et j'ai foncé dans la première voiture. Ce qui est chouette, c'est que moi, sitôt que j'entre quelque part, tout le monde me laisse passer. Frigo dit que c'est à cause de l'odeur. De toutes façons, je n'ai jamais aimé l'eau, ni pour la boire ni pour me laver ! Même quand j'étais propre, d'ailleurs... Quant à Frigo, vous le touchez même en plein soleil, un jour d'été, au bord de la Seine, à l'île Saint-Louis, par 37° à l'ombre, il est gelé. C'est pour ça qu'on l'appelle Frigo. Brave type, sans ça, d'autant que les quatre pulls qu'il s'enfile les uns sur les autres lui donnent un air de nounours... Mais de près, c'est plutôt à un épouvantail qu'il ressemble. Quand il fait beau, je le retrouve le soir vers six heures à la bastoche au début de Dick the Black, le boulevard Richard-Lenoir, et on papote jusqu'au coucher dans cette même porte cochère de la rue de Charenton. Dans le métro, je me suis demandé pourquoi je n'avais pas de place assise. D'habitude, je m'approche d'une minette et elle se lève aussitôt en m'abandonnant son siège. Et ce matin, que dalle ! Ils s'étaient tous fourré le blair dans leur canard. Voilà que le métro s'était arrêté à une nouvelle station et je les ai à nouveau aperçus, les cinq fachos, sur le quai, à me chercher par-dessus les têtes. Mon palpitant s'est mis à jouer la sirène de sous-marin qui a repéré une voie d'eau. Comme je l'ai déjà dit, je n'aime pas l'eau ! Aussitôt, je me suis assis par terre. Parce que même en pliant en deux mon mètre quatre-vingt-dix et plus, ils auraient fini par repérer ma touffe de cheveux rouges. Et, puisque j'y étais, je me suis couché de tout mon long. Dans mon mouvement, j'ai heurté le pied d'un fauteuil ; et ça a fait une sorte de « cling ». Sans char, c'était comme si on avait sonné une cloche. Il faut dire que comme cloche, j'étais vraiment sonné ! Un vieux travailleur, cramoisi comme un coquelicot, la graisse s'échappant en bourrelets sous son gilet trop court, s'est agenouillé devant moi, me palpant le ventre de ses grosses mains d'alcoolo même pas malade. J'ai vu dans ses yeux qu'il se prenait pour la Croix-Rouge, en 42, à Auschwitz, venant constater l'état physique des détenus. C'est fou, de nos jours, ce qu'on peut rencontrer d'humanitaires ! Je lui ai fait signe d'approcher et je lui ai craché dessus en ajoutant :

« Va vite te laver, gros lard, j'ai la vérole !

– Ordure », qu'il s'est mis à hurler. Et tandis qu'il s'essuyait avec un kleenex prêté par une hocheuse de tête, il me balançait des coups de lattes dans les côtes. J'ai rajouté :

« Et n'oublie pas l'eau de javel, Ducon ! »

Moi, je l'avais identifié : c'était le Christ s'approchant du Juif errant pour lui réclamer un coup à boire. J'avais déjà lu le scénario... C'est alors qu'une vieille a pensé au signal d'alarme. Et ça s'est mis à hurler comme le premier mercredi du mois à l'heure du casse-croûte. Nous sommes arrivés en fanfare à Saint-Denis Basilique. Le quai était déjà occupé par une compagnie entière de CRS, alertée par le conducteur de train. Les poulets ont embarqué Jésus-Christ et m'ont demandé si j'avais besoin d'une ambulance.

« Vous vous sentez bien ?

– Vous souhaitez porter plainte ?

– Vous avez été agressé par cet homme ? »

Et j'ai vu les cinq rasés qui se faisaient la malle en me jetant quelques regards furieux par-dessus l'épaule des flics. Il m'a même semblé qu'en partant ils m'avaient fait le salut d'Adolf.

« Comment vous appelez-vous ?

– Où habitez-vous ? Voulez-vous que l'on vous reconduise à votre domicile ?

– Ça va, monsieur ? Est-ce que ça va ? »

Sérieux, ils me croyaient patraque...

« Bien sûr que ça va ! Si seulement vous aviez un petit coup de gnôle. »

L'Antillais a sorti une petite flasque de rhum.

« On a l'impression que vous avez pris un rude coup sur la tête, tout de même !

– Ne vous inquiétez pas, je fais ça souvent. C'est pour me rappeler que j'en ai une. Vous pouvez me conduire à l'université ?

– À l'Université ? À l'Université ? répétait le Black.

– Non, à l'université ! L'université de Saint-Denis ! »

Et il a encore posé la question, incrédule :

« L'Université ? Vous êtes sûr que c'est là que vous souhaitez vous rendre ?

– Je crois même que je serai en retard à mon cours de philosophie », que j'ai ajouté en clignant de l'œil…

3

Abraham Abadie, dit « Bibi »

9 heures. Abie avait fait un drôle de rêve ce matin. Il s'était réveillé en se disant que, décidément, il n'épouserait pas la fille qui avait dormi dans son lit. Il allait la virer aujourd'hui même ! Depuis vingt-deux ans et demi, les filles avaient défilé – une tous les six mois, avec une régularité d'horloge suisse. D'abord, avant même de les toucher, il en tombait fou amoureux et n'arrêtait pas d'en parler à ses copains. Puis, il ne les aimait que lorsqu'il ne les voyait pas durant deux semaines. À la fin, une seule idée l'obsédait : comment s'en débarrasser... Et le soir, il se couchait avec cette idée et le matin, il se levait avec la même. Car lorsque l'idée de les virer s'infiltrait dans ses rêves, il devenait cinglé. Il fallait alors qu'elle se tire sur-le-champ, là, tout de suite, maintenant ... Mais il n'osait pas lui dire... Sa gueule trop maigre, le chignon comme un donut qu'elle se fichait sur la tête pour faire sa toilette du matin, la graisse autour de ses fesses qu'il regardait, médusé, retomber sur ses cuisses trop maigres, et cette façon qu'elle avait de paresser dans le lit comme une star américaine... Faut avoir les moyens de ses manières ! Au début, il pensait sérieusement qu'il les quittait toutes parce qu'elles ne plaisaient pas à sa mère. Mais cette interprétation hâtive et un peu trop

psychanalytique ne tenait plus lorsqu'il pensait à Sylvie, l'avant-dernière. La vieille folle la recevait chez elle les après-midi et elles tapaient le carton toutes les deux en avalant des gâteaux comme au pays : des *méneinat*, et en sifflant des litres de Porto. Et elles bavardaient, de lui, de l'argent, des maladies, et de lui, encore de lui… Ça le rendait malade de les voir s'entendre aussi bien, toutes les deux…

« Abie, *habibi*, chéri, écoute-moi », lui disait sa mère avec l'accent d'Alexandrie, *ya 'éni, ya 'omri, ya ebni* … – traduit littéralement, ça veut dire « mon œil, mes jours, mon fils » – « je vais te parler franchement : la petite, elle n'est pas juive, bien sûr, mais qu'est-ce que tu veux, on est en France ; et puis, tu sais, elle est propre. » « Propre » ? Qu'est-ce que ça voulait dire, « propre » ? Mais de quoi elle se mêlait. Pour la peine, il l'avait giclée sur-le-champ, « la petite », et sans préavis ; elle n'avait même pas terminé sa semaine ! Et puis tout avait recommencé… En fait ce cirque durait depuis la naissance d'Herbert, à l'âge de quatorze ans. C'était son sexe que Abie appelait Herbert parce qu'il pensait que c'était lui qui organisait toute sa vie, son chef d'orchestre, en quelque sorte – Herbert, comme Karajan !

Ce matin Abie avait péniblement ouvert un œil en se remémorant son rêve et, comme tous les matins, à l'étage du dessous, Herbert tremblait ses pulsations sur un rythme à quatre temps. Dans son rêve, Ruthy s'était approchée de lui, en longue chemise de nuit bleu ciel. Elle semblait flotter au-dessus du sol comme une fleur de lotus au gré du vent, sur un marais népalais (au moins, le marais n'est pas laid…). Elle s'était approchée, les bras ouverts, et s'était figée dans cette position. Et peu à peu, elle s'était transformée en croix. Oui ! Une croix ! Un peu la même que celle qu'ils avaient photographiée le week-end dernier, dans une petite église d'un village de Normandie ; une croix de bois peint, aux couleurs pastel. Et plus le rêve revenait et plus la pensée s'imposait : c'était un signe ! Le destin lui adressait un signe : épouser Ruthy... Ça, jamais ! Autant se convertir au christianisme ! Et pendant qu'il se remémorait son rêve, il l'entendait cracher son dentifrice dans la salle de bains et il était pris de soubresauts de dégoût. Le pire, c'est qu'elle ne s'était installée chez lui que depuis quinze jours. Elle se raclait le fond de la gorge en excrétant ses miasmes. Il n'y tenait plus ; du coup, il a sauté dans son pantalon, enfilé une chemise et s'est enfui de sa propre maison en claquant violemment la porte, sans rien dire.

Dans le hall de la fac, il était tombé sur ce mec – comment s'appelait-il déjà ? – une espèce de clodo puant la vinasse avec des poils partout, et roux par-dessus le marché – un clodo qui fréquentait aussi le séminaire de Cohen. Pas de bol ! Il va me coller, c'est sûr ! Parce que maintenant, fini de rigoler, il me faut trouver une nana et dare-dare... Ça devient sérieux, quoi... Quarante-trois ans... Et l'autre, là, qui se dirige vers moi... Ce n'est certainement pas avec un compagnon pareil, que je vais attirer les grosses...

« Salut !

– Hmm... »

Il grommelait en détournant le regard.

« Ce n'est pas toi qui as dit que tu étais psychiatre, l'autre jour ? demanda le loqueteux...

– Ben si ! »

J'ai encore perdu une occasion de la fermer, pensa Abie en détournant le regard. Mais l'autre insistait…

« Parce que… Je voulais te demander… Il se pourrait que tu puisses me soigner… Je voulais te demander… »

Ils approchaient de la salle de cours où les auditeurs étaient déjà entrés depuis une bonne heure et l'autre qui gueulait…

« … Je voulais te demander…

– Parle moins fort, tu veux… Tu ne vois pas ? Tout le monde se retourne …

– D'accord, d'accord ! Je voulais te demander comment faire parce que moi, voilà mon symptôme : j'attire le malheur partout où je vais. Tiens, tu te balades avec moi, comme ça, et puis il y a une bagnole qui monte sur le trottoir et nous fauche tous les deux… Ben ça, c'est tout moi, tu vois ?

– Mmm… Tiens ! Bon ! Viens, je t'offre un café…

– Je préfère le raisin ! Y a même pas de côtelette dans ces distributeurs de merde ! Non… Bon… je voulais rigoler, c'est tout… Fais pas la gueule… Mais pourquoi les psychiatres se prennent tous pour des curés, tu peux me le dire ? Qu'est-ce que ça peut vous foutre si je picole ? Bon, j'arrête de déconner. (Et il revenait à la charge…) Mais tu peux m'expliquer… Par exemple, tu vas avec moi au cinoche… OK, te fâche pas ! C'est rien que pour prendre un exemple, comme ça… Disons donc qu'on va au cinoche et on n'est pas dans la salle depuis dix minutes qu'elle prend feu… Tu comprends ça, toi ? C'est des trucs comme ça, ça m'arrive tout le temps. Alors, quand j'ai appris que tu étais psychiatre, je me suis dit… J'ai voulu me renseigner, quoi ! Tu comprends ? Tu comprends ? Pfff…

Mais ça donne envie de gerber, ton truc… Du café ? Tu es sûr que c'est du café ? Bon, par exemple, tu vois, il y a une bagarre dans la rue… Nous, on se balade ensemble, on passe comme ça et puis il y a une bagarre… Eh bien, si tu es avec moi, c'est sûr que tu te prends un mauvais coup… Va même savoir si tu ne te fais pas franchement planter… Et tout ça, rien que parce que tu te baladais avec moi. Tu peux m'expliquer ? Dis… C'est un problème pour psychiatre, non ? »

⁂

10 h 30. Et alors, je m'étais mis à jacter avec le toubib et même à le soigner… Parce que moi, sitôt que je vois un psychiatre, je me demande quel est son problème. C'est la clé pour fréquenter les psychiatres, il faut les soigner, sinon… Ils vous cassent ! Ils vous débinent et en plus, comme ils ont plein de copains… chez les flics, chez les assistantes sociales – chez les flics, surtout – chez les éducateurs, tout ça… Vous finissez par finir à l'hosto avec un certif qui vous colle au trois-matelots pour dix piges… Alors, lui, il me mate, comme ça, et je le devine en train de feuilleter son manuel… Je les connais, tu parles ! Et pendant ce temps, moi, je l'observe. Je l'ai calculé… Chaque fois qu'il passait une gonzesse, je voyais ses yeux qui se tiraient à l'aventure… Parole, ce mec-là, il avait beau être psychiatre, il était obsédé ! Et tandis que je le saoulais avec mon bavardage, histoire d'endormir sa méfiance…

« Tu comprends, le fait que j'attire le malheur, comme ça, ben… Enfin… Je crois… Ça peut rendre service à des copains. Par exemple, comme ça, tu veux te débarrasser d'un type ou même d'une femme… Tu vois, même d'une femme… Tu m'envoies la voir… Tu m'écoutes ? Tu m'envoies vers elle. Je lui fais un brin de causette, comme ça… et puis, je ne sais pas… Il y a un gros morceau d'amiante qui se décolle du plafond, qui lui dégringole sur le crâne et lui fait un cratère gros comme une cuvette de chiottes et par là, le cancer, il peut s'engouffrer comme il veut… Tu vois… Cancer du cerveau, des méninges, des neurones, et tout… Tu m'écoutes ?

– Bon, il faut y aller, on est drôlement en retard… Je ne veux pas rater le séminaire… »

Ça faisait un moment qu'il fixait un point au loin derrière moi. Il m'a dit :

« Pas si en retard que ça. Regarde la nana qui arrive. Elle va pas au séminaire, elle aussi ? Mais si ! Qu'est-ce que je te disais, elle vient vers nous. Tiens, ne te retourne pas, ne regarde pas par là… elle va nous repérer… oh là, elle approche… »

Et c'est ainsi qu'elle est apparue ! Elle était étonnée de nous voir bavarder. Elle pensait que le cours avait été annulé ou que le prof était absent… C'est comme ça qu'elle est venue et que moi, je suis reparti pour un tour. Je n'étais pas certain de faire une bonne affaire… À cette époque, j'avais décidé de me laisser aller à la dérive sur le radeau de Mes Deux… Mais là, j'anticipe…

4

Tsipora

10 h 45. Isabelle n'avait pas mis le nez dehors depuis une bonne semaine. Sortir ? Et pour quoi faire ? Mais rester ? Pour quoi faire, aussi ? Et rester, c'était rester où ? Chez elle n'était pas chez elle. D'ailleurs, elle n'était pas elle et ne savait même pas quelle autre elle était. Et puis, toute la nuit, une idée s'était imposée : demain, c'était vendredi, le jour du séminaire de Cohen, et elle avait pensé que de s'y rendre, au moins, ça l'empêcherait de penser... Elle n'arrêtait pas de penser à arrêter de penser. Parce que, chaque fois qu'elle avançait un pied, elle se mettait aussitôt à se prendre la tête – à se dire qu'il lui faudra avancer l'autre pied et, chaque fois, elle se demandait pourquoi... ou quasiment... Et pourquoi ne pas s'arrêter... s'arrêter là, tout de suite, dans la rue ? Un jour, ça finira bien par lui arriver, Isabelle... Elle s'immobilisera net en plein milieu du boulevard Magenta, saisie par l'évidence : pourquoi ce pied plutôt que l'autre... et un bus viendra la faucher... Même pas ! Elle est déjà complètement fauchée. Deux ans qu'elle a perdu ses droits et qu'elle a engagé une relation d'avenir avec le petit Rémi.

Bon, donc, sa paralysie, la panne de l'horloge de son monde, tout avait commencé un matin. Isabelle s'était faufilée sous sa douche en se tenant la tête entre les mains, les yeux fermés. Elle était entrée à reculons, ses petites fesses rondes en premier. Et c'était sous sa douche qu'Isabelle s'était posé la première question. Est-ce qu'elle s'était lavée sous les aisselles ? C'était une question étrange, bien sûr ; mais elle s'était imposée à son esprit. La question, elle ne voulait pas bouger de là. Et elle ne savait pas y répondre ; elle n'arrivait plus à se souvenir, justement, si elle s'était lavée sous les aisselles. Donc, elle avait recommencé. Elle avait lavé le visage, la poitrine, les aisselles, le nombril (qu'elle avait en creux), les cuisses... Et les aisselles ? Et elle avait recommencé à se laver, comme ça... Peut-être cinquante ou cent fois. Et ça l'avait occupée jusqu'à onze heures. Lorsqu'elle était sortie de la douche, la tête lui tournait tellement qu'elle avait dû se coucher... Et puis, le lendemain, ça avait été la même chose, et le surlendemain, pareil... Elle n'était plus jamais retournée au boulot. Mais ce truc, cette obsession, c'était comme une maladie, une gangrène. Ça s'était d'abord posé sur le lavage et tous les jours en plus, mais ça ne s'était pas arrêté là ; ça s'était étendu, comme une flaque d'eau devant une baignoire qui fuit. La lecture, par exemple... Parce que Isabelle, elle lisait beaucoup, avant... Eh bien un jour, elle avait pris un bouquin, commencé une page et s'était interrompue en plein milieu, se demandant ce qu'elle venait de lire... Rien ! Elle ne se souvenait plus de rien ! Alors, elle avait recommencé la même page... dix fois, vingt... avait pensé que ça tenait au contenu du bouquin... essayé un autre livre, encore un autre, mais c'était tout pareil... et puis elle les avait tous balancés, dans la poubelle. Tous ses bouquins ! Non, pas tous ! Elle en avait gardé un ; un qu'elle ne pouvait pas lire parce qu'il était écrit en hébreu. C'était un livre de prières. Celui-là, ça pouvait aller… Parce qu'elle ne l'avait jamais commencé ! Celui-là, elle l'a gardé ! Isabelle, c'était une métisse, si on peut dire : moitié juive, moitié catho… En vérité, Isabelle, c'était la Catholique, le prénom que lui avait donné son père ; la Juive s'appelait Tsipora, le prénom que lui avait donné sa mère. Elle s'est approchée des deux hommes :

« Bonjour ! Ce n'est pas vous qui avez dit au dernier séminaire que vous étiez psychiatre ?… »

Encore ! avait pensé Abie. Et soudain, rien qu'à la regarder, il avait commencé à se faire des fantasmes, à se raconter la vie quotidienne avec elle… En deux secondes, son cinoche intérieur s'était mis au travail… des enfants… Il en aurait… Oui, bien sûr… deux garçons d'abord… Mais est-ce qu'elle était juive ? Parce que les garçons, ça posait tout de suite un problème… Vu qu'il faut les baptiser à l'égoïne… Bon, on verra plus tard… De toutes façons, au séminaire de Cohen sur l'éthique juive, il y avait tout de même des chances qu'elle le soit… Bon, et puis, peut-être une fille d'abord … mais après, un garçon… et puis un autre…

Je les trouvais sympas, ces deux-là, Abie et Isabelle. On a commencé à rigoler et on n'a pas vu le temps passer. Et puis, on ne s'est plus quittés pendant des jours …Toute cette histoire est arrivée il y a longtemps, bien avant que je décide de rentrer à la Yeshiva du Rav Menahem.

⁂

14 h 30. Le psychiatre, je ne sais pas, mais je l'ai tout de suite pris en amitié. Je l'ai tout de suite adopté.

C'était comme s'il avait toujours fait partie de ma famille. Bon, le vin, ça fait voir de l'amitié partout. C'est pour ça que nous, les éléphants, on les voit roses mais les cafards… nos cafards sont bien noirs comme ceux de tout le monde ! Le psychiatre, c'était un bon gros, avec des yeux clairs, couleur noisette, qui se marraient tout le temps. Je ne sais pas, mais il inspirait la tendresse. On voyait, comme ça, qu'il ne pensait qu'à ses problèmes et ça excitait la tendresse, la compassion… rien qu'à ses problèmes… ses histoires avec les gonzesses. Et chaque fois qu'il parlait d'autre chose, ça se voyait que c'était seulement pour détourner sa propre attention de la seule chose qui l'intéressait. Il disait lui-même que la psychiatrie, c'était bête ; et puis que ça ne servait à rien… Un jour, il nous avait expliqué que pour les malades, il suffisait juste de fabriquer un gri-gri, de prononcer une parole par-dessus, par exemple de dire une prière et puis les gens guérissaient tout seuls. Et il ajoutait que c'était la seule façon de préserver leur liberté, d'empêcher que tout le monde se mêle de leurs affaires. Les guérir de cette façon, qu'il disait, c'était une façon de protéger leur liberté… Il avait des idées, ce psy ! Depuis, j'ai compris ! Il avait drôlement raison, le gros, en fait ! Il s'appelait Abraham Abadie – et ça ne le gênait pas ! Moi, j'aurais un peu changé de nom… J'aurais mis, je ne sais pas, « Alexandre du Barry » ou même « Augustin Bardot » – tiens, oui, « Bardot », même avec Abraham : Abraham Bardot… Ça aurait pu passer pour protestant… Remarque, mon nom, Samuel Katzman, ce n'est pas mieux… Ça se voit comme mon nez au milieu de mon visage… Enfin ! Son nom, on ne choisit pas toujours… Il faut se convertir, se faire naturaliser ou même émigrer et truquer ses papiers, pour choisir son nom… Lui, Abraham, le psychiatre, tout le monde l'appelait Abie, et nous aussi. Tout le monde sauf sa mère qui, la plupart du temps, l'appelait Bibi – en appuyant fortement sur la première syllabe – « Biii – bi ». Il était né en 54 à Alexandrie. Qu'est-ce que ça peut faire là où on naît ? Eh bien si ! Parce que même s'il avait été chassé du pays à l'âge de deux ans et demi, en 56, donc, par Nasser – par Nasser, en personne, prétendait sa mère ! –, il avait gardé l'accent de là-bas, sauf les « r » qu'il ne roulait pas – quand même pas !… Depuis, j'ai appris qu'à Alexandrie, c'étaient des sortes de snobs ; que souvent, déjà en Égypte, ils ne les roulaient pas – les « r ». Et lui, Abie, lorsqu'il racontait sa vie, c'était toute sa vie… Je dois dire, pour respecter la vérité, qu'un mec comme ça, c'est une sorte de prince ! Parce qu'il vous donne l'impression qu'il parle, qu'il cause, qu'il déblatère, mais derrière le rideau de son front lisse comme un œuf, il pense… Ça ne se voit pas tout de suite, il faut faire attention pour le remarquer… Je crois même que c'est pour ne pas déranger qu'il fait ça, par politesse – une politesse de prince. Mais moi, je le sais : il n'arrête pas de réfléchir. J'ai tout de suite été d'accord pour qu'il nous paie à manger. Moi, bouffer, je n'aimais pas trop en ce temps-là, parce que j'avais tellement soif… Mais ce jour-là, ç'avait été la fête… une vraie fête… On avait bu… une côte par-ci, un médoc par-là… et un muscadet… Lui, il ne prenait que des whiskys et des bourbons… Il paraît que le vin, ça le rendait malade… (« Le vin, c'est pour les chrétiens… C'est normal, ça fait partie de leur religion ! » Ce n'est pas vrai, d'ailleurs, le vin fait aussi partie de la nôtre, mais il n'avait pas intégré cette information tant les deux ans passés chez les pharaons pesaient de poids par rapport aux quarante-deux chez les modernes). Et Tsipora qui ne disait rien, qui nous regardait, rigolant pour ci, fronçant les sourcils pour là… Bon ! On était bien tous les trois. Et puis, ça a fini par arriver. De nos jours, les flics, avec leur connerie de loi « de près », ils se croient tout permis. Donc, les flics ont fait irruption dans le routier en balançant un grand coup de latte dans la porte, comme dans un western. Ils brandissaient un flingue ! « Cartes de séjour ! Cartes de séjour ! » Maintenant que j'y repense, ils lorgnaient franchement de notre côté. Ce n'est pas que je suis parano… Mais à la longue, depuis que je suis dans la rue… J'ai appris à me repérer à de petits signes… Alors moi, je me lève d'un coup, comme ça, et je grimpe sur la table. Sur la stéréo de l'Arabe, ils passaient encore « Doddi », cette chanson qu'on entendait partout, qui s'était installée entre mes neurones et qui surgissait chaque fois que j'essayais de m'endormir :

L'un était noir,
l'autre son amant.
Elle les aimait tous deux,
de ses peurs, de ses travers –
chacun avec son dieu –
l'un son endroit,
l'autre son envers.

Ton souffle est mon souffle,
ton goût sur mes lèvres,
ton goût est ma bouche,
ton sexe est ma sève,
mon mot muet

que je n'ai su prononcer.
Doddi, dis doux,
dis-le-moi,
dis-moi qu'tu m'aimes.
Ainsi chantait le Blanc.

Je grimpe sur la table, donc – Yayir m'appelait « double-mètre » (il exagérait ; à vingt ans, j'atteignais à peine 1 m 96 et depuis, j'ai dû me tasser) – et je touchais le plafond… Je grimpe sur la table, donc, et je me mets à brailler :

« La carte de mes jours, la carte de mes jours… Tu ne veux pas celle de mes nuits ? (Et je lui montrais mes testicouilles en les pointant du doigt…) Tu veux voir, là, tout est marqué, c'est plein de chemins… Tu sais lire les lignes de la main, tu sauras lire celles de mon parchemin… » Et je les touchais… en chantonnant sur l'air de « Doddi »… Mes couilles, ouais, mes testicouilles… couillu, couillu, le poilu ; malin, malin, le rouquin !

Il faut dire qu'on avait un peu picolé, mais lorsqu'on y réfléchit, les rides du sac à couilles, ça doit bien être comme les empreintes digitales. Le flic a dû prendre peur de voir un grand diable rouge menacer de sortir son stick. Il a tiré. Dans cette petite salle qui puait la friture et la merguez rance, l'explosion est venue me boucher les tympans. La balle est partie fracasser la Sanyo de l'Arabe. Elle continuait, la radio, mais allez savoir pourquoi, elle avait sauté de station. Et c'était « France : un faux » et leur voix de faux-derches :

« D'après le ministre de l'Intérieur, Jean-Paul Depré (j'ai rajouté dans ma tête « qu'on préfère de loin » comme chaque fois que j'entendais son nom), le gouvernement a décidé d'intensifier la lutte contre l'insécurité... »

D'accord, c'était bête de rigoler, tous ces Arabes et ces Noirs qui allaient se faire farfouiller au corps, mais c'était quand même marrant que la balle du poulet déclenche la voix de Depré (... de loin). Et il a eu de la présence d'esprit, le gros. Il a pris Tsipora par la main et a foncé vers la porte. Du coup, j'ai sauté en arrière, soulevé la table des deux mains et l'ai balancée contre les trois bourres. C'étaient vraiment des trouillards, ils sont aussitôt partis se planquer derrière le comptoir. Eh bien moi, je suis sorti, et par la porte, tout tranquille. Dehors, il en restait un, au volant de la 306 bleu blanc rouge (pour ne pas les confondre avec des flics maliens... c'est sûr puisque ce ne sont pas les couleurs du drapeau malien !). Je me suis approché de la fenêtre, mais le mec au volant ne me regardait pas, tout occupé à grignoter son sec-beurre. J'ai frappé au carreau. Il a baissé la vitre.

« Il y a vos potes, dans le rade, là... Je crois qu'ils vous réclament... »

Le type a foncé tête baissée et s'est tamponné les trois autres qui sortaient, pétard au poing. C'est seulement après l'avoir vu entrer dans le bistrot kabyle que j'ai commencé à courir. Arrivé au coin, j'ai foncé droit devant, sur la chaussée. J'ai pris une ruelle, une autre, encore une autre. J'étais parti pour le marathon de Paris. J'ai évité de justesse un break ZX qui me fonçait droit dessus et j'ai continué à cavaler. Et puis j'ai sursauté. Une Subaru klaxonnait, juste derrière moi. Je me suis retourné, prêt à balancer des coups de pied dans les clignotants lorsque j'ai aperçu Abie au volant. Il continuait à se tordre... Il n'en pouvait plus. Il n'arrivait pas à s'arrêter de rire. Il s'est penché au-dehors et a réussi à hoqueter :

« Mon… mon… monte, pauv'cloche ! »

Et Tsipora aussi ! Elle riait tellement qu'elle en pleurait et tentait de se sécher les larmes avec des miettes de kleenex trempé. La Subaru d'Abie, c'était la version rallye, jaune et bleue avec des jantes en or 18 carats qui en jetaient plein les mirettes. Ah, pour ne pas se faire repérer, c'était noyé ! Mais pour foncer, c'était au poil…

5

Madame Élisabeth Abadie, dite « Loula »

19 h 30. La mère d'Abie habitait rue de la Roquette. Elle avait emménagé là il y a une dizaine d'années, juste quarante jours après la mort de son mari, pour être plus près de son « club ». Parce que la principale activité de cette femme, c'était le gin-rummy. Et elle gagnait ! Pas des millions, bien sûr, mais tout de même des mille et des cents. Pas tous les jours, non ! Mais certainement toutes les semaines... Ou à peu près... La plupart des gens traversent le monde, comme ça, alors qu'elle, c'étaient les mondes qui l'avaient traversée ; et sans la changer d'un iota. Elle avait connu les Musulmans, les Coptes, les Caraïtes, les Turcs, les Anglais, les Grecs, les Italiens, les Arméniens et elle les avait tous séduits. Maintenant c'étaient les Français. Quelle différence ? Elle, en tout cas, elle n'en voyait aucune ! Elle aurait dû s'appeler Cléopâtre ! Née princesse à Alexandrie, elle comptait bien finir princesse à Paris. Il lui manquait juste son Antoine et Abie ne voulait manifestement pas tenir le rôle ! Elle produisait un bruit permanent, comme les vaches suisses avec leurs clochettes, une sorte d'identité sonore : l'incessant cliquetis de ses ors – ceux des sept bracelets qu'elle portait à chaque bras et ceux des pendeloques de ses boucles

d'oreilles… une sorte de musique qui accompagnait sa présence comme un effluve. Rien que durant la quarantaine d'années qu'elle avait passées en Égypte, sa famille avait eu le temps de perdre trois fois et de refaire quatre fois fortune. Après la dernière guerre, ils n'avaient jamais été aussi prospères. Ils vendaient des marchandises à l'armée anglaise basée en Égypte : des chaussures, des réchauds à pétrole, des automobiles d'occasion, de l'essence de contrebande, du cognac frelaté qu'ils fabriquaient avec de l'alcool à 90 racheté aux parfumeries et aux pharmacies, des uniformes anglais, italiens et même allemands, volés à l'Afrika Korps par des bédouins libyens, des pneus, des parfums, des foulards, des pâtisseries… Tout ! Leur entreprise, *Lévi-père-et-fils*, avait même fini par être cotée à la bourse de Londres. Lorsque son père l'a donnée en mariage à Jacques Abadie, héritier des magasins *Abadie-Skandari* d'Alexandrie, il a offert une réception chez Antoniadis, à Ramleh – « Je ne te dis pas… c'était magnifique ! Il y avait Farou' et sa mère, la reine Nazli – tu sais, chéri, la si gracieuse Nazli s'appelait en fait Safi Naze, la plus belle des filles de Zulicar Pacha… Elle avait la peau blanche… C'étaient des Turcs, tu sais, c'est pour ça… Je ne te dis pas… Et il y avait aussi Youssef Ouahbi, l'acteur du théâtre d'Ezbekeïa, du Caire, et la fameuse Leïla Mourad… c'est notre cousine, mon cher… par alliance, bien sûr… » « Tu me l'as dit cent fois, mummy chérie… » Elle prétendait que les vieux racontaient encore aujourd'hui, dans les cafés de Sidi Bichr, que jamais il n'y eut fête plus grandiose en Égypte, ni du temps des Anglais, ni du temps de l'empire ottoman ni même du temps des khalifes, peut-être même pas du temps des pharaons ! Malgré sa peau blanche, ridée comme une vieille pomme acide (qu'elle était avant toute chose), on reconnaissait les mêmes yeux clairs et rieurs d'Abie. Mais lorsqu'elle a aperçu son fils, elle s'est mise à gémir :

« Bibi, *'habibi*, chéri, c'est à cette heure que tu arrives ? *Oua álaya !* Que le malheur soit sur moi ! Et la bonne, la pauvre qui se demandait quand mettre la table. La saleté soit sur toi… ô, mon fils, ô mon œil, n'aurais-tu pas de sang ? *'Haram 'alek*… Que le péché retombe sur toi, mon fils. Pourquoi tu ne m'appelles pas ? Un coup de fil, qu'est-ce que ça coûte ? *Oué gét ma'a l'tania ; 'het et din araf…* » Ça, ça voulait dire : « Et tu es sans doute venu avec cette autre-là, cette espèce d'ordure… » Elle parlait bien sûr de Ruthy…

« Non, maman. *Bass eskoti*, ça suffit, tais-toi, je ne suis pas seul…

– Que le malheur soit sur moi ! Pourquoi tu ne m'as pas prévenue ? Je suis à peine maquillée. J'espère que ce ne sont pas tes collègues spychiatres… Qu'est-ce qu'ils vont penser de nous ? Que le malheur soit sur moi ! Qu'est-ce que je t'ai fait ? Mon maître, mon chéri… Pourquoi ? Pourquoi tu ne m'as rien dit ? Parce qu'en vérité tu es fourbe ; fourbe comme ton père… Qu'il soit maudit, celui là… Fils de chien !

– *Mummy, bass ba'a !* Arrête ! N'insulte pas mon père… que Dieu lui accorde sa miséricorde…

– *Eheeh… La' ya ro'hi…* Non mais dis donc, mon cœur… Je te le dis et je te le répète : Fils de chien… Maudit soit ton père qui monte et qui descend… De toutes façons, tu sais ce qu'on disait : l'enfant dégoûtant finit toujours par faire retomber l'insulte sur son père… Si j'insulte ton père, c'est par ta faute ! Viens ici que je t'embrasse, chéri. *Ta'ala !* viens… que je t'embrasse un peu… Mmm ! Quelle beauté ! Mais comme tu as maigri ! (là, elle exagérait franchement). Je suis sûre que tu as encore mangé ces saletés, ces sandwichs… (elle prononçait : « sanne-douiche »). Dis-moi, chéri, je n'ai plus que deux thermostats… Tu dois me faire une nouvelle ordonnance…

– *La' !* Non ! Pas thermostat, *ya mama*, Témesta ! »

Elle s'est soudain mise à virevolter et à chantonner :

« Et qu'est-ce que ça peut faire ? *Té mesta, el lel bel echta ; eskan ma fich, to'od kol el lel gayyas…* » Ce qui signifie : « Témesta, ta nuit est douce comme la crème du lait, mais s'il n'y en a pas, tu ne peux que passer ta nuit à péter… »

Et elle a explosé de rire, la vieille… En vérité, ça ne voulait rien dire, bien sûr, son couplet, ou si peu, mais ça les faisait poiler… Tsipora et moi, on a commencé à rigoler à notre tour… Et puis, nous nous sommes regardés – je crois que c'était la première fois qu'on se voyait… D'accord, elle avait des yeux bleu-vert entourés d'un liseré noir, mais ça n'explique pas tout. Et moi, qui m'étais fait une raison ; qui m'attendais bien à finir crevé au fond d'un caniveau, à moitié bouffé par les rats par une nuit d'hiver ou bien purifié par le feu à la morgue de Baujon. C'est à ce moment que le téléphone a sonné… La vieille s'est mise à hurler…

« Bibi, *'habibi*, chéri, chéri… *el téléfônn…*

– J'y vais, mummy chérie, j'y vais… »

Il a décroché. Il a dit « Allô ! Allô ! » Il a répété « Allô ! Allô ! » Puis, il a posé le combiné sur le guéridon pour dire à sa mère qu'il n'y avait personne au bout du fil… Et ça a pété ! Dur, quoi ! Une foutue explosion ! Heureusement qu'il l'a posé parce que si ça avait sauté contre son oreille, on aurait pu voir de l'intérieur comment était fait le crâne d'un psychiatre… Une déflagration… à faire pâlir de honte les Skud de sa dame. Il y avait des morceaux de plastique et des fils électriques jusque sur les rideaux à l'autre bout de la pièce ; et dans le guéridon en marbre, il s'était formé un trou assez large pour laisser passer les fesses du roi Farouk… Je me suis précipité à la fenêtre et j'ai bien remarqué un break ZX démarrer en trombe… Sur le coup, je n'y ai pas pensé… Mais bon ! C'était peut-être un loustic qui était pris d'une envie pressante… Il ne faut pas toujours voir le mal partout.

⁂

21 heures. Durant une plombe Abie avait essayé de ranimer la vieille qui s'était évanouie, partie sans crier gare se faire une croisière sur le Nil. Et « mummy chérie » par-ci… et *oua'alaya, oua'alaya !* par-là… qu'on pourrait traduire par « Mais pourquoi ça ne m'est pas arrivé à moi ? » Pourquoi il disait ça ? Il aurait voulu que ça lui arrive ? Mais quoi ? C'est lui qui voulait s'évanouir ? « Reste avec moi », qu'il répétait à sa maman, le psy… Il aurait dû piger, pourtant… Elle ouvrait un œil et quand elle le revoyait, en face d'elle, lui, rien que lui, encore lui, chaque fois qu'elle se retrouvait face à cette même tête qu'elle connaissait par cœur depuis quarante-trois ans et demi, elle repartait aussi sec… Il aurait dû comprendre que sa vioque, elle aimait la nouveauté et que si elle venait de se payer une croisière, c'était pour voir de nouvelles têtes. Du coup, Fatou, la bonne ivoirienne s'en était mêlée… Elle lui frottait la poitrine avec du marc de café, lui tapotait les mains… Abie était parti chercher un flacon d'eau de

Cologne, en avait imprégné un mouchoir qu'il lui faisait respirer... Rien n'y faisait... C'est moi qui ai trouvé la solution... du Destop, du déboucheur, un vieux machin que j'ai sorti sous l'évier de la cuisine. J'ai pensé, comme ça, que si ça débouchait les tuyaux, ça devait bien réussir à désencrasser les méninges... Je le lui ai fourré sous le nez... Elle a sursauté et quand elle a aperçu ma gueule pleine de poils roux, elle a gueulé... elle a crié au diable...

« *'Afrit, 'Afrit...* Un *'afrit, un 'afrit*, sautez-lui dessus... sautez sur le diable... »

Abie m'a expliqué le lendemain que les *'afrit* (au pluriel, on doit dire : *'afarit*) habitaient ordinairement au fond du Nil et qu'ils n'en ressortaient que dans des circonstances exceptionnelles... par exemple lorsqu'une femme qui leur plaisait passait sur la rive... Du fond de l'eau, eux, les *'afarit*, ils la mataient pardessous... Et puis, ils lui attrapaient le pied, sans doute... Je le savais bien, moi, qu'elle était partie sur le Nil. Ils s'étaient tous engouffrés au fond de l'appartement à bichonner l'ancêtre et ils avaient même emmené Tsipora... Et moi, je me disais qu'il était peut-être temps de rejoindre mon pucier à l'Armée du Salut ... Je pensais : « Je leur confisque une bouteille de pinuche pour la route et je me casse. » Mais je ne pouvais pas faire ça à Abie, non ! Je l'avais pourtant tout de suite prévenu que sitôt que je me pointais quelque part, il n'arrivait que des galères... Mais moi, personne ne veut m'écouter !

Au bout d'une heure ou deux, la maison s'était finalement calmée et il s'agissait de dîner. La Black a rappliqué, commencé à disposer la table. Elle m'a tendu une calotte... C'est pour la prière, qu'elle a dit. Et devant mon air idiot, elle a ajouté : on doit la mettre sur la tête. Elle me prenait pour un débile ou quoi ? Je le savais bien qu'on mettait ce truc sur le crâne ; que c'était pour remplacer le prépuce qu'on vous enlevait au huitième jour… Les Juifs, il leur manque une calotte en bas, alors, ils en ajoutent une en haut. Mais comme moi, je n'avais pas été circoncis… Né en 52, à Paris dans le douzième… on attendait que les Boches reviennent ; on n'allait pas entrer dans des frais par-dessus le marché. Alors, je me disais que, peut-être… comme on ne m'avait pas décalotté, ce n'était peut-être pas indispensable … Mais bon ! Je n'allais tout de même pas déclencher une discussion théologique… Abie est réapparu le premier, rajustant son nœud de cravate. Il avait l'air soucieux. J'essayais de regarder ailleurs. Il s'est approché :

« Je n'ai pas envie de prévenir la police… après ce qui s'est passé cet après-midi… je veux dire : avec les flics qui ont failli nous arrêter… Je n'aime pas ça…

– C'était en 42 qu'ils alpaguaient les Juifs… Tu ne risques rien… Remarque, pour les Juifs, ils ont dû leur coudre un astérisque sur la poitrine pour ne pas se gourer. Parce que franchement : entre un Juif d'Ukraine et un autochtone de Toulouse… Hein ? Qui tu mettrais au four, toi ? Comme ça, en toute innocence ? Dis, réponds ! Bon ! Aujourd'hui, c'est plus facile avec les Blacks… On les reconnaît plus facilement… Il faut dire que les poulets sont moins intelligents qu'autrefois… Ça compte, l'air de rien… Parce que si c'était moi, pour faciliter la tâche, j'obligerais les Africains à coudre une photo plastifiée de la cathédrale de Yamoussoukro sur leur blouson made in Tati… pour ne pas qu'y soient tentés de se faire passer pour des Amerloques de couleur, comme ils disent là-bas, ou même pour des Antillais… »

Tsipora est sortie de la chambre du fond au bras de la vieille qui était tellement pâle qu'on aurait dit un remake du *Bal des vampires*. Je me regardais dans l'immense glace au-dessus de la cheminée et je trouvais qu'elle faisait chouette sur ma crinière rouge, la kippa en soie blanche brodée d'or. C'est dans la glace que ses yeux sont à nouveau venus croiser les miens. Et dire que c'est à cause de ses yeux que j'ai recommencé à me laver… J'aurais mieux fait de garder ma crasse ; elle me protégeait de l'odeur ambiante… parce que le monde, il faut le dire, il pue ! Il pue vraiment ! Ils étaient beaux, ses yeux… Mais ça veut dire quoi « beau » ? Je crois que ce mot ne s'applique qu'aux yeux … qu'à des yeux qui vous regardent et qui vous changent… Et puis la nonchalance de sa tête lorsqu'elle s'est penchée sur moi, dans la baignoire… Mais j'anticipe encore… Il ne faut pas bousculer la chronologie rien que pour arriver aux moments qu'on préfère.

Donc, pour le *kiddoush*, j'ai fait comme eux. Ils s'étaient tous mis debout autour de la table, et même l'Ivoirienne. Abie se tenait auprès de sa mère, le livre ouvert, attendant que cessent les conversations. Il a pris la coupe pleine de pinard à ras bord et a commencé à chantonner en hébreu : « C'était le sixième jour, et le ciel et la terre… » Quand il a terminé et qu'ils ont tous dit « amen » (sauf la bonne qui a dit « amine »), il a juste trempé ses lèvres et présenté la coupe à sa mère… Ben quoi, ils font comme nous autres, les cloches, lorsqu'on est quatre à avoir mis la main sur un reste de Sauvignon… Ils partagent… Et tout de suite après, c'était moi… Les hommes, d'abord, quoi ! Ben je ne sais pas pourquoi… Je n'ai pas pu me retenir… J'ai tout avalé d'un trait… Cul sec ! Abie a gueulé :

« Non ! Tu déconnes ! Arrête ! »

Mais sa mère l'a repris gentiment.

« *Ma'lech, sibou !* Laisse-le ! Ça ne fait rien. Tu vois bien, mon fils, tu vois bien ! Regarde, ce n'est pas lui qui boit le vin… c'est le vin qui le boit. »

Et c'est juste à ce moment qu'on a sonné à la porte. La vieille a sursauté en s'écriant : *Beesmellah !* – Au nom d'Allah ! – dans sa frayeur, elle s'était mélangé les pédales ; elle s'était tout simplement trompée de dieu…

« Vous attendiez quelqu'un ? » a demandé Tsipora dont les mains s'étaient mises à trembler… Et Abie a timidement tenté de plaisanter :

« Le prophète Élie… »

Et la bonne qui le bouffait des yeux :

« Vous aussi vous honorez Ali, le fils du prophète ?

– Élie, Élie ! Voyons, Fatou… Nom de Dieu ! Le prophète Élie, É… lie, pas Ali ! Nous gardons toujours une assiette prête pour lui… » qu'il s'était mis à brailler, le gros…

La rafle de flics dans le bistrot, le téléphone qui explose, tout ça dans une famille bourgeoise bien tranquille… Je voyais bien qu'ils crevaient tous de trouille. Dans le Néguev, durant l'entraînement, en 1982, on m'avait appris à vaincre la peur. Une solution : tu te dis que tu n'es rien ; rien qu'un instrument. Yayir nous répétait en hurlant : « Le poignard, il a peur ? Non ! Qu'est-ce que vous dites ? Non ; bien sûr que non ! Le poignard n'a pas peur ! Vous êtes le poignard ! La balle de 9 mm… elle a peur ? Elle va se loger sans hésiter dans le crâne de l'ennemi ! Vous êtes la balle ! Et la grenade ? Est-ce qu'elle a peur, la grenade ?… » Alors, j'ai saisi le chandelier en bronze par le pied et je me suis lentement dirigé vers la porte… Et le chandelier, il a peur ? Je l'ai ouverte d'un coup… Je sentais le regard de la Black qui m'enveloppait le dos d'admiration…

6

Ruth

22 h 17. Ruthy sortait tout juste de la mélancolie lorsqu'elle a rencontré Abie, mais elle ne lui a avoué que trois semaines plus tard qu'elle venait de quitter l'hôpital psychiatrique après une cure d'électrochocs. Il se demandait encore comment il avait pu la trouver belle… Mais il était comme ça… toujours attiré par des détails saugrenus… Elle, le détail, c'était qu'il l'avait sautée avant même de prononcer une seule parole… qu'il avait gagné une sorte de pari d'adolescent. C'était un jour que la Subaru était en panne, le turbo s'était mis à siffler comme une cocotte-minute. Alors, il s'était rendu à l'hôpital en métro. Et le métro, ça le rendait fou ; parce que Abie, c'était un grégaire ; il arrivait pas à se fourrer dans le citron qu'un homme et une femme pouvaient se toucher sur toute la surface de leur corps et se quitter dix minutes plus tard sans baiser. Et le métro, c'était tout le temps comme ça, serré-serré, parfum-sueur-chaleur… Il devait considérer ce rapprochement inutile comme une sorte de sacrilège. Le métro, ça le mettait trop… c'est pour ça qu'il l'évitait… Et ce matin, il l'avait sentie, comme ça, tout contre lui, chaude, parfumée, musquée et… il l'avait serrée… Non ! N'allez pas penser à mal… Ce n'était pas un pervers, Abie, non ! – plutôt un homme à la

sensualité primitive, solaire… un Égyptien, pour tout dire ! Bon ! Ce qui l'avait étonné, c'était qu'elle avait tout de suite répondu… Elle n'avait pas levé les yeux de ses godasses, peut-être même qu'elle n'avait pas aperçu le visage d'Abie… Et même qu'elle ne savait même pas qui l'approchait. Elle s'était pourtant frottée contre lui… Tout naturellement, comme ça, en seconde classe, à neuf heures du matin, entre Bastille et Opéra. J'imagine l'état d'Herbert… Et Abie avait été pris d'un sentiment d'extase ; il avait immédiatement repéré le caractère grandiose de l'événement… biblique, en somme ! Il s'était souvent demandé… le premier rapport sexuel d'Adam avec Ève… Un rapprochement obligatoire, une nuit de fraîcheur, dans l'obscurité… Si on réfléchit, pour Adam, Ève, c'était n'importe qui puisqu'il n'y avait personne d'autre et pourtant la seule femme possible, et même la promise… N'importe laquelle, c'est donc la seule possible… Voilà en quoi consistait la leçon biblique… Il avait donc enfin trouvé l'objet de sa quête. Si on fait l'effort de comprendre, il faut avouer qu'il n'avait pas tort… Alors, il lui avait pris la main, l'avait entraînée hors du train à la première station, sans même la regarder et ils s'étaient jetés l'un sur l'autre, comme ça, sur le quai… Quelques minutes plus tard, quelques dizaines de mètres plus loin, ils s'étaient envoyés en l'air, debout, dans un recoin obscur d'une correspondance de Saint-Lago… On aurait pu se rencontrer ce jour-là ; c'était mon quartier… Et les pas qui claquaient derrière le dos d'Abie, les talons des ouvriers, des comptables, des caissières, des publicitaires, des universitaires, des secrétaires, des flics, peut-être… et ils avaient soudain été pris du même hurlement de plaisir. Comme des chiens…

D'ailleurs, ils avaient eu de la peine à se décoller ; c'était comme si ça leur faisait mal. Et c'est à ce moment qu'ils s'étaient regardés pour la première fois.

« Comment tu t'appelles ? lui avait demandé Abie.

– Ruth !

– C'est prédestiné », avait-il plaisanté… En réalité, il avait immédiatement pensé : « Elle doit être juive. » Et c'était faux ! Elle était hollandaise et protestante. Et puis, ils s'étaient revus, d'abord un jour sur deux, puis tous les jours, jusqu'au premier vendredi qui avait suivi où ils s'étaient rendus ensemble chez sa mère pour la prière du shabbat. La vieille avait regardé la fille avec une moue de dégoût et s'était retournée vers Abie :

« *Ech dé'lefta di ?* Qu'est-ce que c'est que ce navet ?… » qu'elle lui avait demandé. Elle l'avait trouvée trop blanche, trop pâle, trop terne à son goût, trop silencieuse, surtout. Et ça, la vieille, elle n'aimait pas ! « Elle ne fait qu'acheter, elle n'a rien à vendre… » Et Abie, ça l'avait refroidi d'un coup, comme s'il était aussitôt sorti d'un rêve. Depuis, il essayait de la larguer. Mais ce n'était pas tout simple… Il lui fallait un peu de temps… Sa mère aurait pu comprendre, pour une fois… Elle aussi, après son année de deuil, elle avait supporté le vieux Shapiro qui s'était pointé tous les jours, envoyé par le rabbin tunisien pour lui faire la cour ; un an et demi… Mais, une fois de plus, la mère Abadie avait eu de la chance… Sauvée par le gong ! Il s'était fait son infarct juste au palier entre le premier et le second… Si elle avait habité au rez-de-chaussée, il y serait encore… *Ekhss !* Je ne sais plus quoi faire avec Abie, m'avait-elle confié quelque temps plus tard. À son âge… il me ramène des filles des rues – non, pas ce que vous croyez ! Mais, tout de même, elles sont vulgaires, comment vous dire : elles sont *baladi*...

Et c'était elle ! C'était Ruthy, là, devant la porte ! C'est vrai qu'elle avait l'air vulgaire, vêtue d'un jeans trop large et d'un vieux pull taché, des touffes de cheveux gras sans couleur dressées sur la tête. Mais ce n'est pas pour cette raison qu'elle se considérait comme une personne simple. C'est la première fois que je l'ai vue ; tout de suite, je ne l'ai pas aimée. Je me suis dit : cette nana, elle pète tellement plus haut que son cul, qu'on la dirait assise sur une montgolfière.

7

Les Néphilim

Samedi 22 mars, 8 h 03. Pour Abie, c'était l'aube… Non ! En fait, même pas l'aube ; le milieu de la nuit. Il s'était levé à 7 heures pour être sûr de se retrouver à la porte de la prison de la Santé à 8 heures. Il voulait avoir le temps de parler toute la matinée avec Lufua, sans être interrompu par le déjeuner. Voilà dix ans qu'il avait commencé à faire des expertises pour les juges d'instruction et c'était bien le seul boulot de psychiatre qui l'intéressait encore, le seul qu'il ne dénigrait pas ; qu'il pensait utile ; au moins un peu…

Il n'avait pas beaucoup dormi – peut-être trois ou quatre heures. Ruthy s'était tout de suite installée au coin du canapé pour cultiver sa neurasthénie, comme d'autres auraient pu faire du tricot ou feuilleter un magazine en écoutant la conversation d'une oreille. Lui, il n'avait aucune envie d'avoir une explication avec elle, de lui expliquer pourquoi il avait éclaté hors de chez lui la veille au matin… ça l'arrangeait que les autres soient là. En discutant, il s'était progressivement rendu à l'évidence : le téléphone piégé, c'était pour lui et personne d'autre ; il avait sonné à peine dix minutes après son arrivée… comme si on l'avait surveillé, attendu. Incroyable ! Et la trouille qui lui revenait, intacte… Ce n'était pas de la blague, dis donc, cette explosion ! La vieille ne pensait jamais à fermer le double verrou qu'il lui avait installé lui-même la semaine dernière. Elle s'en allait taper le carton l'après-midi entière. De plus, elle avait emmené la bonne avec elle. Si bien qu'il était facile de se glisser dans l'appartement sans être dérangé... Un jeu d'enfant ! Mais quelque chose lui échappait. Qui donc aurait ainsi voulu le supprimer ? Des ennemis, il s'en connaissait, bien sûr ! À l'hôpital où il avait gardé une consultation hebdomadaire ; à la Société de Psychiatrie sociale où il jouissait d'un certain prestige et était nécessairement la cible de jalousies, et surtout toutes ces femmes qu'il avait d'abord prises puis jetées comme de vieilles chaussettes... Mais pas au point de... De quoi ? De le tuer... lui ? Lui qui n'avait même pas d'enfant ; lui, le dernier des Abadie d'Alexandrie... C'était un complot, ou quoi ? Contre les Abadie ? Il s'était mis à réfléchir ; à se dire que c'était dommage... Juste devant la grande porte de la prison, il s'était immobilisé, interdit, parcourant du regard la hauteur du mur... peut-être huit ou neuf mètres. Il avait ressenti d'étranges bouffées de chaleur. Il venait de réaliser l'intensité de sa peur. Une trouille venant du ventre s'était abattue sur son dos, emparée de ses mains pour leur faire danser l'hymne au docteur Parkinson.

La lourde porte d'acier s'était refermée derrière lui. Dans le sas, devant le portique magnétique, il avait retiré son imperméable et l'avait disposé sur le tapis de caoutchouc. Et le maton, derrière le guichet, matait son écran. Après le portique qui n'avait pas sonné, il attendait son badge, mais les deux gardiens discutaient en regardant sa photo sur sa carte d'expert.

« Si vous voulez nous suivre...

– Quoi ? Mais qu'est-ce qu'il y a ? Je viens ici plusieurs fois par semaine... Vous me connaissez...

– S'il vous plaît, monsieur... Docteur... »

Ils avaient soudain giclé de leur guérite, l'avaient entouré, comme ça, en lui prenant son imperméable des mains. Ils l'avaient énergiquement accompagné dans un bureau et là, le regardaient fixement.

« Alors ? »

Abie tremblait de plus belle. Quoi « alors » ? De quoi est-ce qu'ils parlaient ces deux crétins ?

« On ne peut pas entrer ici avec ce truc... Vous comprenez bien... Faut vous mettre à notre place, monsieur. C'est le règlement... »

Oh merde ! Il l'avait oublié ! Ce matin, il s'était dit qu'avec tout ce qui se passait, il valait mieux qu'il embarque le pétard... Il avait l'intention de le laisser dans le coffre de la voiture mais, pris dans ses réflexions, il n'y avait plus pensé et l'avait laissé dans la poche de l'imperméable.

C'est de là qu'ils avaient extrait un petit Browning standard, calibre 9 mm ; un beau petit flingue tout brillant.

« C'est un oubli ! Je comprends. Je vais le reporter dans la voiture. »

Les autres s'étaient alors faits mielleux.

« Vous pouvez nous le confier, docteur. Nous vous le rendrons à la sortie... »

Il avait accepté ; mais immédiatement regretté. S'il leur prenait l'envie de faire du zèle, de relever le numéro de série de l'engin. C'était ce truand marocain qui le lui avait offert parce que l'expertise avait tourné en faveur de son beau-frère... Il l'avait accepté, se disant que ça pourrait servir un jour. Pour le comprendre, il ne faut pas oublier qu'il s'était déjà fait virer de son pays, Abie ! Il se disait qu'un jour ou l'autre… Pour se défendre… ou pour se suicider… Il valait mieux être armé… Il n'en était pas certain, mais le flingue ne devait pas être vraiment propre… Et puis, avait-il le droit de se balader avec ça ? Certainement pas ! Il faut un permis, un port d'arme… Quelle pagaille ! Que des embrouilles ! Qu'est-ce qui arrive, se demandait Abie, qu'est-ce qui est en train de me tomber dessus depuis la semaine dernière ? Et tout en marmonnant, il passait successivement les contrôles jusqu'au quartier où était détenu Lufua. Il avait l'étrange pressentiment que c'était lui, Abie, qu'ils allaient enfermer dans une cellule, et même que ça allait arriver dans pas longtemps, peut-être même tout de suite ! Qu'ils allaient arriver derrière lui, les matons…

Dans la minuscule pièce glacée sans fenêtre, il a grillé une Camel tandis que lui revenait un couplet de Doddi :

Doddi, referme ton baluchon,
noue ton pagne ;
laisse-les pourrir,
je t'accompagne,
foutons le camp,
d'ici,
où tu es salie
de mélancolie.
Ainsi pleurait le Noir

Doddi fulmine et crache,
Elle boit, fume et ment !
Le kif voile la douleur du monde,

le vin, les jalousies mesquines,
la tristesse et la nuit,
l'obscur de l'amante.
Et le tabac... le tabac qui emporte
vers les cieux,
nauséabonde,
l'odeur immonde
qui remonte
de ce pays
détesté des dieux.

« Bonjour, monsieur Lufua ! Si vous voulez bien, nous allons poursuivre notre conversation...

– Oh là, monsieur docteur, bonjour ! *Mboté nayo !* Bonjour à toi !

– *Mboté !* Comment nous allons aujourd'hui ?

– Mais monsieur docteur, ça fait au moins cinq fois que tu viens me visiter. Les docteurs comme vous, les chpichiatres y font pas ça d'habitude ; y font pas comme vous. L'autre, là, la femme, je l'ai aperçue dix minutes et elle a écrivi trente pages sur moi et ma famille. Ils ont la zimagination, vos collègues... L'avocat, il m'a lu le rapport, là...

– Le rapport ? Quel rapport ?

– Le rapport de la femme, là, comme vous, la femme docteur chpichiatre, nom de Dieu, si vous me le pardonnez, là, monsieur docteur... monsieur Director... Elle a écrit, elle a écrit... »

Abie s'énervait...

« Qu'est-ce qu'elle a écrit, monsieur Lufua ? Vous vous souvenez ? Qu'est-ce qu'elle a écrit ?

– Oh je sais pas... toi tu sais, vous... Quelque chose, là, comme para... para... parachitiste... non ?

– Paranoïde, peut-être ? Schizophrénie paranoïde ?

– Peut-être, monsieur docteur, peut-être ! Je peux pas dire, là… »

Et Abie s'était mis en colère.

« Mais qu'est-ce que vous lui avez raconté, vous aussi ? Qu'est-ce que vous lui avez raconté pour qu'elle écrive une chose pareille ? Ça veut dire "fou"… Schizophrénie paranoïde, c'est ça, "fou" ! Vous savez que s'ils vous déclarent fou, vraiment fou, vous allez vous retrouver en service de force à Villejuif, Sarreguemines ou à Château-Thierry et là-bas, plus personne n'entendra plus parler de vous durant dix ans. Vous le savez ? Ils vous feront bouffer des comprimés qui rendent débile et impuissant et si vous râlez, ils vous feront passer de l'électricité dans le crâne… Et lorsque vous sortirez de là, chaque fois que vous vous gratterez le nez, il y aura un petit morceau de cervelle qui partira avec… collé à votre petit doigt…

– Fâchez pas ! J'ai dit rien, monsieur docteur, rien ! Rien comme à vous. Elle a demandé juste si j'avais tué Vanna. J'ai dit : "Oui" ! Et puis, elle a encore demandé si je lui a ouvri le ventre avec un couteau. Et là, j'ai vérité, là, monsieur docteur, j'ai vérité…

– Quoi ?

– J'ai vérité ! J'ai dire… j'ai dire : "non" !

– Vous avez dit "non" ?

– J'ai dire "non" parce qu'y avi pas de couteau, monsieur directeur… Ça, jamais ! Y'avi pas de couteau.

– C'est vrai, ça ! J'ai lu tous les rapports de police. Il n'y avait pas de couteau. Mais alors, dites-moi, monsieur Lufua, comment avez-vous fait pour le tuer, le pauvre Vanna ? »

Il a ricané :

« Avec la croix, monsieur docteur ; la croix ! …

– La croix ? Ah bon ! »

Après tout, il avait raison ; il avait mis une croix dessus… définitivement !

« Et puis, elle demande moi si j'avais sortir le foie du ventre et j'ai encore dire "oui". Et quoi j'ai faire avec le foie, là. Elle pouvait pas comprendre ça, là… c'était pas bon pour elle. Je lui ai pas dire que je l'avais bouffé, comme à vous, monsieur docteur… »

Drôle d'affaire ! Vanna avait atterri à Roissy le lundi 24 février à 8 h 30 par le vol d'Air Afrique en provenance de Zebraville. Le soir même, à 23 h 45, il était complètement refroidi, et en petits morceaux ! Lufua l'avait guetté à l'aéroport, suivi toute la journée à travers Paris jusqu'à ce que l'autre prenne une chambre au Méridien. Il avait poireauté dans le hall pendant deux plombes et lorsque Vanna était parti dîner, il s'était faufilé dans sa chambre et l'avait attendu. Vanna était rentré vers 23 heures après son rendez-vous dans un salon du Concorde Lafayette, juste en face, et c'est là que Lufua se l'était béquillé. Mais il ne voulait pas raconter les détails. Ensuite, il lui avait fait les poches, pris son fric, son passeport, et tout ce que l'autre baladait dans une petite sacoche de cuir que les flics n'avaient pas retrouvée. Et Lufua, il était ensuite parti se faire une virée dans les bars africains du dix-huitième. Mais avec ses yeux rouges d'illuminé, son crâne rasé astiqué au Miror, sa gigantesque soutane blanche, ses pieds nus dans des sandales dorées et l'immense croix en acier brillant qu'il arborait sur sa poitrine, au premier contrôle, il a été bon pour une balade. Lorsque les flics lui ont demandé ses papiers, il a dû paniquer ; il a présenté ceux de Vanna. Ils l'ont embarqué dans le van Citroën et le lendemain, au petit déjeuner, ils lui montraient les photos de la charpie qu'il avait faite du bide du Bongolais. Christina du Bois-Lamour, la petite juge, avait déjà confié plusieurs affaires d'Africains à Abie et il s'en était sorti plutôt brillamment. Mais cette fois, il prenait son temps. Il n'avait pas encore rédigé une seule ligne du rapport d'expertise.

Lufua était parti faire chanter un peu l'eau de la cuvette des chiottes et Abie devait bien en être à sa dixième Camel. Si bien que dans les cinq mètres carrés du parloir, on se serait cru dans la forêt du Bongo, un matin de brume, avant de partir avec les Bambinga, les pygmées, à la chasse aux chimpanzés. Décidément, Abie n'arrivait pas à lui faire dire ce qu'il voulait savoir ; il n'était pas assez concentré. Pas la peine d'insister ! Il a sans doute jeté un œil à la pendule, rangé ses affaires, et pris le chemin de la sortie. Lufua revenait déjà, escorté du gardien.

« Vous partez déjà, monsieur docteur ? Je voulais vous expliquer...

– J'ai un rendez-vous... enfin, un truc urgent... Je viens de m'en souvenir. Faut que je parte. Je reviendrai lundi et nous pourrons reprendre notre discussion...

– Mais j'avais quelque chose d'important, dire... grave, attendez... Ce type, là, ce Bongolais, Vanna, il venait là pour... » Mais Abie ne l'écoutait plus... Déjà parti, mais sans ses pieds qui lui couraient derrière...

⁂

9 h 30, ce samedi matin. Ce cinglé d'Abie s'était pointé à la synagogue – c'était là qu'il voulait aller, lui

qui ne croyait ni à Dieu ni à Diable. Qu'est-ce qui lui avait pris ? Plus tard, devant un demi, il m'avait expliqué que nous autres, les Juifs, on n'avait pas besoin de croire en Dieu... Il me l'avait d'ailleurs prouvé ; il m'avait dit : on peut être juif et athée – y en a plein ! D'accord ? – et même le meilleur de tous : Baruch van Spine. On peut aussi être juif et genre philosophe grec, comme Maïmonnaise, tu es d'accord ? Ou bien juif et communiste – pas la peine d'énumérer, y en a tout un bottin –, juif et psychanalyste, comme Lajoie – je veux dire : Freud... des exemples, on peut en trouver tant qu'on veut ! Il m'a convaincu : nous, les Juifs, on a beau quitter notre dieu, le détester, l'insulter, mimer l'indifférence, on reste ce qu'on est. C'est d'ailleurs pour ça qu'on a des emmerdes depuis que le monde est ce qu'il est... depuis Mathieu et Salem, comme on dit partout... À la baraque à Bon-Dieu, y avait pas grand monde, ce samedi matin. Il voulait prier, comprendre, méditer... L'office avait commencé depuis un moment. Comme toujours, la sueur avait imprégné les lieux qui sentaient bon la chèvre du Larzac – à croire que l'odeur les purifie, les Juifs pieux, c'est sans doute pour ça qu'ils parlent sans cesse de se laver. Ils avaient déjà sorti les rouleaux et lisaient la Torah à haute voix. Il s'était senti ému à la vue de ces hommes simples, avec leur châle de prière, qui se dandinaient en philosophant des pensées qu'ils ne comprenaient pas. Abie, ce n'est pas comme moi, c'est un tendre ! Il a pris un bouquin de prières en se disant que le premier paragraphe sur lequel il tomberait lui donnerait la clé, lui ferait comprendre ce qui lui arrivait. Et c'était *Genèse*, chapitre VI : *béné Élohim étt bénot haadam...* « Les fils d'Élohim virent que les filles des hommes étaient belles, et ils se prirent des femmes… Les Néphilim parurent sur la terre à cette époque et même ensuite, lorsque les hommes de Dieu se mêlaient aux filles des hommes… » Abie comprenait un peu l'hébreu, mais il ne savait pas ce qu'étaient les Néphilim. Des monstres ? Des serpents ? Des diables ? En tout cas, le message était clair… Il avait posé la question au livre et le livre avait répondu : « Pas de mélange ! » Sinon, les Néphilim débarqueraient sur terre… De toutes façons, il le savait déjà… Il suffisait de virer Ruthy et le monde se remettrait en ordre… Peut-être même que… – non, ce n'était pas possible ! – … la bombe, ce n'était pas elle, tout de même… non ! Ça l'avait fait rire… Elle l'avait déjà menacé ; elle lui avait fait des séances du style : « Faudrait quand même que tu consultes un psy, mon gros, parce que t'as un problème avec les femmes. – Mais j'en suis un, psy ! – Justement ! Justement, mon gros ! – En fait, tu les détestes, les femmes… C'est ton problème (et elle gueulait) c'est ton problème… mais moi, je ne me laisserai pas faire ! S'il le faut, l'un de nous deux y laissera sa peau… » Il n'avait pas fait gaffe, mais les Nordiques, c'est costaud. Il paraît que les femmes, là-bas, elles sont capables de porter à bout de bras une vache réticente à travers des kilomètres de polders.

⁂

10 h 30. Hier, on s'était tous pieutés chez la vieille qui se mirlitonnait les grelots après l'explosion. Mais elle avait gardé de l'énergie et lorsque Abie avait voulu

disparaître dans une piaule avec Ruthy, sa mère avait hurlé :

« *Ya 'habibi*, Bibi chéri… et elle avait insisté : chériiii ! Tu n'es pas fou ? Tu ne vas pas, *ma'a l'oueskha di… El 'harakat…* » Dans la maison de ta mère ? Elle parlait du sexe, mais avec un vocabulaire militaire. Parce que *'harakat*, ça veut dire « les mouvements », comme des chars qui se déplaceraient sur un champ de bataille… « Alors que ton père, que Dieu lui assure son salut, nous a tout juste quittés… (en fait, ça faisait bien dix ans.)

– Quel rapport ?

– Ne fais pas le malin avec ta spychiatrie… *zbiqiatri… zbiqiatre inghilizi, el'hass tizi…* » (Psychiatrie… Psychiatre anglais, lèche-moi le cul… Ça ne voulait rien dire une fois de plus, mais en arabe ça rimait. Comme d'habitude, ils se sont gondolés.) « Viens, chéri, tu vas dormir dans mon lit… » Et elle s'était mise à chantonner le vieux tube de 'Abdel ouahab : « Avec toi, avec toi, le monde est beau, avec toi… »

Sans char ! La vieille refusait que son fils âgé de quarante-trois ans (et demi) se pieute avec sa nana sous son toit. Elle le voulait dans son pieu à elle. Du coup Ruthy s'était rabattue sur le canapé, Abie avait aménagé un matelas sur la moquette au pied de la vioque, prétendant qu'elle gigotait trop pour qu'il partage sa couche, et Tsipora et moi, nous sommes partis picoler dans la cuisine… En ce temps-là, j'avais pris ma décision ; je m'apprêtais à m'installer tranquillement dans une confortable chambrette en sapin, bien ajustée à ma taille et la voilà qui débarquait dans mon existence… Ses yeux, deux tendres rosaces de lumière irisée… Et puis une humeur soudaine qui les traversait, vagabonde, et ses pleurs, comme des perles énamourées… Qu'est-ce qu'elle chialait, cette gonzesse ! À onze ans, sa mère s'était tapé la longue marche – pas celle de 49, celle de Mao, non, celle d'Auschwitz en 45 lorsque les frisés avaient évacué le camp devant l'avancée des Russes. Mais pourquoi elle me racontait ça en pleurant ? J'avais pas une gueule de nazi, moi ! Peut-être un peu celle d'un rescapé des camps, alors… J'étais comme un souvenir vivant, peut-être… Et elle causait, elle causait… Je me suis endormi en l'écoutant, assis, la tête entre mes bras croisés sur la table. Et c'est dans cette position que j'avais passé la nuit ; dans cette position que j'avais retrouvé Abie qui rentrait de tôle…

« T'as pas rapporté des croissants ?

– Arrête ! Je crois que je suis dans la merde… Vraiment dans la merde… »

Le portable s'était mis à sonner. Abie a hésité un moment avant de saisir le combiné. Il commençait à baliser avec les téléphones. Le voyant trembloter, je le lui ai pris des mains – qu'est-ce que j'avais à perdre, moi ? Partir tout de suite ou tout à l'heure… ou demain… ou bientôt… Je l'ai quand même tenu à distance avant d'appuyer sur l'interrupteur. Au bout du fil… rien ! Que dalle !

« Ça fait un moment que ça téléphone, et qu'il n'y a personne au bout du fil…

– T'es peut-être branché sur le répondeur du Père-Lachaise ?

– Parfois à l'hôpital, parfois à mon bureau, chez moi, ici… Je ne comprends pas… Peut-être un patient… un parano… Ça arrive… Des mecs, comme ça, qui veulent te dire quelque chose et qui ne savent pas quoi… Tu comprends ? Si tu réfléchis bien, tu vois, le téléphone, c'est comme une crise de folie… Tu as la vie, comme ça, qui se poursuit, avec son temps à elle, la vie dans son rythme et soudain, tu es appelé ailleurs… C'est ça, la folie ! Tu comprends ?

– Depuis combien de temps ?

– Quoi ? Le téléphone ? Peut-être… je ne sais pas… Peut-être quinze jours… peut-être… Tu as bien dormi ? Mais où ? Où tu as dormi ? Là ? Ici, à la cuisine ? Raconte ! Et Tsipora ? »

Tsipora…

« Même les flics, tu vois, c'est bizarre…

– Quoi ? Les flics ?

– Dans le restau… J'ai senti… Je sais pas… J'ai senti qu'ils nous cherchaient… Que c'était pas vraiment après les Blacks qu'ils en avaient…

– Tu crois ? Beuhh… Mais dis-moi… pour Tsipora… qu'est-ce que tu as fait ? Raconte… »

Tsipora-la-pureté… C'était ça, ouais ! Une absolue pureté ! Cette femme était animée par une seule préoccupation : ne pas se laisser souiller par le monde… C'était ça son truc, en fait… Je ne lui ai pas dit au gros ! Il ne pouvait pas comprendre ça… pas encore… Il ne pouvait pas comprendre combien la pureté est difficile à atteindre… Et le téléphone s'était encore mis à sonner. J'ai fait un geste dans la direction de l'appareil, mon majeur tendu, bien raide…

« Alors là, vous vous asseyez dessus, les mecs… » Et Abie m'a demandé :

« Tu joues aux échecs ? »

Sans lui répondre, j'ai poursuivi pour les interlocuteurs invisibles du téléphone d'Abie :

« Et vous vous asseyez dessus… » que je continuais.

« Tu veux pas faire une partie d'échecs ?

– Ça fait longtemps que je n'ai pas joué, tu sais… Ça fait longtemps…

– Allez… une partie… »

8

Sebbag

11 heures. Le téléphone s'était mis à sonner et Sebbag hésitait à décrocher. Il avait travaillé comme un esclave toute la semaine et paressait au lit, ce samedi, en parcourant une revue de bagnoles – l'essai de la Maranello, la dernière de Ferrari. Ce n'est pas demain qu'ils fileront des tires de ce calibre à de simples inspecteurs. Remarque : il ne s'était pas trop mal débrouillé avec Germain, le responsable du garage, à la maison mère. Il l'avait convaincu de lui monter un V 6, 24 soupapes plus un turbo, 270 chevaux, sur sa 306 banalisée. Il avait eu du mal pour trouver des cardans capables de transmettre cette puissance aux roues – d'ailleurs, il avait monté des pneus énormes, si bien qu'elle était vraiment banalisée sa guinde ; on aurait dit une tire de Portugais ! Mais avec ce moteur, c'était une vraie bombe – même les motos ne le tenaient pas au feu rouge. Tiens, pas plus tard qu'hier, il avait coursé ce dealer, un Nigérian, dans sa 911 noir métal, couleur maquereau, et l'autre n'avait pas réussi à lui coller 100 mètres. Juste après les arcades du Louvre, il avait même failli lui rentrer dans le cul, tellement il n'avançait pas. Il lui a alors suffi de lui coller quatre dragées dans les pneus arrière et la Porsche s'était mise à racler son pot d'échappement sur le Pont-Neuf.

Bon… Ça suffit ! D'abord : pourquoi il répondrait au téléphone ? En principe, il n'habitait pas là et il n'y avait pas grand monde qui connaissait cette planque. Ça ne le gênait pas de camper depuis un mois dans le studio de sa frangine. Depuis qu'il avait planté la Madeleine, du jour au lendemain, dans l'appartement bourgeois du dix-septième qu'ils louaient une fortune, il n'était plus obsédé que par une seule question : comment arracher jusqu'aux dernières exhalations du catéchisme qu'elle avait insidieusement insufflé dans le cerveau du môme. Sebbag, c'était un mélange spécial : 58 % d'angoisse brute, 37 % de gaîté et de joie de vivre et le restant de cervelle – et encore… dans la limite des places disponibles ! La sonnerie du téléphone insistait sur une connerie de mélodie de Bach. Si c'était la Madeleine qui avait fini par trouver son numéro, elle commencerait certainement à lui seriner son couplet… On pouvait tout de même pas passer sa vie sous une couette… Lui, le spécialiste de la filature, incontestablement le meilleur pisteur du service, pisté par sa propre femme… C'était trop …

« Allô !

– Je te réveille ?

– Non ! Quoi de neuf ?

– Tu rappliques… Je crois qu'on a mis la main sur un gus qui… je sais pas… Viens cinq minutes ; ça t'intéressera…

– Sympa ! Mais tu sais, moi, c'est plutôt les meufs…

– Attends… Rigole… Attends de le voir ! Un comme ça… je te jure que… Ben j't'en dis pas plus ! Grouille avant que le patron ne le relâche… Tu connais l'adresse… rue Soufflot. »

C'était Le Guellec qui avait quitté le service six mois plus tôt pour rejoindre les RG, le SDECE, ou la DST… enfin, quelque chose comme ça. C'était devenu une sorte d'agent secret … Mais ils avaient gardé des relations, de loin en loin, comme ça…

⁂

12 h 15. Dans son jean impeccable, moulant comme un collant et son blouson de cuir sur ses épaules de boxeur, Sebbag, on aurait dit qu'il dansait sans arrêt. D'ailleurs, sitôt qu'il était sorti de son lit, il commençait sa valse. Il se rasait, le walkman hurlant dans les oreilles, prenait sa douche, le son de la radio au maximum pour l'entendre sous les trombes d'eau et, sitôt arrivé dans sa bagnole, il montait la sono à fond. Ce mec, il ne tenait pas en place… On aurait dit qu'il écoutait sans cesse une musique intérieure qui guidait ses pieds. Sa mère prétendait que c'était pour ne pas entendre la voix de Dieu qui l'appelait… Mais allez savoir ; les mères juives, ça aime trop leur fils… Dieu, il a plus de discernement ! Le quartier général du nouveau service de Le Guellec, c'était un immense appartement bourgeois, rue Soufflot, près du Panthéon. Et le voilà qui trépignait à la porte de l'immeuble en essayant de se souvenir du code. Arrivé à l'accueil, il s'était demandé dans quelle pièce ils interrogeaient le type. Pas dans la salle des écoutes, bourrée de magnétophones, ni dans celle des ordinateurs. Vu que c'était samedi, ils squattaient le bureau de leur patron. Quand il est entré, Le Guellec et Caroff se poilaient comme des tordus.

« Salut ! Je n'ai jamais vu ça… Peut-être que tu pourras nous renseigner… »

Dans un siège, il y avait un Noir d'une quarantaine d'années, plutôt beau gosse, de fines lunettes cerclées d'or sur le bout du nez, sapé comme un prince, costard bleu marine, de fine laine, gilet assorti, cravate discrète et mocassins noirs, brillants comme des miroirs. Mais le type, il avait une kippa sur la tête ; une calotte en velours bleu, assortie au costard, avec *Tsion* écrit en hébreu, brodé, en relief. Et puis, sous la veste de son costard, dépassaient les *tsissitt*, les franges de son châle de prière. Il regardait les deux flics avec un air de défi… Près de lui, une jeune fille de moins de vingt ans, couleur ébène, elle aussi, un air de famille – sa fille ou sa nièce… Mais alors… La jupe de laine descendant aux chevilles, le chemisier boutonné jusqu'au cou, un foulard sur la tête par-dessus sa perruque qu'elle avait choisie blonde, comme celle d'une vieille Juive de Brooklyn.

« C'est une arrestation arbitraire. Tous mes papiers sont en règle. Vous avez vérifié ma carte de séjour, je vous ai même présenté mon contrat de travail… Tout est en règle, non ?

– Salut Sebbag ! Écoute, ce mec, il dit s'appeler… Comment vous vous appelez, déjà ?

– C'est l'Éternel, *baroukh hachem*, qui nous appelle…

– Tu piges, toi, Sebbag ?

– Ouais ! Enfin… non ! *baroukh hachem*, ça veut dire… c'est con, ça me fait marrer – ça veut dire : "béni soit son nom"… Il parle de Dieu…

– Ben… Qu'est-ce qui te fait marrer ?

– De Dieu… enfin… du nôtre, quoi ! C'est pas son dieu, tout de même ; c'est le nôtre !

– Je croyais qu'il n'y en avait qu'un seul… Alors, vous le dites votre nom… »

– Mais… que Dieu me pardonne… C'est écrit, là, sur mes papiers, non ? »

Très vite, Sebbag, ça avait commencé à lui prendre la tête, ce Black qui se comportait comme un Juif pieux. Et il s'était mis à penser à la tronche qu'avait faite Madeleine au moment de la circoncision de son fils, Sébastien… Et cette pensée lui avait mis les glandes… D'après sa tête, sa façon de parler, son accent, il voyait bien que le Noir venait d'Afrique centrale – Cameroun, Zaïre… par là… Il n'avait jamais entendu dire qu'il y avait des Juifs dans ce coin… Et des Juifs noirs, en plus… Ben ! Il ne savait pas tout, mais quand même ! Il s'était approché de l'allumé du prépuce :

« T'es juif, c'est ça ? Eh ben, tu peux dire ta prière, ton *shema'*, mon guignol… Parce que, usurpation de divinité, ça va chercher dans les mille ans… ou même davantage… C'est quoi ton nom ? »

Et cette fois, l'autre avait été sensible à l'argument ; il avait répondu :

« Yitzhak Beni Nathane… »

Sebbag avait éclaté de rire.

« C'est ça… C'est ça ! Et moi, je m'appelle comment ? Hitler ? Hitler, c'est un nom juif, Hitler, non ?

– On l'a pincé à traîner sous l'immeuble qu'on surveille pour notre affaire…

– Quelle affaire ?

– L'histoire des Bongolais…

– Les Bongolais ? Quels Bongolais ?

– T'occupe, Sebbag, t'es pas dans le coup ! On te demande juste de nous aider à l'identifier. »

Le Black, il devait être doué. Il semblait avoir capté toutes les attitudes des feuj. Chaque fois qu'il se penchait en avant, il rattrapait d'un geste instinctif la calotte qui voulait se faire la malle. Et puis, il scandait ses phrases de « Que son nom soit sanctifié… », *baroukh hachem, baroukh hachem…* Sebbag s'était mis à regarder la fille. Même sapée comme une bonne sœur, on devinait que ses doudounes auraient pu jouer dans les canons de la baronne … et même qu'ils y auraient tenu le rôle principal. Une Juive comme ça, je veux, amoureux, mon neveu, et tout d'une pièce, ma nièce…

« Et vous, mademoiselle, comment vous appelez-vous ?

– Sarah Beni Nathane, monsieur le commissaire.

– Ben voyons !

– Voilà que t'es promu, Sebbag… Commissaire… Remarque, chez eux, à moins de maréchal, t'as pas droit à une femme… Essaie encore pour voir…

– Monsieur le commissaire, a supplié le Black, par pitié, laissez-nous partir. Demain, c'est Pourim. »

Pourim, pourim lanou, qu'il chantonnait, en plus…

« Demain ? C'est Pourim demain ? s'angoissait Sebbag qui, naturellement, n'y avait même pas pensé…

– Aujourd'hui, nous sommes le 13 Adar. Donc, demain, c'est Pourim ! La fête d'Esther. Vous connaissez ? Une fois encore, Dieu nous a tirés des mains de nos oppresseurs », avait-il ajouté en lorgnant du côté de Le Guellec.

Sebbag s'était foutu en rogne. D'abord il avait envoyé une baffe à l'usurpateur.

« T'arrêtes, un peu ? T'arrêtes ? T'es juif ? Et puis une seconde baffe qui avait expédié la kippa sur le plancher. Tu me cherches ? C'est ça ? »

La fille était allée la ramasser, la calotte. Elle avait juste fait trois pas, s'était penchée en avant, et Sebbag avait senti que ses yeux ne pourraient plus jamais se détacher de son dargeot. Elle balançait ses miches avec la conviction du serpent tombant amoureux d'une pomme... Biblique ! Son père s'était mis à marmonner des prières avant de se reposer le capuchon d'étoffe sur la carafe. Et puis, avec un relent de sarcasme, à Le Guellec :

« Dieu, *baroukh hachem*, nous a demandé de nous couvrir la tête pour que nous sachions à chaque instant qu'il existe quelque chose au-dessus de nous. »

Et Sebbag devenait de plus en plus nerveux.

« Il a raison !

– Quoi ?

– Il a raison, je te dis ! C'est pour ça que les Juifs se couvrent la tête. Regarde ses papiers, bordel ! Regarde... Qu'est-ce qui est inscrit ? Son lieu de naissance ? » Le Guellec s'était mis à explorer la carte de séjour.

« Né le 1er janvier 1955 à Zébraville.

– Zébraville ?

– Oui ! C'est au Bongo ! C'est même la capitale. »

Le Bongo ? Sebbag s'était souvenu que dans les années soixante, juste après l'indépendance, les Israéliens y avaient envoyé des conseillers. Ils avaient même été à l'origine de la jeune armée bongolaise. Puis, en 67, après la guerre des Six Jours, les relations s'étaient refroidies, et en 73, après la guerre du Kippour, ils avaient gentiment été priés de repartir. Après tout, ce mec, c'était peut-être un métis ; laissé là en souvenir... D'autant que si sa mère était balancée comme sa fille, son Israélien de père n'avait pas vraiment dû se faire prier... Peut-être qu'il ne baratinait même pas, après tout ; peut-être qu'il s'appelait vraiment Beni Nathane... Il y a bien la moitié de la population de Guinée Bissau qui se nomme Mendez et l'autre moitié Gomez... Ça se pourrait... Mais pourtant, les dates ne concordaient pas... 1955... Bizarre... Sebbag n'allait pas discuter de ce genre de problèmes avec Le Guellec... En tout cas pas avant de savoir ce que recherchaient les deux Bretons... Qu'ils le briffent sur cette fameuse affaire des Bongolais et il leur donnera des infos... D'ailleurs, cette histoire l'intéressait, lui... le concernait, lui... lui qui était coincé dans ses propres histoires de métissage. Sébastien, son fils, était juif, comme lui, son père, malgré toutes les niaiseries que lui débitait Madeleine sur l'amour du prochain, l'hostie rétro, la miche de chair et le sang médoc ... Pas plus que toutes les conneries du Consistoire sur la conversion, d'ailleurs... Pour eux, sa mère n'étant pas juive, Sébastien ne l'était pas... Convertir Sébastien ? Non mais ! Ce n'était pas un Franc, Sébastien...

« Alors, qu'est-ce que tu penses ?

– Quoi ?

– Il est juif ?

– Et qu'est-ce que j'en sais, moi ? »

⁂

13 h 15. Sebbag n'avait pas traîné. Il était parti se siffler deux demis, coup sur coup, au zinc d'en face, là où ils servaient de la Munich à la pression. Il le savait bien

que c'était à la taverne *Löwenbraü* que Hitler avait révélé à son peuple la solution finale du peuple juif, mais *Löwenbraü*, c'était tout de même la meilleure Munich ! Il dansait d'un pied sur l'autre en priant le barman de se grouiller un peu. Tout en parcourant d'un œil le journal où l'on relatait l'avancée de la rébellion au Bongo, il essayait de joindre Madeleine sur son portable, pour s'engueuler, encore, sur la garde du môme, encore, durant le week-end, toujours. Ça sonnait occupé. Et puis, il les a aperçus sortant de l'immeuble, le père et la fille, serrés l'un contre l'autre. Un couple pareil, il n'en avait jamais vu, parole ! Des Juifs, ces Blacks ? Ou des Cathos membres d'une nouvelle secte judaïsante ? Ou quoi d'autre ? Bizarre ! Les deux se dirigeaient, bras dessus, bras dessous, vers une station de taxis. Instinctivement, il a foncé vers sa bagnole. D'accord, il n'était pas dans le coup. Ce n'était pas ses affaires de flic, mais après tout, ces gens-là, c'étaient un peu ses cousins, non ? D'autant que Sebbag, né à Fez, grandi à Paris, dans le 19e, avait vécu son adolescence en Israël, dans un kibboutz, en plein Néguev, à Dimona. Il se souvenait du traitement que les Ashkenazes faisaient subir aux Marocains comme lui ; c'étaient leurs prolétaires, ils les appelaient les Schwartz, « les Noirs ». Donc, des Juifs noirs, c'étaient doublement ses cousins. C'est un peu par esprit de revanche qu'il avait décidé de développer ses muscles, qu'il était devenu cette espèce d'athlète – le Schwartz au Néguev, en quelque sorte ! Le taxi se faufilait adroitement entre les bagnoles sur le pont de Sully. Décidément, fallait qu'il arrête de rêvasser et qu'il accélère un peu sinon ils allaient le semer. Il les apercevait déjà, là-bas, place de la Bastille, en train d'emprunter la rue de la Roquette et ce putain de feu rouge… Merde ! Il a passé… Un môme venait de démarrer de la rue perpendiculaire en scooter et, le frôlant, avait donné un violent coup de pied dans son pare-chocs. Hé ! Le cercopithèque ! qu'il avait gueulé en sortant la tête… Tire-toi ! Il commençait à s'énerver… Ou tu préfères que je te fasse avaler ta queue ? Le môme, c'était un nerveux lui aussi, avait posé son booster contre la 306 gonflée et s'était approché de la portière, menaçant… Sebbag avait aussitôt surgi, roulant des mécaniques. Le môme était comme en transe ; il lui avait foncé dedans, casque en avant, et il se l'était ramassé dans le bide, comme un penalty tiré à bout portant. Sebbag était allé cogner violemment contre l'aile arrière mais avait réagi aussi sec. Il avait balancé sa bottine dans le menton du gosse avec une violence telle qu'on avait entendu craquer les os de la mâchoire. Du coup, le petit s'était effondré net sur le capot. Un attroupement commençait déjà à se former. Sebbag avait déposé le môme hagard sur le trottoir, était remonté dans sa tire et avait démarré en faisant hurler les pneus. Ce n'est pas croyable de voir des choses pareilles ! Il avait traversé la place le pied au plancher puis s'était embarqué en trombe dans la rue de la Roquette. Au premier carrefour, il avait aperçu le taxi, un Volvo break diesel, qui grillait au soleil, ouvert comme une boîte de conserve. Vu de là-haut, on aurait vraiment dit que Gulliver avait proprement découpé le toit avec un ouvre-boîte.

⁂

13 h 30, environ. Donc, le gros, il m'avait proposé de faire une partie d'échecs. Ça faisait bien dix ans que je

n'avais pas touché aux dames ni aux rois – rien qu'aux fous auxquels je m'étais régulièrement frotté lorsque je me faisais embarquer à l'IPP, l'infirmerie psychiatrique de la préfecture de police, bourré comme une valise d'émigrant. Il avait prétendu que c'était comme la bicyclette et que ça ne s'oubliait pas... Il avait joué le pion du roi, « e4 » et moi, j'avais simplement poussé le cavalier en « f6 ». Du coup, il avait avancé « e5 ». C'est ce qu'on appelle la « défense Alekhine ». Je connaissais bien l'ouverture... Les noirs laissent les blancs avancer au centre et font une sorte de ballet de cavaliers durant près de six coups. Les blancs se développent, en terrain conquis, et commencent à installer une stratégie au centre ; c'est alors que les noirs les contournent et déciment consciencieusement leur infanterie prise à revers. Cette défense, je l'avais étudiée dans le temps et j'étais certain de pouvoir la jouer sans me planter jusqu'au dixième coup. Mais bordel ! On ne peut vraiment pas se payer une petite partie d'échecs tranquille ! On était à peine parvenu au troisième coup : le pion de la dame, « d4 », qu'on a entendu un terrible vacarme dehors. On s'est précipité à la fenêtre. Il y avait un camion stationné en plein milieu de la rue et trois mecs sur la chaussée. Deux serraient un petit PM, un Skorpion, contre leur hanche, et tiraient sur tout ce qui faisait mine de broncher sur le trottoir alors que le troisième, au milieu, maintenait un énorme tube sur l'épaule. Les passants s'étaient planqués dans les portes cochères en hurlant. Les trois loustics ont attendu dans cette position... peut-être une minute – pas plus – et puis le mec du milieu a déchargé son engin. Une sorte de sifflement que j'ai reconnu tout de suite ; c'était un bazooka, 46 mm, de fabrication soviétique – parce que moi, chaque fois que j'entendais ce bruit, je repensais à Aryé qui s'était ramassé une raquette en plein bide, en 83, et qui m'avait balancé tellement de boyaux dans la poire que pendant quinze jours j'ai continué à voir le monde en rouge. Je me suis penché en avant et j'ai aperçu le taxi qui se précipitait sur le trottoir pour éviter le truc qui lui arrivait dessus à la vitesse du son. Mais c'était trop tard. Le break a explosé sur-le-champ. Une portière arrière s'est ouverte et une môme toute noire a roulé sur le sol et s'est trissée en cavalant. Les tarés sur la chaussée ont déchargé leur Skorpion dans sa direction, mais elle avait déjà disparu sous une porte cochère. D'ailleurs, ils ne se sont pas attardés, les mecs. Ils ont abandonné le bahut qui barrait la chaussée et rejoint une grosse Mercedes 500 garée cinquante mètres plus haut. Ils ont sauté dedans et aussitôt disparu dans la circulation. Franchement, ce n'était pas du boulot propre ! Quel que soit l'état de la cible, qu'il gueulait, Yayir, même si elle est réduite en bouillie, même s'il n'en reste que cinq cents grammes, tu t'approches du type à vingt centimètres et tu lui vides ton chargeur dans la nuque. Et d'ailleurs, même comme ça, tu n'es pas sûr ! Tu n'es pas Dieu, non ? Qui est-ce qui peut être sûr de la mort, hein ? Du coup, j'ai regardé Abie dans les yeux :

« Alors, ma grosse, t'es pas toubib ? Viens, on va exercer tes talents… »

Et on a dévalé les escaliers quatre à quatre.

***

15 h 30. C'est alors qu'on a fait la connaissance de Sebbag. Ce mec, parole, il sautait sur place comme un

feu follet… On aurait dit qu'il n'avait jamais les deux pieds sur terre en même temps ! Il nous a alpagués tout de suite, comme ça :

« Vous étiez dans l'immeuble ? Vous avez vu ? À la fenêtre ? Vous avez vu ? Qu'est-ce qui s'est passé ? Vous avez vu ?

– Que dalle, mon pote ! Que dalle ! On n'a rien vu ! Et d'abord, on n'a pas été présentés… On n'a pas gardé les chèvres ensemble dans le désert du Néguev… »

– Le Néguev ? Tu as dit le Néguev ? Pourquoi tu as dit le Néguev ? »

Ça lui avait pris la tête, ce mot, seulement le mot « Néguev ». C'est beau, ça, un mot qui te prend la tête… Normal, il y avait passé son adolescence en arrivant en Israël après que son père avait été mis au chômedu à Paris. Il s'est dit, comme ça : « Comment ce type que je n'ai jamais vu me parle du Néguev alors que j'étais justement en train d'y penser »… Il a eu peur… comme lorsqu'on aperçoit un fantôme… un *dibbuk*, comme on dit chez moi…

« OK ! Je retire ! J'ai pas dit Néguev… OK ? D'accord ? Je n'ai rien dit, d'ailleurs ! Rien ! Te fâche pas ! Néguev, en grève… OK ? Moi, tu vois… tu me déposes en plein milieu du désert et je suis sûr qu'aujourd'hui encore, je retrouve, les yeux fermés, le camp d'entraînement dirigé par Yayir.

– Le camp d'entraînement… avait à nouveau sursauté Sebbag… Le camp d'entraînement de qui ? Qu'est-ce que tu as dit ? »

Décidément, ce mec, il ne comprenait rien du premier coup. Il fallait toujours répéter. Ça devait être un émigrant… Parce que les émigrants, j'ai remarqué, ils répètent toujours les phrases deux fois : sans doute une première dans leur langue maternelle et la seconde dans la langue d'adoption… même s'ils prononcent les deux phrases dans la même langue. Du coup, je lui ai demandé :

« Tu es né où, que je lui ai demandé… dans quel pays ?

– Au Maroc… Mais… quoi ? Pourquoi ? Pourquoi tu me demandes ça ? Dis-le, bordel ! Dis-le ! J'ai une face de bougnoule ? »

Il commençait à s'énerver sur place, Sebbag, à devenir tout rouge et à sauter d'un pied sur l'autre comme un boxeur et moi, je me suis dit que si ça continuait, j'allais finir par me prendre une beigne, un pain ou pire encore… D'autant qu'il semblait avoir de la cervelle plein les biscotteaux, ce type…

« Moi, je suis né à Paris… et mes parents aussi… Baladé des pétasses à Montparnasse, branlé la dalle à Pigalle… Les mecs comme toi qui sont revenus d'Israël, ils se la hèlent, ils sont foutus… Ils ont plus d'yeux pour leur Dieu… Ils ont plus d'espoir… désespoir… »

Ça l'a calmé d'un coup, comme ça, d'un coup… Ce que j'ai dit… parole qu'il a arrêté de bouger – si bien qu'il m'a fait de la peine… OK ! D'accord, j'exagère… Si ; quand même un peu… Puis j'ai rajouté :

« Je m'appelle Katzman. Parce qu'autrefois, je domptais les chattes. Peut-être que ce n'est pas mon vrai nom, p'tite tête… Je ne m'en souviens plus… Je ne me souviens même plus du temps où je n'étais pas dans la rue. » Il a pris un air dégoûté pour répondre :

« Katzman, Katzman, c'est un nom d'Ashkénaze, ça… »

Et il tirait une tronche…

« Ashki, ashki… Ouais, mon pote ! On a donné à la culture, nous, si tu n'es pas au courant… Karlo Marxo… Ce n'était pas un Soudanais… et Federico Engelo … pas un Yéménite, non ? Et Alberto Einsteino, alors… Tu crois que c'était un Marocain ? Quant à Sigmundo Freudo… Si tu veux que j'en rajoute… Et les virtuoses du violono… tu veux que je te cite les noms ? Et du piano…

– Arrêtez vos conneries ! qu'il a hurlé, le gros… Merde ! Arrêtez ! On ne se connaît même pas… On est venus pour aider… voir si on pouvait quelque chose pour les blessés. Et, sûr de lui, en tendant la pogne à Sebbag : docteur Abadie… Je suis médecin ! » Mais il n'a pas pu s'empêcher d'ajouter : « Mais moi, je suis un *toshav*, si vous voyez ce que ça veut dire… »

Alors, moi et le Sèphe, on s'est écrié d'une même voix ; en même temps, à la même seconde :

« T'es quoi ? T'es un quoi ?

– *Toshav* ! Un *toshav* ! » qu'il a repris, Bibi. Puis, en s'adressant à Sebbag : « Vous parlez l'hébreu. Vous devez savoir ce que ça veut dire… *Toshav*, c'est "autochtone". Ça veut dire que vous, vos ancêtres, ils sont allés se mélanger avec n'importe qui… Par exemple toi – il me parlait à moi – ton nom, Katzman, c'est de l'allemand… et vous… vous… vous vous appelez comment ?

– Sebbag…

– Vous voyez ! Sebbag, tiens ! Sebbag, Sabbagh, c'est de l'arabe… Ça veut dire teinturier… Alors que moi, mon nom, c'est de l'hébreu… »

Alors, tous les deux, d'une seule voix :

« Et ça veut dire quoi ? »

Il a hésité un moment, quand même…

« Ça veut dire… Ça veut dire… Ben… je crois que ça veut dire… Ça vient de *'abad*… “esclave”… »

Alors là, on a explosé… Il était trop, lui… Il voulait se faire passer pour un vrai, pour un pur-sang… et son nom… Alors là, c'était trop drôle… C'est Sebbag qui a réagi le premier…

« Hé, charlot ! Tu nous prends pour des cruches ? Si ton nom signifie esclave, c'est que tes ancêtres ne devaient pas être juifs… Ça devait être des esclaves, donc des étrangers… Toi, du temps des pharaons, tu étais déjà un étranger… Alors que nous, ça nous est arrivé bien après ! »

Et Bibi, beau joueur, s'est mis à rigoler, lui aussi… On était tous les trois autour du taxi à discuter de juiveries internationales et à se marrer et les autres qui hurlaient autour… C'est seulement en entendant les sirènes des ambulances, des cars de police secours, tout ça, qu'on a décliqué. Du chauffeur de taxi, il devait juste rester le futal… et vide, par-dessus le marché, mais le Bongolais qui était installé sur le siège arrière, le fameux Beni Nathane, il était entier… enfin presque ! À la place du ventre, il y avait juste un trou, tout rond, d'une dizaine de centimètres de diamètre environ, là où avait traversé la raquette.

« Putain, s'est écrié Sebbag. Où est la môme ? Merde !

– J'ai vu filer quelqu'un, hésita Abie…

– Vous avez vu quelqu'un sortir du taxi ? Vous avez donc vu de là-haut ! Putain ! Je le savais bien… Putain de merde… Moi, je vous embarque tous les deux … Dites-moi ce que vous avez vu ou je vous embarque sur-le-champ !

– Une négresse blonde qui rentrait dans une porte

cachère… Je dis cachère parce que pas un seul des cochons de la Mercedes ne l'a suivie…

– La Mercedes ? Quelle Mercedes ?

– Ben… une Mercedes ! »

Abie a répondu :

« 500 S limousine, le modèle V8…

– Mais, comment tu as pu repérer ça, toi ?

– Aux filets chromés sur les bas de caisse…

– Putain ! Bande de crétins ! Vous êtes sûrs ? Vous êtes sûrs de ça ? » Et ça lui est revenu d'un coup, d'un coup d'un seul, à Abie.

« Ouais ! Ça veut sans doute dire "esclave" parce qu'à *Pessa'h'*, au *Seder*, on dit : *'abadim hayenou léphar'o mismirayim* – et il chantonnait l'air – ça veut dire : "Nos aïeux étaient esclaves de Pharaon en Égypte". *'Abadim*, ça veut dire "esclaves", *'abad*, c'est "esclave" ; alors "abadie", *'abadi*, "mon esclave"… C'est marrant, ça, je n'y avais jamais pensé … c'est marrant…

– Mais vous arrêtez, grondait Sebbag dont les poings commençaient à le démanger sérieusement, on n'est pas au souk, ici… On n'est pas à Jérusalem, on est en France, merde ! Vous ne vous rendez pas compte… Et il vient d'y avoir un attentat… »

Je ne voudrais pas dire, heu … le souk de Jérusalem, question attentats… C'est plutôt des pros… Mais comme il avait l'air très énervé, je ne lui ai pas fait remarquer. Je n'ai pas bien compris, d'ailleurs, parce que Sebbag, lorsqu'il a vu se pointer les deux costumes-cravates, il a immédiatement voulu se tirer de là.

« Allez, on se casse ! Planque-moi, toi, le grand… » Et il s'est glissé derrière moi.

« C'est qui ?

– Des Bretons, qu'il a répondu en se faufilant, rien que des Bretons…

– Allez… que je me suis exclamé, incrédule. Allez… » Je n'arrivais pas à savoir comment il avait repéré ça, rien qu'à leur dégaine. Des Bretons, ça ne se voit tout de même pas sur leur tronche… On a fini par aller se boire des bières tous les trois au bistrot du coin pendant que Le Guellec et Caroff aboyaient des ordres à des tuniques bleues.

9

Tagen nosrani

Dimanche 23 mars, 13 h 30. On était assis à table avec Abie et sa mère, et Fatou nous servait un *tagen nosrani* – un plat cuit au four avec un mélange de viandes, des pommes de terre, des tomates, des oignons, un délice…

« Je n'ai pas faim, mais ça a l'air très bon. Comment vous appelez ce truc, déjà ?

– *Ech bi oul ?* Qu'est-ce qu'il dit ?

– Il te demande le nom du plat de viande.

– Ce plat, ça s'appelle : *tagen nosrani !*

– Quoi ?

– *Tagen nosrani*, ça veut dire… ah, c'est marrant… "le plat des chrétiens". Pourquoi on appelle ça le plat des chrétiens, d'ailleurs ? Je crois que c'est parce que tout est mélangé, en désordre. Le bœuf avec le veau, même qu'on peut y ajouter du mouton… Mais Bibi ne supporte pas la viande de mouton… Le bœuf, le veau, le mouton… tout mélangé… Le mélange, *ya'ni*, c'est pour ça… Le plat des chrétiens… »

Moi, je ne pigeais pas…

« Je ne comprends pas… Pourquoi lorsque les viandes sont mélangées, on appelle ça "plat de chrétiens" » ? Pourquoi ? Mais j'avais pigé une chose :

c'est qu'elle adorait expliquer, démontrer, raconter des histoires ...

« *'Achan*, (parce que) *esma'* (écoute) ce qu'on disait : *wala el li y' ghib ie wa'hach'hom ; wala elli yégui ié anes' hom*... Ça parle des chrétiens, ça veut dire, c'est un proverbe... on disait ça, vous voyez, là-bas... »

Et Abie avait sorti un petit calepin de sa poche pour noter une des rares sentences qu'il ne connaissait pas...

« Dis-moi, mummy chérie, dis-moi ce que ça veut dire.

– Tu notes ? Ça veut dire : "Celui qui tarde ne leur manque pas et celui qui arrive ne les réjouit pas." Ça veut dire, *ya'ni*, des gens qui sont froids ; qui n'ont pas de sentiments. C'était comme ça qu'on jugeait les Chrétiens là-bas, les Français, les Anglais... C'était comme ça, vous comprenez, un autre temps. Et maintenant, on vit chez eux... Qu'est-ce que tu veux... Le monde change... *El donia kbira* ... "le monde est grand..." »

Je comprenais maintenant d'où lui venait cette manie de faire des vers en arabe. Elle inventait des proverbes... Mais celui-là avait l'air d'être authentique ; un vrai de vrai... Une phrase, comme ça, qui lui remontait du fond des temps des pyramides. Une phrase du haut de laquelle au moins quarante ans la contemplaient... Mais je ne comprenais pas ; je ne comprenais pas ce que ça voulait dire, et ça devait se voir sur ma gueule, parce que... elle s'est mise à se bidonner avec son fils en me montrant du nez...

« *Ma by efhamch ouala 'haga, el schlekht da...* Ah... Il ne comprend rien, ce "shlekht"... »

Mais moi, j'avais entendu un mot que je connaissais :

« Déconnez, pas ! *Schlekht*, je comprends, c'est du yiddish... ça veut dire "dégueulasse". »

Ils parlaient de moi ? Et ils continuaient à rire, les deux esclaves de Pharaon...

« Dis-lui, mummy chérie, raconte !

– *Ne ollou ?* Je lui dis ? »

Elle s'est mise à faire des mines...

« *'Achan fé Masr...*

– C'est pas parce que j'ai capté un mot en yiddish que je me suis soudain mis à comprendre l'arabe...

– Parce que, en Égypte, avait repris l'ancêtre dans une langue normale, il y avait des Polonais... juste avant la guerre... *ya'ni* des Polish... Et il y en avait un... » Et puis elle s'était retournée vers son fils. « *Kan 'aouez yé gaouez okhti*... il voulait épouser ma sœur. Et il venait toujours au magasin... Moi, j'étais petite... douze ans, peut-être, je ne sais plus... je lui apportais le café, comme chez nous, avec les *ka'hk*, les petites rosquettes salées, et les *samboussek*, les petits pâtés au fromage ou à la viande ... Et je ne sais pas ce que ça lui faisait... Il gueulait : *schlekht, schlekht*... Ça devait lui rappeler quelque chose... Alors nous, avec ma sœur, on l'appelait "Monsieur Schlekht", et puis tous les Polonais, on avait pris l'habitude... Et même, c'était passé dans la famille ; les Polish, on les appelait comme ça ; on les appelait les *Schlekht*.

– Les Polonais... Les Polonais... Vous parlez des Juifs polonais, madame Abadie ?

– Bien sûr ! Juifs, bien sûr !

– C'est les Juifs polonais que vous appelez des Polonais ? Ça va pas, non ? Vous savez ce que c'est, un Polonais ? » Alors, moi, j'en ai eu marre d'entendre ça ; marre qu'ils se foutent de ma gueule, les loukoums ambulants. Je me suis levé chercher une bouteille dans la cuisine… Je fouillais partout… rien ! Pas même l'ombre d'une canette de bière… Et c'est à ce moment que, à quatre pattes sous l'évier en train de fouiller le placard, j'ai aperçu Fatou qui filait dans le couloir avec une autre femme noire… comme si elle ne voulait pas que je la voie… J'ai jeté un œil, mais elle avait déjà claqué la porte. Et j'ai entendu la vioque qui gueulait.

« *Fatou* (elle prononçait naturellement Faaa-tou, en soulignant longuement la première syllabe – d'ailleurs les « a », ils disent pas « a » mais un truc entre « a » et « e » : fae'tou… à peu près comme ça). *Fae'tou gara eh ?* Qu'est-ce qui est arrivé, chérie ? Il y a quelqu'un ? J'ai entendu la porte qui se refermait… » Alors moi, depuis la cuisine, je me suis mis à hurler. C'est que je commençais à adopter les habitudes de la maison ; tout le monde gueulait, là-dedans.

« Madame Abadie, Fatou… elle vient de sortir. » Et je suis revenu à table en répétant : « Fatou est sortie…

– *Oua'alaya*, le malheur soit sur moi ! Ousse qu'elle est allée ? »

Et puis elle a regardé son fils avec un air malin. Ce coup-là, j'ai tout de suite deviné qu'elle avait trouvé une formule. Parce qu'on dit : *el lé fatou matou…* Elle s'est encore esclaffée. *El lé fatou matou…* Ceux qui sont partis, sont morts… C'était un jeu de mots avec le nom de Fatou qui, dans leur patois d'arabe de schmoks signifie « ils sont passés ; ils sont partis », quoi ! Et, sans char, c'est juste, pile, à ce moment, alors qu'elle expliquait « ceux qui sont partis sont morts », qu'on a entendu des coups de feu, dehors… On s'est tous les trois précipités à la fenêtre. Juste à temps pour apercevoir Fatou et une Noire avec un fichu sur la tête qui cavalaient au coin de la rue, en se baissant pour éviter les balles… Mais, bordel, qui donc était en train de les canarder ? Je me suis penché autant que j'ai pu… Il n'y avait personne ce dimanche après-midi, rue de la Roquette… Rien que des bagnoles qui dérivaient lentement. J'ai bien cru voir une ZX blanche, un break, qui démarrait au coin, mais là, je n'en suis pas sûr du tout… Alors, je me suis dit, comme ça, qu'il était peut-être temps que je rempile ; qu'il se passait des trucs vraiment pas très carrés dans la vie d'Abie – une vraie salade… un plat de chrétiens, comme diraient ces foutus Égyptiens…

⁂

15 h 45. Alors, comme Fatou s'était fait la malle avec sa copine, on s'était tapé la vaisselle, Abie et moi… ben… Ça nous a donné l'occasion de deviser tranquillement tandis que la vieille se faisait une sieste, comme sous la canicule de son pays natal, à l'ombre d'un palmier, en rêvant de vingt-trois esclaves nubiens qui lui éventaient les orteils. Il y avait un truc qui turlupinait Abie.

« Dis-moi… Je voulais te demander… dis-moi… Comment t'as su pour Sebbag ?

– Comment j'ai su quoi ?

– Comment t'as fait pour savoir qu'il avait fait son *alya*, qu'il était d'abord en France ; qu'il était allé en Israël et ensuite revenu en France ?

– Élémentaire, mon cher docteur !

– Déconne pas… Raconte !

– T'as vu que ce mec est complètement barjot ; t'as vu ? Tu l'as vu, quoi…

– Barjot ?

– Ouais ! Destroy… Désespéré, quoi… c'est un desperado, on pourrait dire, non ?

– Et alors ?

– Ben c'est un Sèphe…

– Et alors ? Je ne comprends toujours pas !

– Les Séphe, c'est pas comme nous, les Ashko, non ! Nous, tu vois, nous, … ah je sais pas comment dire… Mais t'es spychiatre après tout, tu dois savoir… » Et mon pote, là, il me regardait avec des yeux tout ronds. C'est peut-être bien à ce moment que j'ai pensé qu'on était copains… en regardant ses grands yeux si ronds qu'on aurait dit les mirettes des nénettes sur les fresques du Fayoum… « Tu vois, nous, après la guerre – moi, je ne l'ai pas connue, bien sûr, mais c'est pareil, ça se transmet – nous, après la guerre, on n'arrivait pas à piger… merde ! Ce dieu, quoi… Juste parce qu'on avait viré communistes et athées… Il est con, ce dieu, merde, c'était pour rire… personne n'y croyait à la route d'athée… Même qu'on continuait Talmud-Thora, les commentaires de la Bible, tout pareil, mais avec *Le Capital* et la *Contribution*…

– La contribution ? Quelle contribution ?

– … à la critique de l'Économie politique, Duchnock ! La *Contribution à la critique de l'économie politique* de Marx et Angèle (il l'a écrit avec sa copine). Alors, comme ça, on déconnait avec Karl, mais c'était rien que pour s'envoyer des *shikse*, des blondes bien dodues… On aimait ça, tu sais, les *shikse*… Presque autant que les cornichons salés et le pastrami… et l'autre, là-haut, l'autre, là… il nous a pris au sérieux… Il a cru qu'on allait virer cathos, ou je ne sais pas… protestants, peut-être… Alors, il nous a envoyé son sbire, là… Hitler… On n'a pas du tout apprécié, tu vois… C'est pour ça que nous, tu vois, nous les Ashkos, on est fâchés avec Dieu, mais vraiment fâchés… Du coup, on ne met plus les pieds dans une *schule*, on ne se fait pas raccourcir la zigounette, on ne sait plus distinguer ce qui est permis de ce qui est interdit et on fait genre, tu vois, droits de l'homme et du citoyen… Histoire de tromper notre monde en se noyant dans la masse… Alors, des desperados, comme ce mec, fâchés avec Dieu… tu vois, lorsque ce sont des Yides, ce sont toujours des Ashkos… C'est une règle ! Tu te la fourres dans la tronche. Donc, si tu vois un Sèphe dans cet état… Ben, c'est qu'il a sauté un plomb. D'accord ? Qu'il a grillé sa dernière cartouche ; qu'il ne croit plus en rien… Celui-là, il est comme nous… Il est capable de faire n'importe quoi … Comme de faire… je ne sais pas, moi… Philosophie morale, genre éthique, déontologie, leçons aux nations au nom du bien… Tu vois, des mecs comme ça, des desperados – comme ce philosophe, là, comment il s'appelle déjà ? Celui qui écrit tout le temps dans les journaux, là… Oh, je me souviens plus… J'ai une maladie d'El Zeimour…

– Alzheimer ! On dit : Alzheimer !

– Mais non ! C'est forcément El Zeimour, parce que l'oubli, c'est pour les Sèphes ! Nous, les Ashkos, on souffre de réminiscences !

– Ah, c'est ça ? a répondu Abie. C'est comme ça que tu as deviné ? Lorsque les Sèphes ils deviennent flics, c'est lorsqu'ils sont revenus… de tout… lorsqu'ils sont allés en Israël et qu'ils en sont revenus… Et qu'ils ne peuvent pas penser que si ça allait mal encore, là, s'il arrivait un nouveau maréchal chantant “me voilà”, ils pensent qu'ils n'auraient plus nulle part où aller… C'est pour ça qu'ils font policiers ? »

⁂

17 heures. Voilà, on devisait, comme ça, avec Abie. Mais je le trouvais drôlement insouciant, le gros. Parce que si la Fatou avait décollé sans crier gare, c'est qu'elle y était pour quelque chose dans tout ce boxon… D'accord, il ne s'agit pas de soupçonner tout le monde… Ce n'était pas forcément elle qui avait posé le plastic… mais, tout de même ! Et puis, je l'ai bien aperçue avec une autre femme noire… Peut-être… Mais… La môme du taxi ! Celle que cherchait Sebbag… Il avait l'air d'y tenir à cette minette, l'espèce de DJ électrique qu'on aurait dit sorti d'un jeu de Nintendo… Si des mecs sont capables d'affréter un commando avec des lance-raquettes, rue de la Roquette, un camion, juste quand j'avance mon pion, une Mercedes, pour que ta mère décède… Si en trois minutes il y a dix-sept bagnoles de flics qui débarquent… Oh là… Il faut qu'on se casse d'ici vite fait ! Ça, je connais ; j'ai déjà vu ! Je n'ai pas seulement vu, je dois dire ; j'y ai trempé ; et même que j'étais plongé dedans jusqu'au cou… Cette baraque, ce n'est pas dans longtemps qu'elle sera comme le macadam d'une rue du Caire ; il y aura des trous partout… Déjà le téléphone qui explose, puis la raquette juste devant l'immeuble et maintenant la bonne qui se fait la malle… Remarque, y a aucun mal à se faire la bonne, c'est vrai ! Mais ici, c'est en train de devenir pire que le Liban en 83. Comment faire comprendre ça à Abie ? Il ne voudra jamais laisser sa manman… Je pourrais bien

le convaincre… lui dire, par exemple : « Tu vois, la meilleure planque, tu vois, c'est l'Armée du Salut ou peut-être, je ne sais pas… l'asile de Nanterre, ou même les bonnes sœurs… Mais il n'a pas l'air au courant des bonnes choses, Abie… Je peux être tranquille, ce ne sera pas l'Abie qui fera le moine… Franchement, je n'ai pas de chance ! Alors que je venais de me retrouver une maison, un pote, presque une famille, voilà que ça s'était mis à ressembler à la plaine de la Bekaa. Et qui c'est qui canardait les mômes, là, juste sous nos fenêtres ? Je ne te dis pas le nombre de flics qui devaient planquer rue de la Roquette ce dimanche… Et puis, il y avait Tsipora… Je l'avais oubliée, celle-là… la belle, la Tsipora, Isabelle… Elle était rentrée chez elle la veille au soir… Pour se laver, je suis sûr ; ça devait lui manquer… Remarque : elle avait eu du nez… du beau, du bon, du bon nez… Mais qui sait si elle n'avait pas été suivie, elle aussi… Ben, c'est sûr qu'elle a été suivie ! S'ils ont mis un tel paquet, c'est qu'y a une couille… Une vraie couille bien grosse, comme celle des papes… On parle toujours des papes et des soupapes… Ce n'est pas pour rien ! C'est que sous les papes, il y a toujours quelque chose dessous… Une couille ! La Tsipora, il faut la prévenir, lui trouver une planque, l'emmener loin de chez elle, embarquer sa douche, même, si elle veut… Ils ne savent pas, les autres… Ce genre de plans, ça peut aller loin, très loin… Je les ai vus, moi, dans la Bekaa, justement, faire péter tout un quartier, rien que pour récupérer un papelard… Non ! Je ne peux pas laisser nettoyer mes potes comme ça… Et je m'étais mis à gamberger pendant qu'Abie, épuisé par toutes ses émotions, sommeillait devant la téloche. Puis soudain, j'ai eu une idée pour nous sortir de là… Une idée pour convaincre Abie, et même la vieille … Une vraie bonne idée, que j'ai pensé… J'aurais mieux fait de la fermer… C'était bien ce que me disait ma mère !

⁂

18 h 30. Nous voilà donc tous les trois dans la tire d'Abie en route pour Belleville. Belleville, c'est une des portes de la France – et les portes, c'est beau ! Il n'y a qu'à regarder : les portes des églises, c'est toujours beau ; celles des mosquées, souvent… la porte de la Sorbonne… C'est beau, aussi ! Belleville, c'est la porte par où sont entrés les Chinois, puis les Polonais, les Ritals, les Ashkos… puis ça a été la guerre. On a fermé la porte, histoire de se mettre au régime beurre, œufs, fromages. Et puis, ça a recommencé ; il y a eu les Viets en 54, les Sèphes en 62, les Blacks en 74 et en 81, encore les Chinois… C'est un vrai bel endroit, avec des vraies personnes, des vraies histoires, des pays, des langues – un des rares vrais endroits qui restent encore à Paris où on commence à s'ennuyer autant que dans une petite ville du sud des États-Unis ! C'est toujours aux portes que se passent les véritables événements. Il y a d'autres portes à la France ; par exemple les Bretonnes ! C'est fou ce qu'il y a d'étrangers mariés avec des Bretonnes. Des Arabes, des Corses, des Italiens, des Juifs, même des Chinois… Les Bretonnes, c'est la seconde porte de la France après Belleville. C'est pourquoi les Bretonnes sont belles – de belles filles ! Moi, Belleville, je n'aimais pas ! C'était plein de Juifs. J'avais toujours la trouille qu'un ancien du service me reconnaisse. J'évitais toujours ce quartier… Je m'étais

rabattu sur la Bastille et Saint-Lago et je ne m'en plaignais pas. Abie conduisait comme un cinglé et sa mère gloussait de plaisir à chaque dérapage. Dans la tire, je leur expliquais tranquillement mon plan…

« Il y a un mec que je connais, là, un vrai – pas comme tous ces loustics qu'on voit fleurir de nos jours…

– *Ya'ni éh "loustic"* ? qu'elle a demandé la vieille. Qu'est-ce que c'est "loustic" ? *Ya'ni* comme "moustique" ? » Elle se demandait si loustic et moustique c'était de la même famille… Parce que ça rimait… Peut-être qu'elle allait se mettre à la langue française, la vioque ? Et faire des rimes…

« Non… un rabbin, tu vois, un vrai ! Et il est de chez vous, en plus… un Arabe… Enfin… il parle arabe, quoi !

– L'arabe d'où ? a demandé la vieille.

– Je ne sais pas ! Je crois… de Marrakech… Ouais, de Marrakech, c'est ça !

– De Marrakech ? Mais c'est au Maroc, ça, Marrakech ! qu'elle a dit d'un air dégoûté…

– Ouais ! Au Maroc ! Il est du Maroc !

– *Marrakech, ma'tech, Ma'lech…* (Elle se remettait à faire des vers…) Marrakech, tant pis ! Ehhh, eh… il vient du Maroc ? *Ekhss !* » qu'elle grimaçait l'ancêtre … Elle n'avait pas l'air d'aimer le Maroc.

« Vous n'aimez pas les Marocains, madame Abadie ?

– *Zayé el zeft !*

– Qu'est-ce qu'elle dit ?

– Elle dit : "Comme le goudron"…

– Pas le goudron, mon fils, pas le goudron… *zeft*, c'est la poix. Mais au fond, tu as raison : *zeft ouél atran*

– “la poix et le goudron”. Mais “goudron” ce n’est pas dans le sens “goudron”… *Zayé el araf…*

– “Goudron” dans le sens de quelque chose qui colle, quelque chose de… “dégoûtant”… » traduisait Abie. Elle a éclaté de rire.

« *Zayé el khara !*

– Qu’est-ce qu’elle dit ?

– Laisse tomber…

– Dis-moi ce qu’elle a dit…

– Elle a dit… Elle a dit…

– Quoi ? Dis-le, merde !

– Ben, c’est ça ! Elle a dit : “comme la merde”… Mummy chérie, tu exagères ! » En fait, ça le dérangeait quand même un peu, le psy, les façons de parler de sa mère. Moi, je voulais lui expliquer que lorsqu’une langue est vivante, elle est toujours grossière. J’avais remarqué ça, moi ! Le yiddish, par exemple, c’est fou ce qu’il y a comme obscénités, comme dans le français de Rabelais ou le ladino, le judéo-espagnol. Tout ça, ça vient du Moyen Âge, avant qu’on décide d’enfermer les langues dans des corsets ; avant de se laisser convaincre que les Académiciens baisaient la langue en groupe, de cinq à sept en buvant le thé… Alors que la langue, c’est bien les charretiers qui lui posent ses guêpières et les petits beurres qui la lèchent entre les porte-jarretelles. Abie ne semblait pas trop de mon avis ; il a immédiatement changé de conversation. J’ai même remarqué qu’il s’était mis à rougir.

« Mais pourquoi un rabbin ? qu’il m’a demandé…

– C’est un vrai, je vous dis ! Ils sont rabbins de père en fils depuis trois mille ans au moins. » Puis, me retournant vers Abie : « Ce mec, tu vois, tu ne lui dis rien, tu ne lui demandes rien. Tu viens, comme ça, c’est tout ! Tu viens et il se met à te dire ta date de naissance, l'année où tu t'es marié, le prénom de ta troisième fille… Tu vois, juste il ferme les yeux et c'est Dieu qui te parle en direct.

– Mais qu'est-ce qu'on va faire chez un rabbin ? Tu crois que c'est le moment ? Tu nous embarques, comme ça … Et nous, on te suit, comme des *fallah*, comme des paysans ? » Puis, il s'est repris. « Remarque : je pourrais lui demander quand est-ce que je finirai par rencontrer une Juive… Ou même si je rencontrerai une Juive un jour… À croire qu'il n'y a que des femmes goys dans le monde…

– Voilà ! C'est ça ! Tu lui demandes ce que tu veux ! Tu lui demandes… pour la femme juive que tu dois rencontrer, si tu veux. Et il te répond… »

Moi, j'avais pensé, le rav, il va tout de suite voir qu'on a des vrais ennuis – pas besoin d'être sorcier, pour ça ! Il va leur conseiller d'aller faire un pèlerinage en Israël, un truc somme ça… Et qu'ils se tirent d'ici, qu'ils passent des frontières… le plus loin… le plus vite possible… C'était ça que j'avais pensé.

⁂

19 h 20. Le rav donnait ses consultations dans l'arrière-salle d'un restaurant juif marocain, couscous cacher, la Porte d'Orient, je crois… L'Orient, ça démontre que tout dépend du point de vue. Quand tu dis *Maghreb*, le Maroc, en arabe ça veut dire « là où le soleil se couche » – c'est donc l'Occident. Lorsqu'on parle du Maroc en l'appelant « l'occident », on considère les choses du point de vue des Arabes. Parce que si tu es en Arabie et que tu regardes le Maroc, c'est là où le

soleil se couche. Disons maintenant que tu es toujours en Arabie, et que tu regardes le soleil se lever, tu regardes donc vers l'Iran, qu'est-ce que tu as sur ta droite ? Le Yémen ! C'est pourquoi *el yemin*, en arabe, ça veut dire « la droite » ; donc : le Yémen. Conclusion : lorsque les Arabes louchaient sur la Perse, ils gardaient un œil sur le Yémen. Devant la porte d'Orient, il y avait une foule jusque sur le trottoir, comme à chaque fois que le rav donnait une consultation. Rabbi 'Haï Yéhochoua' Sarfati, surnommé le Raïs – parce qu'un rabbi, c'est toujours un condensé fait de l'assemblage des premières lettres de chaque partie de son nom. Et ça fait un nouveau mot, l'acronyme qui devient son nouveau nom. Rabbi 'Haï Yéhochoua' Sarfati… Ça donne le Raïs, ce qui signifie : le chef, le guide – mais en arabe… Son second prénom, c'était donc 'Haï ; en hébreu, ça veut dire : « vivant ». La dernière fois que je suis venu le consulter, une vieille Marocaine qui poireautait avec moi m'a raconté qu'il était né mort-né. Il n'était pas né tout court, mais mort-né ! Sa mère elle l'a accouché… mort ! Alors, dans son quartier, là-bas, en Primitivie, chez les sauvages, près du désert, ils l'ont conduit au cimetière. Toute la famille pleurait ; et ils l'ont enterré. Mais ils l'ont circoncis avant de l'enterrer ; ils ont même enfoui le prépuce à côté du corps, dans un petit morceau de linge blanc. Le lendemain, le fossoyeur était venu jeter un œil sur la tombe et stupeur : il n'y avait plus qu'un trou… elle était vide ! En fait, durant la nuit, le marmot s'était mis à hurler dans sa petite boîte en bois. Des chiens errants étaient venus le déterrer… sans doute parce qu'il les empêchait de dormir. Parce qu'il ne pouvait pas les empêcher de baiser, vu que les chiens, ils s'en foutent du bruit lorsqu'ils bandent et ils se foutent qu'on les regarde baiser. Ce sont des philosophes ! Les Arabes qui vivaient autour du cimetière avaient été alertés par les aboiements et s'étaient pointés avec des mousquets. Quand ils ont vu les bêtes qui piochaient la terre, ils ont pensé que ce n'étaient pas des chiens – pourquoi les chiens viendraient-ils déterrer les corps dans un cimetière ? – ils ont pensé que c'étaient des esprits qu'ils venaient de surprendre en train d'enterrer un de leurs mioches. Que tout ce boxon se soit passé dans le cimetière juif, ça ne les a pas vraiment étonnés, étant donné que ça faisait bien un millier d'années qu'ils avaient des ennuis avec les *jnoun el yahoudin*, les esprits juifs. En ce temps-là, y en avait plein, des esprits juifs, et les Arabes, ils ne les aimaient pas, ces êtres qui rendaient leurs femmes hystériques et jetaient des pierres, à l'heure de midi, sur les toits de leurs maisons. Le lendemain, lorsque les parents du rabbi se sont pointés pour récupérer l'enfant, les Arabes n'ont pas voulu les laisser entrer ; puis ils se sont mis à les engueuler. Les Arabes, tu ne pouvais pas leur faire croire que c'étaient des gens – des *nass*. Pour eux, c'étaient encore les *jnoun*, que d'ailleurs on appelle aussi des *nass*, « des gens » qui revenaient. Du coup, après l'avoir récupéré, ses parents l'ont nommé Yéhochoua', comme son grand-père et 'Haï parce qu'il n'était pas mort, vu que *'Haï*, ça veut dire « vivant ». Remarque, en hébreu, *beit el 'haïm*, littéralement « la maison des vivants », ça veut dire le cimetière. Donc, en hébreu, on dit « vivant » pour signifier « mort ». Alors, son nom au rabbi, peut-être bien que ça voulait dire « mort », après tout. C'est drôle, mais il lui restait tout de même quelque chose de toute cette affaire, au

Raïs : une relation spéciale avec les chiens... Il leur parlait par télépathie. Je l'ai vu ordonner à un clébard qu'il n'avait jamais rencontré auparavant, d'aller lui chercher une bouteille de pastis derrière le comptoir, et la bête lui a rapporté la bouteille entre les dents, en remuant la queue. Je ne sais pas si l'histoire de sa naissance est vraie, mais le chien, je l'ai vu ! On arrive donc devant le restaurant et les deux autres essayaient de se mettre sur la pointe des pieds pour apercevoir le saint homme. Faut dire qu'il avait la dégaine. Des cheveux blancs jaunâtres s'échappaient, hirsutes, d'un bonnet de laine rouge et rejoignaient une immense barbe de la même couleur qui lui descendait presque jusqu'à la poitrine. Des oreilles, gigantesques, dépassaient du bonnet et se rabattaient sur l'avant, un peu comme lorsque les éléphants piquent une colère. Sur le bout de son nez colossal, travaillé par des touffes de poils qui avaient décidé de pousser tout au long, était posée une paire de lunettes de plastique, modèle sécurité sociale, à peu près totalement opaques. Il portait une djellaba rayée jaune et bleu et un gilet de costume trois-pièces noir par-dessus, duquel s'échappaient les franges de son châle de prière. De là où on avait pu se glisser, on voyait bien comment il travaillait. La personne qui voulait lui demander conseil s'approchait de lui, lui baisait la main qu'elle portait ensuite à son front. Pendant un moment, le Raïs lui palpait longuement les mains, tout en gardant les yeux fermés. Puis, il lui demandait son nom et le nom de sa mère. Il les inscrivait sur le journal qui était posé sur la table devant lui, c'était *L'Équipe*, puis il se servait une bonne rasade d'anisette qu'il avalait sans même retirer le mégot de Gitane maïs. Je ne sais pas comment il s'y prenait. Alors, il se mettait à causer en levant les yeux au ciel. Impressionnant ! D'où on était placé, on n'entendait rien ; d'autant que la foule n'arrêtait pas de jacasser. Et ça poussait ! On aurait dit une correspondance à Saint-Lazare, un jour de grève. Moi, j'ai eu des inquiétudes pour la vieille. Je me suis retourné, croyant l'avoir perdue, mais elle tenait bon, cramponnée des deux mains à mon futal de velours. Elle arrivait à peine à hauteur de mes genoux. J'ai cherché Abie des yeux, mais je ne l'ai pas vu. Je ne pouvais pas imaginer qu'il était encore en train de déconner…

20 h 15. C'était enfin notre tour. Finalement, ça n'avait pas été trop long ; le rabbi, il devait être adepte des séances courtes. Nous arrivons devant lui, la vieille et moi et je cherche Abie. Inquiet, je me mets à gueuler :

« Abie ! Abie ! »

Et la vieille de s'époumoner avec moi.

« Bibi ! Bibi chéri, le *'akham* nous attend, voyons, chéri ! Arrête tout de suite de faire ce que tu fais et viens ici ! » Elle devait se douter la mémé ; elle le connaissait par cœur, son loupiot ! Et moi qui reprenais de plus belle.

« Abie ! Abie ! »

Alors, le rabbi s'est mis à m'apostropher.

« Mon fils ! Mon fils ! Ne crains rien, approche.

– Mais… ce n'est pas moi ! Je n'ai rien fait, moi… » Et je hurlais de plus belle : Abie ! Je ne me rendais pas compte que *abi*, en arabe, signifiait « mon père ». Et l'autre, l'archevêque marocain, il croyait que je l'appelais à l'aide, que je le suppliais de m'aider. Il devait imaginer qu'un être avait pris possession de mon corps – peut-être même un chien… Il s'est mis à psalmodier des bénédictions silencieuses entre ses lèvres, tout en fermant les yeux. Puis il a regardé au plafond :

« Qui est Yayir ?

– Quoi ?

– Qui est Yayir, mon fils ? »

C'est parti tout seul :

« Qu'est-ce que ça peut te foutre ? »

Il marmonnait de plus belle en se dandinant d'avant en arrière. J'ai juste compris le mot *cheytane* qu'il a murmuré à plusieurs reprises – Satan, sans doute ! Il a répété :

« Qui est Yayir ? »

Ce coup-là, je n'ai même pas répondu.

« Tu devrais prendre le deuil, petit, qu'il a ajouté ; Yayir était comme un père pour toi. Il est mort ! Dis le kaddish. Dis-le avec moi.

– Mais… mais… je ne sais pas ! Je ne connais pas le kaddish. Le kaddish, c'est la prière des morts.

– Je vais t'apprendre. Répète après moi. » Il regardait toujours au plafond et moi, je ne savais pas comment me tirer de ce guêpier. Alors, j'ai répété, bêtement. Et, dans la salle du restau, tous les hommes s'y sont mis aussi. Ils se dandinaient d'avant en arrière en chantonnant la prière des morts ; même qu'ils rivalisaient pour savoir qui finirait le premier… Tous les quelques mots, ils hurlaient en cœur « amen ». Il s'est arrêté un moment pour me demander :

« Yayir… ? Yayir… ? »

J'ai compris qu'il me demandait le nom de famille. J'ai répondu :

« Yayir Malka. » Et ils ont repris la prière en

intégrant le nom de famille de Yayir. Lorsqu'ils ont terminé ce cirque, le rav m'a regardé pour la première fois. Je dois dire que ses yeux pétillaient d'étincelles. Il a souri. Il n'aurait pas dû. Il lui restait à peine assez de dents pour mâcher la purée. Elles étaient d'une couleur brun verdâtre que je n'avais jamais vue auparavant sur une dent. Et il m'a dit cette phrase en hébreu – cette phrase que j'ai retrouvée par la suite si souvent :

« *Vayikra Él* ... (là, il a hésité)... *Chmouél...* (il a répété deux fois). *Chmouél... vaydaber Adonay : daber el béné Yisraël...* »

Comment il a su ? Comment il a su que je me prénommais Samuel ? C'était trop ! J'ai immédiatement voulu me tirer. Il m'a retenu par la manche.

La phrase voulait dire : Et Dieu appela Samuel et il lui dit : « Va parler aux enfants d'Israël... »

« Non ! Ne pars pas ! Bois, d'abord ! Attends... »

Il a sorti une bouteille de Vittel en plastique où il restait juste un fond d'eau. Il a avalé d'une traite le solde de son anisette et a versé l'eau dans son verre. Puis il s'est mis à souffler dessus en disant des paroles, et des paroles que je ne comprenais pas – des paroles qui n'en finissaient plus. Puis il a carrément craché dedans ; par trois fois ! Il s'est à nouveau mis à contempler le plafond en me tendant le verre :

« Bois !

– Mais je n'ai pas soif ! »

Il s'est fâché.

« Bois et bois tout ! Bois tout le verre.

– L'eau, je n'aime pas ! »

Et j'ai bu. J'ai tout bu d'une traite. Même que je l'ai trouvée plutôt bonne. Il y avait un arrière-goût... je ne sais pas... Il m'a demandé :

« Tu cherches ton ami ? Celui qui vient de s'enfoncer dans le désert ? Il est avec une femme. Va le retrouver ; il est tout près d'ici, juste au coin de la rue. Il t'attend. »

Abie ? Avec une femme ? Ah le con !

10

Si ton ami est de miel…

Toujours ce même dimanche 23 mars, mais à minuit.

Le 22 septembre dernier, Ilana avait franchi une nouvelle étape dans le défi qu'elle lançait à sa peur depuis sa plus tendre enfance, une étape décisive. C'était un dimanche, cela, elle s'en souvenait fort bien ; *Erev yom kippour*, la veille du grand pardon. Elle avait débarqué à l'aéroport Ben Gourion à cinq heures du matin ; sa sœur l'attendait pour la reconduire à la maison en voiture. Elle avait gardé son petit tailleur gris souris qu'elle trouvait élégant, s'était refait son maquillage dans les toilettes puis était sortie par le sas, sans passer par la douane, juste en lançant un clin d'œil à Uri. En chemin, sa sœur lui avait appris que grand-père était mort. Mais pourquoi ne l'avait-on pas prévenue ? Et il était mort quand ? Trois semaines ? Mais quoi ? Elle avait pourtant parlé au moins quatre fois au téléphone avec sa famille depuis… Pourquoi ? N'est-elle pas sa petite fille, elle aussi ? Elle a d'abord hurlé avant de soudain s'effondrer en larmes. La sœur avait prévu le coup. Elle avait bourré la boîte à gants de la vieille Buick de paquets de kleenex. Il faisait une chaleur d'enfer sur la route de Tel-Aviv et les voitures avançaient au pas.

« Tu te souviens que c'est l'anniversaire de mama ? »

Non, elle ne s'en souvenait pas ; elle était même à mille lieues de penser à des sornettes pareilles.

« Mais c'est facile à retenir ! C'est toujours aux alentours de Kippour ! »

Et qu'est-ce qu'elle en avait à battre de leur vieille sorcière de mère… Ah, s'ils savaient ! Sa vie à Paris, son pseudo boulot d'attachée culturelle à l'UNESCO – bidon ! La thèse qu'elle était censée préparer avec le philosophe Édouard Cohen à l'université de Saint-Denis – bidon ! Et même son mari – bidon ! Tout était faux… même son nom… tout, sauf cette foutue peur qu'elle se trimballait au fond des tripes. Et ça, s'ils avaient daigné jeter même un regard sur sa personne, s'ils s'étaient souciés de son être, ils s'en seraient rendu compte depuis le temps. D'autant que cette trouille s'était emparée d'elle à l'âge de trois ans, à l'instant même où la famille avait débarqué du Tupolev qui arrivait de Moscou.

Ce jour-là, le 22 septembre, donc, sitôt qu'elle avait mis le pied dans l'appartement de la famille où l'absence d'air figeait une odeur sinistre qui restait suspendue, elle a été prise d'un vertige. Sa mère s'était précipitée vers elle, l'avait conduite jusqu'à sa chambre, étendue sur le lit.

« Qu'est-ce que tu as, chérie ?

– Rien ! Laisse-moi !

– Tu as peut-être faim ? » Ilana avait hurlé :

« Nooon ! Pas faim ! Je n'ai pas faim, je te dis ! Non !

– Sommeil, peut-être ? Tu as peut-être sommeil… »

Si elle savait, la vieille chipie, qu'il y avait bien quarante-huit heures qu'elle n'avait pas dormi une seule minute… Parce que l'absence de sommeil enivre et permet d'oublier un peu la terreur qu'on trimballe juste au-dessous du sternum, cette épaisse sensation d'animal gluant, de pieuvre habitant les vases mouvantes, qui vous agrippe et vous étouffe.

« Oui ! Sors ! Laisse-moi ! Je vais dormir une demi-heure. » Au lit, elle s'était retournée en tous sens, cherchant une sensation apaisante, une image qui pourrait la guider jusqu'au sommeil. Rien ! Rien que des impressions de dégoût qui remontaient comme des effluves du fond d'un cloaque. Elle se voyait avec le vieux Grec bourré aux as, avec le professeur de physique du centre d'études atomiques d'Orsay, avec le gros lard de commissaire de police puant et surtout, le dernier en date, ce diplomate bongolais… Celui-là… Un malade ! Et elle avait fermé les yeux pour chasser l'image. Soudain, elle s'était redressée. Non ! C'était trop ! Qu'on arrête ce film… et grand-père venait de mourir. Dans la glace de l'armoire, elle qui se détestait, elle s'était tout de même trouvée pas mal… Oui, vraiment pas mal ! Ses longues jambes finement soulignées par la couture centrale des bas à l'ancienne, et ce petit chemisier de soie immaculée qui lui arrivait au-dessus du nombril. Son regard était lentement remonté inspecter le flot de son épaisse chevelure dorée. Enfin, elle s'était regardée, avait fixé un long moment ses yeux d'un bleu sombre, très sombre, couleur d'un ciel de presque-nuit. Et elle avait pris sa décision : les plaquer là, ces schmoks, ces ploucs, ces ratés… Elle ne supporterait pas de passer même un week-end en leur compagnie. Kippour ou pas. Famille, je vous emmerde ! Et elle s'était faufilée dehors sans prévenir personne.

Ce n'est que trois heures plus tard, arrivée à Jérusalem, qu'elle avait commencé à respirer. Elle avait lentement remonté les ruelles de la vieille ville jusqu'à la maisonnette où vivait 'Heifetz. Elle avait sonné, sonné... personne ! Où était-il passé ? D'habitude, il n'abandonnait jamais son ordinateur plus d'une demi-heure. Elle avait déposé sa fidèle petite valise sur le pas de la porte, était partie flâner au marché arabe. Une fébrilité anxieuse agitait la ville en cette veille de fête. Toute activité allait s'interrompre à cinq heures jusqu'au lendemain soir, sept heures. Elle le savait. Il n'y aurait plus moyen de boire un verre d'eau, de trouver un taxi ou un bus pour rentrer à Tel Aviv. Et personne ne la savait ici. Lorsqu'elle était revenue à la maison de 'Heifetz, une heure plus tard, après sa petite promenade, elle avait trouvé la porte entrouverte, si bien qu'elle n'avait eu qu'à la pousser. Il était dans la cuisine à extraire des glaçons en frappant le bac sur l'évier. Il l'avait entendue entrer et, sans même se déplacer pour l'accueillir, comme si elle était sortie de chez lui dix minutes auparavant, il lui avait lancé :

« Tu veux que je te prépare quelque chose de frais ? »

Comment diable savait-il que c'était elle ?

« Non ! Non ! Dormir ! Je veux seulement que tu me fasses dormir. »

'Heifetz s'était approché, derrière elle, avait longuement caressé ses cheveux, délicatement, très doucement ; puis il l'avait emportée dans ses bras jusqu'à la chambre à coucher où il l'avait étendue sur le lit. Il était resté auprès d'elle, comme ça, sans prononcer une seule parole, admirant sa beauté. Au bout d'une ou deux heures – peut-être même trois – il avait lâché :

« Quand donc te décideras-tu à t'installer ici, chez moi, chez nous... dans ta maison... avec moi ?

– Tais-toi ! Tu vois bien que je commence à m'endormir. C'est à ce moment que tu me débites tes niaiseries. »

Et il s'était tu. La lumière du jour avait disparu depuis longtemps lorsqu'elle a rouvert les yeux. 'Heifetz était encore assis sur le bord du lit, à cette même place, immobile, à la regarder encore.

« Tu veux manger ?

– C'est Kippour, non ?

– Oui ! Et alors ?

– Je veux jeûner !

– Tu veux jeûner ? Mais pourquoi ? Ah ? Bien ! » C'est alors qu'il s'était déshabillé et glissé à son tour sous les draps. Et il l'avait approchée. Lentement, imperceptiblement, comme un mâle d'araignée, tentant mille ruses pour accomplir le seul acte auquel il ne peut se soustraire et dont il connaît le prix. 'Heifetz était certain, lui aussi, du sort qui l'attendait. Toute la nuit, il l'avait honorée de tendresse, de douceur, de mots de miel murmurés dans l'obscurité, de caresses. Mais aux premières lueurs, fou d'excitation, il n'était plus parvenu à se soustraire à son propre plaisir. Le sentant s'écouler en elle, elle s'était aussitôt dressée comme une furie.

« Arrête ! Tu me fais mal ! Mais tu ne te rends pas compte ! Tu es vraiment comme les autres ! Comme tous les autres ! Tu ne peux donc pas te retenir… » Il avait pensé : pourquoi la souffrance est-elle si souvent enfermée dans un écrin de beauté ? Puis, progressivement, elle avait fini par se blottir contre lui. Et ils avaient enfin trouvé le sommeil. Il devait être six heures du matin. Sitôt endormie, elle s'était étalée sur le ventre, en travers du lit, lui laissant à peine la place de loger son maigre flanc. Ils avaient dormi longtemps ainsi, trempés de sueur et ne s'étaient réveillés qu'à trois heures de l'après-midi. Elle s'était alors dressée d'un seul mouvement.

« Je dois téléphoner.

– J'ai toujours refusé d'installer le téléphone ; tu sais bien… Tu as besoin de joindre quelqu'un ? Tu devais te rendre quelque part ?

– Ici, rien qu'ici ! C'est le seul endroit au monde où je devais être ; le seul où je peux être… »

Il savait qu'elle mentait. Tant pis ! Viens ! Elle ne savait pas quoi faire, ne pouvant tenir en place. Allons à la synagogue, lui avait-elle proposé. Je veux écouter le *choffar*… Elle voulait entendre le son grave de ses fautes lorsque Dieu les énonce dans la corne de bélier devant la communauté assemblée. C'était bien la dernière demande à laquelle il se serait attendu de sa part. Mais qu'est-ce qui lui prenait, tout d'un coup ? Et comme d'habitude, il avait acquiescé. Dans la synagogue yéménite qu'ils avaient cherchée un long moment à travers les rues, lorsqu'elle s'était retrouvée sans lui à l'étage des femmes, au moment précis où la corne de bélier avait commencé à souffler les longs sons caverneux qui annonçaient le recommencement de la vie pour tout Israël, sa voisine lui avait glissé à l'oreille :

« 'Antar ? »

« Parfum ? », mais il peut aussi s'agir d'un prénom. Elle avait répondu :

« Yasmine ! "Le jasmin !", un autre prénom…

– Foll ? … c'est une autre espèce de jasmin. »

Elle avait répondu :

« *Eshta.* "La crème de lait"… Puis *Ken* ? "Oui ?"

– Tu as passé le test avec succès. Tu es admise. Tu vas maintenant accomplir ta première mission. » Elle avait levé les yeux pour apercevoir l'inconnue qui lui parlait de si près après les échanges codés, mais comme tant d'autres ici, la femme avait recouvert son visage d'un châle ajouré. Elle avait seulement pu apercevoir deux yeux de braise qui brillaient dans la pénombre. « Voici les instructions, avait repris l'autre en lui glissant une enveloppe entre les mains. Garde l'argent et détruis le papier. *Mazal Tov !* Bonne chance ! »

Après tant d'années de réflexion, en ce jour de Kippour 5756, Ilana avait pris sa décision en un seul instant. Elle s'était aussitôt faufilée dehors et précipitée jusqu'à une station de taxis sans attendre 'Heifetz qui devait anxieusement la chercher dans la foule. Le sort en avait décidé ainsi. Elle irait désormais son chemin, et son chemin, c'était la guerre. Elle venait de comprendre qu'en ce jour de Kippour, elle s'était laissé une dernière chance pour trouver son âme, rencontrer son corps, éprouver même une seule fois l'épaisseur de son être et, malgré toute sa tendresse, 'Heifetz n'y était pas parvenu – *Balache*, « tant pis », comme disent les Arabes. Seuls les autres, ceux du service, savaient la récupérer, n'importe où, là où elle se trouvait ; ils la récupéraient toujours. Eux seuls la reconnaissaient pour ce qu'elle était, ce qu'elle allait devenir pour de bon : 'Antar – « le parfum », un effluve, un esprit... Tel serait son nom, son seul nom, désormais. C'est ainsi qu'elle s'était retrouvée six mois plus tard dans ce boui-boui de Belleville, assistant à une cérémonie de primitifs dans le seul but d'établir le contact avec sa cible. Elle a bien changé, aujourd'hui, Ilana. Je la croise parfois les veilles de Shabbat à Mea Shaarim, toute vêtue de noir, portant même la perruque, allant faire ses courses chez Vlad, l'épicier russe. Comme d'un commun accord, nous évitons même de nous jeter un regard. Je ne sais plus qui m'a raconté qu'elle avait finalement épousé un rabbin et qu'elle consacrait son temps à nourrir les toxicos que son mari soignait par l'étude de la torah. Mais là, j'anticipe encore. Revenons à Abie.

Donc, une nana superbe, qui le dépassait d'une bonne tête, grimpée sur des cannes interminables et qu'il dévorait des yeux, le gros.

« Mais qu'est-ce que tu fous, bordel ? Le rabbi t'attend...

– Je te présente Ilana... se retournant vers elle... Ilana...

– Ilana, c'est tout ! »

Elle avait un accent, je ne sais pas... Un accent que j'arrivais pas à définir... Un peu amerloque, un peu, mais pas vraiment... Elle ne voulait pas dire son nom, ni le nom de sa mère, d'ailleurs, ni même celui de son père. Je me souviens qu'il a insisté, demandant :

« Ilana ? Ilana comment ? »

Et elle restait maussade... maussade ? J'aurais dû me douter dès ce moment. Et le gros qui me dit : « Tu n'as rien à faire, toi ? Tu n'as pas de femme qui t'attend... Tu ne veux pas ramener la vieille à la maison ? Tu pourrais encore dormir là-bas, c'est toujours mieux que tes puces. » Je mate Ilana ; je mate Abie, je remate Ilana... Non ? Ce n'est pas vrai ? Il s'était dragué la top model et voulait me fourguer sa dingue de vioque ? Non !

« Écoute, tu vois, d'accord... Tu es chouette, ta vieille aussi, elle est chouette... Mais tu vois, la baraque, chez toi, je ne veux pas dire, mais… C'est un peu dangereux, peut-être, tu vois ?

– *Ech fi ?* Qu'est-ce qu'il y a ? » Elle s'était pointée, l'ancêtre, sans faire de bruit, par-derrière, et elle avait entendu la fin de la conversation.

« *Ya Mama*... Ô, Maman ! » C'est quand même génial, cette langue qui te fait parler comme dans le théâtre grec ; ils commencent toujours leurs phrases par « ô ! »… « Tu vas rentrer avec Samouel – c'est la première fois que j'entendais mon prénom prononcé de cette manière, en accentuant sur la première syllabe – et moi je vous rejoins dans une demi-heure. Je m'en vais juste faire un petit tour, tu sais…

– *Abadane !* Jamais ! Tu veux que je meure ou quoi ? Tu veux me tuer, c'est ça ? Là, je trouvais qu'elle n'exagérait même pas. Tu veux que je me suicide ici sur le trottoir ? *Oué* qui c'est celle-là ?

– Rien, Mama, c'est une copine, c'est tout ! Tu peux rentrer avec Samouel, qu'est-ce qu'il y a ?

– Mais tu as pensé à lui, chéri ? Tu y as pensé ? Le pauvre, qu'est-ce qu'il t'a fait ? Pourquoi tu veux lui faire subir une chose pareille ?

– Quoi ? Quelle chose ? Passer la nuit avec toi ?

– *Esma'*, écoute : *I za 'habibak 'assal, ma tel'hassouche kollou.* Et elle a rigolé.

– Tu peux me traduire ? » que je lui ai demandé.

Il rigolait tellement, lui aussi, qu'il n'arrivait pas à me répondre. Finalement, en hoquetant, il a fini par lâcher :

« Si ton ami… (Et il se marrait.) Si ton ami est de miel…

– Quoi ?

– Si ton ami est de miel, ne le lèche pas tout entier… C’est drôle… C’est ça que ça veut dire !

– Pourquoi c’est si drôle ?

– Je m’imagine en train de te lécher… Ouah… Faut pas être dégoûté ! »

11

Les paroles de la nuit sont enduites de beurre…

Lundi, le 24 mars. 8 heures du matin.

C'était la première fois depuis neuf ou dix ans que je me réveillais avec une femme dans les bras – depuis… Yochebed… Oh, ça, faut pas repenser à ça, Shmuel, ça te fait du mal. Abie s'était finalement rangé à l'avis de sa mère ; mais avant, il avait supplié Ilana :

« Donnez-moi votre numéro de téléphone, au moins… Allez…

– Laissez-moi plutôt le vôtre, c'est moi qui vous appellerai !

– *Don't call us, we'll call you …*

– Non ! Je vous le promets ; je vous appellerai demain.

– Gare à toi, Bibi, gare à toi ! Tu ne lui donnes pas ton téléphôône à cette *oueskha* (à cette sale, à cette traînée) », qu'elle s'était mise à hurler, la vieille. Abie avait tout de même discrètement passé sa carte à la gazelle et nous étions restés là, tous les trois, sur le trottoir, comme des idiots. Mon plan avait lamentablement foiré. Le gros n'avait même pas approché le prophète. Pas moyen de les envoyer loin de Paris. Et je ne savais plus que faire. J'ai fini par les convaincre de passer la nuit à l'hôtel, tous les deux, la mère et le fils, en amoureux ; de ne pas rentrer rue de la Roquette et même d'éviter le quartier à tout prix. Et puis, nous nous sommes donné rendez-vous le lendemain vers dix heures, devant ma planque de la rue de Charenton. Et moi ? Moi, je trouverai bien un coin de trottoir où dormir, allez ! Et quand la Subaru a démarré dans un sifflement de fin du monde, j'ai senti une sorte de vide intérieur. C'est drôle ! Ça faisait tellement longtemps que je n'avais pas rencontré des personnes – des êtres humains, comme on dit chez les êtres humains… Et c'est à ce moment que l'idée m'a traversé la tête. C'était quel numéro du boulevard Magenta, déjà ? Mais, il y a des digicodes à tous les immeubles, maintenant… Et puis, je ne connaissais même pas son nom. Finalement, je m'étais dit qu'un trottoir en valait bien un autre, que si je n'arrivais pas à entrer dans l'immeuble, je dormirais devant chez elle. Et puis, j'étais parti pour une longue balade à pied.

J'ai fait un rêve. Cette nuit-là, j'ai fait un rêve ; mon premier. Parce que les rêves, les vrais, on peut passer toute une vie sans en faire un seul. Avant, ce n'était rien que des cauchemars, et toujours les mêmes en plus ! Avant, je voyais les camps d'extermination, les cadavres et surtout mon propre corps, déchiqueté, en morceaux. Parfois, c'était ma mâchoire, parfois mes mains, parfois mon sexe. Ce n'est pas drôle ; mais pas du tout ! Et puis, des images pareilles, ce ne sont pas des rêves, on ne peut pas dire. Mais cette nuit-là, j'en ai fait un vrai. J'ai d'abord vu des lions et ils se transformaient en miel ; et puis des chiens et ils se transformaient en pierre ; et puis des serpents et ils se transformaient en racines d'un petit arbre ; et puis des chevaux, quatre chevaux attelés à un char et ils se transformaient en pucerons ; et puis un moineau ; et le moineau s'est transformé en homme. Et l'homme était vieux, tout vêtu de blanc et il m'a dit : « Avance, n'aie pas peur. Je me tiendrai devant toi… » Et je me suis réveillé, en sueur, étonné. Et j'ai eu un déclic, j'ai compris…

Elle était à sa fenêtre. J'ai juste levé les yeux et je l'ai aperçue, à une heure du matin, penchée en avant, qui observait la rue. J'ai crié :

« Tu m'attendais ?

– Tais-toi ! Ne crie pas si fort…

– Tu m'attendais ; je suis venu.

– Attends, je descends t'ouvrir, attends… Mais je t'en supplie, tais-toi. »

Elle était descendue, avait déverrouillé la porte cochère et on s'était tapé les étages jusqu'au sixième. Un tout petit appartement. Il y avait des papelards partout, mais partout ! Des enveloppes, du courrier, des papiers, je ne sais pas ce que ça pouvait être tous ces papiers… et puis des morceaux d'emballage, des papiers cadeau ramassés ici ou là, dans les rues, les poubelles et rangés par catégories – Monoprix, Galeries Lafayette… en tas – et des morceaux de tissu, des centaines… des milliers de morceaux de tissu, de toutes les couleurs… Je lui demande :

« C'est quoi, tout ça ?

– Rien ! Je n'ai pas eu le temps de ranger.

– Ah bon ! Tu n'as pas eu le temps ?

– Tu comprends, pour jeter, il faut d'abord ranger. Si tu ne ranges pas, tu ne peux rien jeter, tu comprends ? Tu vas jeter quoi ? Et garder quoi ? Jeter, c'est décider… »

Je comprenais ! Au début du monde, Dieu avait créé les choses et les êtres par catégories. Sinon ? Tu vois le bordel ? Ça aurait été comme l'appartement de Tsipora. *Tohu wa bohu...* « le tohu-bohu ». Elle ne m'avait pas posé une seule question. Comment je l'avais retrouvée, qu'est-ce qu'étaient devenus Abie, sa mère, la bonne et tout... Fatou... rien ! Je lui ai demandé :

« Tu n'aurais pas quelque chose à boire ?

– De l'eau ? (Je me suis demandé si elle disait ça pour rigoler...)

– Non pas d'eau... enfin, je ne sais pas, un fond de jaja... du vin, quelque chose ? » Elle est partie fouiller dans la cuisine et elle est revenue avec un reste de Bordeaux. J'ai pris la bouteille, et j'ai bu au goulot, j'ai commencé à laisser couler et j'ai été pris d'un hoquet qui m'a étranglé la glotte. J'ai tout recraché sur le tapis Ikea.

Elle m'a regardé, comme ça, au fond des yeux, puis elle m'a dit :

« Viens, je vais te laver...

– Me laver ? Ça ne va pas ? » Elle était déjà partie faire couler l'eau dans sa baignoire. Me laver ? Ce coup-là, on me l'avait déjà fait ! Les humanitaires de Nanterre ; les humanitaires à terre de l'armée du Salut ; les humanitaires contre le pot de fer de la Croix-Rouge... Ils me l'avaient tous fait. Elle était revenue de la salle de bains et je l'ai sommée de s'expliquer.

« Me laver ? Pourquoi je ferais ça ? Donne-moi une seule bonne raison.

– L'autre nuit, lorsque nous avons parlé tous les deux, après, j'ai pensé ; j'ai réfléchi. Pourquoi lorsque je me lave ça ne sert à rien ? Pourquoi je suis toujours obligée de recommencer ? Et j'ai compris ! » Quoi ? Elle avait compris... quoi ? Je commençais à m'énerver. Elle a poursuivi. « Ça ne sert à rien parce que, tu vois, je ne lave que moi ; c'est ça que j'ai compris. » C'était ça ? Elle recommençait sans cesse ses lavages parce qu'ils n'étaient pas complets. Elle croyait qu'il manquait toujours quelque chose, et en vérité, c'était quelqu'un qui manquait. Et j'ai été repris dans ses yeux, capturé, embarqué dans une espèce de monde flou et tranquille. Des mirettes pareilles, tu mires la minette et si tu ne tires pas ta binette de là, tu te fais prendre la quéquette. C'est ce qui s'est passé ! Elle ne portait rien sous son peignoir de bain dont elle essayait de retenir les pans. Et j'apercevais ses jambes qui voulaient s'échapper, longues et fines, et la naissance de ses seins, plutôt petits et tout ronds, tout mignons… Justement, c'étaient ses seins qui m'avaient effleuré le visage lorsqu'elle s'était penchée sur moi pour me savonner les cuisses avec une grosse éponge de crin. Et je ne sais pas comment ça s'est passé.

Les âmes des morts errent et maraudent et lorsqu'elles arrivent à se fixer sur un vivant, elles le poussent toujours à l'amour. Les âmes des morts respirent à travers le sexe des vivants. J'avais appris par le rav que Yayir était mort et quelques heures plus tard, je me retrouvais au pieu avec Tsipora. C'était sans doute la raison de son intérêt pour moi. Sinon, qu'est-ce qu'une femme pouvait me trouver ? Il était bien trois heures du matin lorsque, propre comme un sou neuf, dans des draps imprégnés de chaleur et de musc, tout contre elle, je lui ai dit :

« On se connaît ?

– Maintenant, oui !

– Mais on se connaissait, avant ?

– Avant ? Qu'est-ce que tu veux dire ? » C'était à des questions comme celles-là qu'on pouvait repérer que j'étais juif ; parce que le seul problème des Juifs, c'est de rencontrer la femme qu'ils connaissaient « avant ». J'étais parti à réfléchir. Avant quoi ? Justement, toute la question est : « avant quoi ? » En ce temps-là, je connaissais une seule phrase du *Talmud* ; c'était : « Bethsabée était destinée à David depuis les six jours de la genèse, mais il la consomma encore verte. » « Encore verte », ça veut dire « avant son heure », « trop tôt ». Comment « trop tôt » ? Que devait-il attendre ? Que son hittite de mari meure de mort naturelle ? Ou bien devait-il attendre le « monde d'après » ? Mourir et renaître et la retrouver alors... Est-ce que le *Talmud* n'avait pas écrit « trop tôt » pour dire « trop tard » ? Ne l'a-t-il pas connue trop tard ? N'aurait-il pas mieux fait de la rencontrer avant qu'elle ne se marie ? Et je m'étais endormi. C'est après que j'ai rêvé des transformations des animaux.

Il était donc huit heures, ce lundi matin lorsque, quelques instants après mon réveil, j'ai compris mon rêve. En hébreu, Tsipora, ça veut dire « piaf », « moineau »... Et c'est à ce moment que la porte d'entrée a volé en éclats. Ils étaient trois, le visage couvert de cagoules, en jean et blouson de cuir, avec des petits pistolets-mitrailleurs collés à la hanche – trois à faire irruption dans mon plumard – un devant qui donnait des ordres avec la tête, sans dire un mot et deux derrière. Ça ne va pas, non ? Le chef a retiré la couvrante d'un seul coup et a saisi le poignet de Tsipora. Il l'a tirée de son sommeil comme ça, d'un coup. Elle s'est retrouvée debout, à poil, et a commencé à hurler. Un autre l'a tout de suite bâillonnée avec la main et entrepris de lui enturbanner la tête avec du sparadrap. Ils n'avaient pas l'air sympas, ces mecs. D'ailleurs, le chef s'est approché de moi et m'a balancé un gros coup de son PM sur la joue. Mais qu'est-ce qu'ils ont ? « Je me tiendrai devant toi », disait l'homme dans mon rêve. Ça devait être un rêve prémonitoire… Parce que le mec, là, il se tenait juste devant moi, menaçant. Tsipora s'était mise à trembler. Le chef des trois cinglés avait rangé son artillerie et sorti un énorme poignard de commando et j'ai entendu sa voix pour la première fois. Elle était haut perchée, désagréable, une voix de fausset.

« Je t'enlève d'abord une oreille et soit tu parles, soit je te la fourre au fond de la gorge jusqu'à ce que tu l'avales, Van Gogh ! » Moi, je m'étais immédiatement calmé. Les vieux réflexes étaient revenus sur-le-champ. « Ils vont essayer de vous faire perdre la tête en opérant très vite. Mais rappelez-vous toujours ce que je vais vous dire. Vous, votre cœur, il bat à la cadence d'un sénateur, cinquante à la minute. Votre seule chance, c'est votre intelligence. » « Cinquante à la minute », il y a des formules qui vous restent dans la tête. C'est ce que nous apprenait Yayir lorsqu'il expliquait qu'un jour ou l'autre on se ferait capturer par l'ennemi. J'ai compté. J'ai regardé le cagoulard avec de grands yeux étonnés, et j'ai compté.

« Vous voulez du fric ? La dernière fois qu'on m'a donné cent balles, c'était il y a deux jours et ça fait perpète que je les ai bus. »

Une baffe. Il m'a collé une baffe, le con !

« Où est Abadie ? »

Abie ? C'est pas vrai ! Non ? Ils en avaient vraiment après le gros ? C'étaient donc pas des fantasmes ! Mais pourquoi un gros psychiatre tranquille tout affairé à se débarrasser de sa mère pouvait intéresser des pros comme ceux-là ? Qu'est-ce qu'il avait foutu ? Il avait dû fourrer son grand blair dans une sale affaire …

« Où est Abadie ? Je ne te le demanderai pas une troisième fois. » Une autre baffe. Je me suis redressé. Je le dépassais bien d'une tête. Les baffes, personne n'aime ça. Il était débile ce type, parce que, quand tu énerves un homme, sûr que ça peut te rapporter, mais il faut rester vigilant. Et ça n'a pas duré une seconde. J'ai pris son bras avec le poignard, je l'ai retourné. Puis j'ai coincé sa tête dans le creux de mon coude et avec son propre surin que tenait encore sa main, je lui ai ouvert le bide sur trente centimètres – du bas vers le haut. Les deux autres, en face, se sont mis à canarder, mais les balles allaient s'écraser dans le gilet pare-balles du mec que je retenais par le cou. Dans ce cas, l'intelligence, c'était d'attendre. Se servir de l'autre comme bouclier et attendre. Ils ont vidé leurs chargeurs presque en même temps. C'est là que j'ai lâché leur chef et qu'ils ont eu une surprise. J'étais à poil. À poil peut-être, mais je brandissais le PM du gus. Ils ont maté mon sexe – rien à craindre, en ce temps-là, je n'étais pas circoncis ; ça faisait tout de même plus habillé – puis maté le PM. C'était un tout petit, à peine plus grand qu'un téléphone portable, de fabrication tchèque, comme ceux des terroristes. Ce truc-là, ça débite son chargeur à plus de mille coups minute. Dans le temps, on s'entraînait à mettre toutes les balles dans la cible – c'est le plus dur parce que, quand tu appuies sur la détente, ça a tendance à monter, d'autant que tu le tiens d'une seule main. Tu tires, comme ça dans le centre de la cible et déjà à la troisième balle, tu descends un canard migrateur qui essaie de rejoindre ses quartiers d'hiver. Alors, je me suis appliqué, comme à l'exercice. Je leur ai collé douze balles à chacun – et toutes dans les jambes ! Ils ont quitté leurs sens et se sont effondrés dans une mare de sang. Puis, je suis allé retirer le sparadrap de Tsipora. Je pensais qu'elle serait terrifiée, qu'elle me ferait une crise d'hystérie ou quoi. Ben non ! Pas du tout ! Elle était folle de rage. Elle s'est levée et a envoyé des coups de pied aux tarés en cagoule en les injuriant, les traitant de salauds, de lâches, et surtout de voyeurs... Moi, je suis allé tranquillement les fouiller. Il n'y avait rien ! Pas un papier d'identité, pas de permis de conduire, pas une carte bleue – rien ! Juste de l'argent et une clé de bagnole dans la poche du chef ; une clé de Mercedes, de ces clés à infrarouge, qui ouvrent les portières à distance. J'ai empoché la clé, embarqué les trois armes et les chargeurs dont les poches des types étaient bourrées. J'ai tout fourré dans un sac en plastique Prisunic – ça ne manquait pas ici, les sacs en plastique et les papiers d'emballage. Puis je me suis approché des trois corps et je leur ai collé une balle dans la nuque à chacun.

« Pourquoi ? a demandé Tsipora.

– Parce que ! Elle me regardait avec de tels yeux assoiffés de connaissance, que j'ai ajouté : parce que Yayir l'a dit. C'est tout ! »

Elle s'est étonnée :

« Yayir ? » En ce temps-là, je ne savais rien. Je n'ai rien trouvé à lui répondre. Aujourd'hui, je sais ce que je lui dirais : *Assé lekha rav* « trouve-toi un rav ... trouve-toi un maître ». Parce que, tu vois, ce que t'enseigne un maître s'inscrit dans ton cerveau pour sept générations et même au-delà.

À la porte, il y avait bien vingt personnes – les habitants de l'étage et les autres qui montaient petit à petit, attirés par le bruit. Ils étaient tous dans le couloir, essayant de regarder au travers de la porte défoncée. Il fallait filer d'ici sinon... Et une vioque est entrée, perruque rousse, lui retombant de travers sur le nez, pull noir, jupe noire jusqu'aux chevilles et un sac en ciré rouge qu'elle portait en bandoulière. Tsipora s'est exclamée :

« Oh non ! La marieuse... »

C'était la locataire du troisième, une Juive tunisienne devenue loubavitch pour sauver des âmes juives. Et les âmes des femmes juives, il n'y a qu'une façon de les sauver : en mariant la femme à un *forum*, à un « pur », un religieux.

« Écoute, a dit Tsipora à la femme, je suis trop jeune pour me marier ; reviens donc l'année prochaine. »

L'autre, comme si elle n'avait pas remarqué qu'il y avait trois cadavres sur le sol d'un tout petit appartement au sixième étage, dans le dixième arrondissement de Paris, en cette toute fin du vingtième siècle, a commencé à l'entretenir :

« Trop tôt ? Malheureuse ! Il y a urgence... »

Et moi de surenchérir :

« Un peu qu'il y a urgence, on se tire d'ici tout de suite...

– Urgence, reprend le corbeau à cheveux rouges ; urgence ! Tu as trente ans passés... Trop tôt ? Le bateau est en train de couler, on vient te sauver en hélicoptère et toi, tu leur dis, comme ça : "Revenez l'année prochaine." Moi, je suis ton sauveur. Quoi c'est trop tôt ? *'Haram !* C'est péché de dire ça ! Dépassé vingt ans, si tu n'es pas mariée, tu es en danger... danger immédiat ! Au contraire ; tu devrais crier : "Au secours ! Au secours !" C'est ça que tu devrais faire. » Et puis, elle m'a aperçu, à poil sous son nez. « Au secours ! *Shema' Israël*... Qu'est-ce que c'est ? » Elle me montrait du doigt.

« Rien, a répondu Tsipora, rien, c'est mon démon de la nuit. »

Elle ne s'est même pas marrée en disant ça et l'autre ne s'est pas démontée non plus, comme si c'était naturel d'apercevoir des démons de la nuit, au lever du jour, à huit heures du matin, dans l'appartement d'une femme juive non mariée. Elle a juste craché par terre. « Je t'avais dit de prier. Tu vois, les démons comme celui-là, tu prononces juste le *Shema' Israel* et ils s'enfuient en Égypte. » J'ai tout de même demandé :

« Oh là, du calme ! Et pourquoi en Égypte et pas ailleurs ?

– Les démons, on les envoie tous en Égypte. C'est pour se venger des pharaons… À cause de l'esclavage…

– Ah bon ! »

En tout cas, pour ne pas rater le vol de la Swissair pour le Caire, fallait exploser d'ici vite fait… J'ai enfilé mon vieux futal en velours, piqué un T-shirt dans les affaires de Tsipora et récupéré le blouson du plus grand des trois gus. Les manches m'arrivaient à peine aux trois quarts des bras, mais pour la carrure, ça pouvait aller. On a dévalé les escaliers en se tenant par la main. Et Tsipora qui hurlait :

« J'ai oublié mon livre de prières… Attends… »

Sur le boulevard, j'ai appuyé sur le renflement de la clé et une Mercedes gris métal a commencé à me cligner du clignotant. Ils l'avaient juste rangée en double file. Ils ne comptaient pas traîner là-haut. Je me suis installé au volant, Tsipora à côté, et on est parti en balade. Il y avait de la circulation, dans Paris.

« Tu n'es pas mariée ?

– Non !

– Tu ne t'es jamais mariée… Enfin… Tu n'as pas divorcé, ou quoi ?

– Non ! Non !

– Si j'existais encore, je t'épouserais.

– Pourquoi ? Tu n'existes plus ?

– Je suis en surnombre, un surplus ; une sorte de luxe… Il y a deux mille ans, j'aurais pu servir à quelque chose… peut-être plus tard… dans mille ans, peut-être ? Tu reviendras ?

– Tu es fou ! Les gens comme toi, ce sont des fous ; des fous, je te dis. Des fous absolus ; absolument fous.

– Comme toi, Tsipora ; comme toi ! Tu vois… Dieu, il parle toujours. Dieu ne peut pas s'empêcher de parler. Mais le problème, c'est qu'on ne sait pas à qui. Autrefois, au début, il parlait aux patriarches, ensuite, il a parlé à Moïse, puis aux prophètes, puis aux rois, puis aux petits prophètes. Après, tu crois qu'il l'a fermée ? Mais non ! Et de nos jours, tu sais à qui il parle, Dieu ?

– Aux fous ?

– Aux fous ! C'est ça ! Pas aux rabbins ; pas aux intellos ; pas aux politiques ; pas aux hommes d'affaires… Aux fous, rien qu'aux fous ! »

Arrivés à Roissy, on a rangé le carrosse dans un parking et on s'est engouffré dans le RER. À dix heures pile, on se pointait rue de Charenton. Loula, la vieille Abadie était là, à l'heure, toute seule. J'ai commencé à baliser. Je lui ai demandé :

« Où est passé Abie ?

– Ce fils de chien…

– Quoi ? Où il est ?

– Toute la soirée, il était comme le miel – *ya'ni* charmant… On se souvenait, quoi, le bon vieux temps, l'Égypte, les bonnes, les domestiques, tout ça… Et puis, sitôt levé, ce matin, je ne sais pas ce qui lui a pris… Je ne sais pas. Il est parti, comme ça. Peut-être il repensait à cette *bet el eh*, cette fille de quoi, là, cette fille des rues, vous savez, celle que nous avons rencontrée chez le rabbin, hier à Belleville. Vous voyez, monsieur, le proverbe a raison… *kalam el leil mad'houn bé zebda, yesba'h 'alé l'nahar, ye si'h…*

– Qu'est-ce que vous dites ?

– Oh, pardon. Mille excuses. Mon Abie chéri, il aurait tout de suite compris… Où il est Abie ? » Des larmes ont fait une brève apparition au coin de ses yeux – oh… seulement deux secondes ! Puis elle a expliqué. « Ce proverbe, voyez-vous, ça veut dire : "Les paroles de la nuit sont enduites de beurre, le premier rayon de soleil les fait fondre…" *ya'ni*, ça veut dire… »

Elle ne croyait pas si bien dire, madame Abadie. La nuit dernière, toutes les paroles étaient enduites de beurre… Et ce matin, c'est sûr, ce n'était pas pareil !

12

Rien ne te grattera mieux que ton ongle

Ce même lundi 24 mars. Midi.

Abie avait demandé à sa mère de l'attendre là et on y était, dans ce petit bistrot situé sur Dick the Black, un des rares conservés intacts, tenu par de vrais bougnats ; un bistrot sentant le mauvais café qu'on remet vingt fois dans la machine, comme dans le temps ; le bon vieux temps de la guerre. On était là, avec Tsipora et la vieille qui reniflait sans cesse.

« C'est toujours la même chose, qu'elle disait, nous les Juifs, on nous chasse toujours d'Égypte. J'ai beau l'expliquer à Abie, vous comprenez, je lui dis *ya ebni*, ô, mon fils ; *ya sidi*, ô mon prince, écoute ta mère – Est-ce que Dieu n'exige pas qu'on honore sa mère – dites-le-moi, madame. » Elle demande à Tsipora : « Vous avez des enfants ? » Tsipora secoue la tête. « Non ? *Oua'alaya* … que le malheur soit sur moi… Vous ne pouvez pas en avoir ? Que le malheur soit sur moi ! Enfin, c'est Dieu qui décide, n'est-ce pas ? J'explique toujours à Abie : *mafich* …il n'y a rien à faire ; il n'y a pas d'Histoire ; l'histoire, elle se répète toujours. À chaque génération, on nous chasse d'Égypte. Rien ne change, c'est toujours pareil… » Tsipora a tout de même réagi.

« Je croyais que Dieu avait fait sortir les Juifs d'Égypte pour les sauver de l'esclavage… non ?

– Non madame ! Non ! Ne croyez pas ça ! Nous avons été chassés d'Égypte parce qu'on y était bien – trop bien ! On avait l'argent… Les domestiques à la maison, les voitures. Moi, quand j'habitais l'Égypte, voyez-vous, je n'y étais que deux mois par an – parce que vous savez, la chaleur, c'est terrible – avec mon mari, on restait décembre et janvier… peut-être aussi le début de février ? Je ne me rappelle plus… et puis on partait en villégiature. Pourim, en tout cas, on le passait toujours à Venise et *Bessa'h* (c'était comme ça qu'elle prononçait *Pessah*, la Pâque) à l'île de Rhodes, sur le yacht – elle disait yacheteu – *el yacht, zay el eshta* –blanc, comme la crème du lait – à peine plus petit que celui de Farou'. Et puis à *Ekha*, la commémoration de la destruction du temple, vous voyez, ça tombe toujours début août, c'est trop triste, on jeûnait, et tout… alors on allait à Deauville, *fel* Casíno. On jouait au chemin de fer, pour oublier que les goyim avaient détruit le temple. Et puis les grandes fêtes, *Ras el sana* (rosh hashana, le nouvel an juif), *kippour*, et même *souccot*, ça dépendait des années, on les passait à Paris, à Rome, Florence, Naples. C'était la grande vie, ma chère. Maintenant, qu'est-ce qu'il nous reste ? Non, croyez-moi, chaque fois, c'est la même chose. On s'installe en Égypte, on est bien. Youssef, il devient Premier ministre du pharaon et puis on nous jette dehors. C'est comme ça depuis le début du monde ! »

Et un petit garçon est entré.

« Regardez, celui-là comme il est *mazlout* (rond comme un galet), s'est écriée la vieille, tout à fait Bibi quand il était petit. »

C'est vrai qu'il était un peu rond, le mioche ; il s'est approché – il devait avoir huit ans, neuf tout au plus. Il m'a regardé, a fouillé dans son sac et sorti des sandwichs emballés dans du papier alu.

« Vous voulez des casse-croûtes ? Je les vends moins cher qu'au café.

– Comment tu t'appelles ? lui a demandé Tsipora.

– Zvica !

– Zvica ? Mais d'où tu viens ?

– Moi, je suis israélien, mais je suis né à Paris.

– Comment tu peux être israélien si tu es né à Paris ? Où sont tes parents ?

– Au chômage ! C'est moi qui bosse.

– Mais où ils sont ?

– Est-ce que je sais, où ils sont ? Ils veulent me mettre à l'école, pour apprendre à lire, à écrire. Et pour quoi faire ? Moi, je veux étudier la Torah, c'est tout ; je ne veux pas aller à leur école de merde. Alors, je rentre seulement la nuit, pour fabriquer mes sandwichs et je repars à huit heures pour les vendre. Lorsque j'aurai assez d'argent, j'irai en Israël, dans une *yeshiva*, pour étudier le *talmud*. Vous en voulez un ? Au saucisson ?

– Tu veux étudier la Torah et tu manges du cochon ? lui a demandé Tsipora.

– Je ne les mange pas, madame, je les vends, c'est tout ! » Puis, il a parlé à voix basse. « Il y a quelqu'un, là-dehors, qui veut vous parler. Elle m'a demandé de vous prévenir. »

Alors, on s'est précipité tous les trois à la porte du café. Un van Chrysler était garé juste devant, les vitres fumées, noires, opaques. Celle du conducteur s'est abaissée et Ilana a pointé son museau :

« Montez ! »

On s'est regardé. On ne savait trop quoi faire. Alors, comme on ne se décidait pas, Abie a sorti sa grosse bouille toute ronde à son tour. Il était sur le siège arrière. Il n'avait pas l'air dans son assiette. Il balbutiait :

« Venez… vite, vite… »

On s'est engouffré dans la belle Voyager modèle luxe, à sièges velours. La radio était branchée à fond et on entendait le tube de Naoumi, la chanteuse falacha…

Mon Dieu, mon Dieu,
Quand il me tient
dans ses bras,
tu me tiens ;
Dieu, lorsque mon sang
s'échauffe,
je te sens ;
Dieu, lorsque ses mains
tremblent
tu m'étreins
et lorsque mon corps
ivre de plaisir, s'écrie,
je te prie, mon Dieu ;
c'est à ce moment
que je prie.

Ne l'emporte pas.
Dépose-le sur terre
près de moi
Je saurai guider ses pas
jusqu'à toi.

En fait, ce lundi matin, Abie, il avait beau avoir une cinquantaine de tueurs professionnels à ses trousses, il s'était tout de même rendu à la prison pour voir Lufua. Il n'avait pas peur, le gros ! À l'entrée, on l'avait accueilli comme d'habitude, mais lorsqu'il avait donné le nom du détenu, le gardien lui a d'abord annoncé qu'il avait été changé de quartier ; qu'il fallait se rendre dans l'autre aile de la prison et d'abord demander aux deux types, là-bas. Il avait été étonné de voir deux balaises habillés en jeans et blousons. Ils ressemblaient plus à des flics en civil qu'à des gardiens de prison. Il n'a pas eu le temps de réfléchir. Caroff et Le Guellec l'ont aussitôt encadré et conduit dans un parloir. Là, ils l'ont fouillé de la tête aux pieds et ont commencé à l'interroger.

« Vous avez rencontré monsieur Lufua à plusieurs reprises, n'est-ce pas ?

– Mais… Je suis chargé par le juge d'instruction de faire l'expertise psychiatrique de monsieur Lufua, c'est tout… Où est-il ?

– Laissons cela pour l'instant… C'est nous qui posons les questions, d'accord ? Vous avez peut-être déjà rédigé un rapport ? Où est-il ? Et vos notes ? Où les avez-vous rangées ?

– Pourquoi ? Qu'est-ce qui se passe ? »

Et Caroff s'est tout de suite mis en colère.

« Écoute, mon gros, t'as une sale affaire sur les bras ; alors, tu réponds gentiment à nos questions, parce que tu as intérêt à répondre, c'est tout ! »

Abie a immédiatement pensé au Browning. Il savait bien qu'il s'était fait repérer. Peut-être Lufua s'était-il échappé et voilà qu'ils imaginaient qu'il y était pour quelque chose. Ils avaient dû interroger les responsables du sas de l'entrée qui leur avaient donné son nom. C'est pour cette raison que les deux flics étaient là à l'attendre. Il a commencé à avoir sérieusement la trouille. L'autre revenait à la charge.

« Tes papiers sur l'affaire Lufua, ils sont où ?

– Chez moi !

– Arrête de nous mener en bateau. On a déjà tout fouillé chez toi. J'espère que t'as une femme de ménage efficace, parce que, tu nous excuseras, mais on n'a pas eu le temps de ranger… »

Abie a tout de même essayé de distraire leur attention.

« Vous savez pourquoi il s'appelle Lufua ? Parce que les Bongolais, on leur donne leurs noms à partir d'un événement survenu durant la grossesse de la mère. Et Lufua, ça veut dire "la mort" enfin… "danger de mort", ou quelque chose comme ça. Sans doute qu'il y avait eu plein de morts dans sa famille pendant qu'il était dans le ventre de sa mère ; qu'on a craint pour sa vie, peut-être…

– Arrête ton baratin, tes notes, oui ou merde ? »

C'est à ce moment que Abie avait compris qu'il y avait quelque chose qui clochait. Pourquoi voulaient-ils savoir où étaient ses notes ? S'ils le soupçonnaient d'avoir aidé à l'évasion de Lufua, ils ne lui auraient pas demandé ses notes. Cette histoire n'était pas nette ; plus compliquée qu'elle en avait l'air, en tout cas. Et une sorte de sixième sens l'avait prévenu qu'il ne fallait pas répondre.

« Messieurs, je suis tenu au secret professionnel. Je n'ai rien à vous dire. Appelez le juge d'instruction. »

Et Caroff lui a balancé son poing sur le nez, comme ça, sans prévenir. Il n'était pas habitué, Abie. Même son père ne l'avait jamais frappé. Pas une seule fois ! Il paraît que les rabbins disent que c'est méchanceté de ne pas frapper ses enfants…

« Eh bien, on va voir combien de temps tient le secret professionnel d'un psychiatre. »

Et Caroff lui avait envoyé une seconde pêche. Le naze du gros s'était tellement mis à pisser le sang, qu'on aurait dit lorsque Moïse avait frappé le rocher avec son bâton, en plein désert, et que l'eau avait jailli. Le Guellec était alors intervenu.

« Arrête, on n'est pas chez nous, ici. Viens, on le ramène rue Soufflot. » Et ils avaient passé les bracelets à Abie qui a certainement dû penser que même les esclaves, en Égypte, on ne les traitait pas de cette manière. Rue de la Santé, Abie ne la respirait pas, avec sa tronche ensanglantée et un bracelet autour du poignet relié au poignet de Caroff par une chaîne d'acier. Ils se sont approchés d'une 406 bleu marine, stationnée juste contre le trottoir et, tout d'un coup, Le Guellec s'est effondré, comme ça, sans un mot, comme un matelas pneumatique qu'aurait baisé avec un oursin. Caroff s'est penché sur son pote qui gisait à terre et a vu un tout petit trou rouge au milieu de son front. Alors, il a voulu déguerpir, mais il était attaché au gros. Il s'est retrouvé bloqué offrant sa face à la rue. Cette fois, on l'a bien entendu partir – à peine plus fort que le bruit d'un bouchon de muscadet qu'on arrache d'un coup sec, et Caroff s'est effondré à son tour. Il n'y avait pas grand monde dans la rue. Mais déjà les poulets d'en face, ceux du poste de police, s'approchaient lentement. Ils s'étaient bien rendu compte que quelque chose n'allait pas. Un monospace Chrysler est alors arrivé en trombe, s'est arrêté à la hauteur d'Abie qui courbait sous le poids de Caroff et Ilana est sortie pour charger les deux par la porte coulissante arrière. Mais avant de sauter au volant et de démarrer en trombe, elle a tout de même pris le temps de loger une balle dans la nuque de Le Guellec, étendu sur le trottoir. Place d'Italie, juste devant le MacDo, elle a déchargé l'autre flic par la même porte et a filé vers le périph.

On était tous dans le van, et Abie racontait tout ça. Sa mère, assise tout près de lui, faisait la grimace. Je me disais, comme ça, qu'elle devait être folle d'inquiétude pour son fils, mais une fois de plus, je me trompais sur son compte.

« C'est pour me dire que c'est cette garce-là qui t'a sauvé, c'est ça ? *Bas ba – a !* Ça suffit ! Personne ne sauve personne ! Parce que *ma y 'hok gesmak ela defrak...* Tu comprends, chéri ? »

Mais moi, je ne comprenais pas. Sympa, elle a tout de même traduit : « Les gens ne t'aident jamais ; chacun pense à soi. C'est pour ça qu'on dit : rien ne te grattera mieux que ton ongle, *'habibi* ... chéri... » Puis, redevenant sérieuse : « Tu sais, les femmes comme celle-là, elles sont prêtes à tout, même faire semblant de te sauver la vie. Et tu sais ce qu'elles veulent ? Te marier, chéri, te marier (elle voulait dire t'épouser). Une belle situation comme la tienne, docteur, bziquiatre, *koll e da*, tout ça... C'est ce qu'elle veut, c'est tout ! »

Ilana s'est retournée, a fait un grand sourire à la vieille sorcière et lui a dit avec son accent charmant :

« Je ne marie pas les hommes, madame Abadie, je les mange...

– Tu les manges ? (Elle était suffoquée, la pauvre...) Tu les manges ? Que ta langue soit coupée, ma fille ! Si Dieu existe, qu'il m'entende et qu'il te coupe la langue sur-le-champ.

– Ma langue, j'en ai besoin pour embrasser les hommes. Et je la roule dans leur bouche, comme ça... »

Et elle a fait tournoyer sa langue sur ses lèvres.

« Espèce d'insolente ! Brûle ! Brûle ici, devant moi ! Et que ta foi soit brûlée, que ton Dieu brûle aussi. Va au Diable... aux cent mille diables, même, si tu veux... » En fait, elle faisait un véritable effort de traduction parce qu'elle avait dit tout ça sans utiliser un seul mot d'arabe.

« Regardez, madame Abadie, je n'ai foi qu'en une chose : ça ! » Et Ilana brandissait le Colt. 45 avec son long silencieux qu'elle avait posé entre ses cuisses... La vieille étouffait d'indignation.

« Celle-là, c'est une véritable fille de chien... N'est-ce pas, madame *'asphoura* ? » Elle avait tout de même traduit en arabe le prénom de Tsipora ; elle l'appelait « madame moineau ». « Vous vous rendez compte ? Devant sa mère ! Elle veut prendre un fils devant sa mère...

– Vous savez, madame Abadie, avait repris Ilana, votre fils, je vais tellement lui faire éjaculer son sperme, qu'il ne lui restera plus une seule goutte de cervelle dans le crâne... Il aura tout recraché dans sa culotte. » Elle avait touché pile, parce que la vieille suffoquait littéralement.

« *Sharmuta !* Putain ! *Behima !* Bétail... Va ! Va griller en enfer, ma fille, va, va... Va donc prendre le sperme des Satans ; que le sperme de mille Satans te dévore les entrailles et te sorte par le nombril comme un volcan. Maudite soit ta mère, maudit soit ton père et le père de ta mère et maudite soit la mère du père de ta mère. »

Et tandis que l'on devisait agréablement ainsi, Ilana venait d'emprunter le tunnel de Saint-Cloud en direction de la Normandie. À la sortie du Chesnay, elle a bifurqué sur la nationale 186 vers Saint-Germain. On n'avait pas parcouru un kilomètre qu'elle s'arrêtait sur le bas-côté et sortait, semblant se dégourdir les jambes. Aussitôt, une grosse Jaguar s'est approchée, un barbu à béret et lunettes noires au volant. Nous avons tous déménagé dans la nouvelle tire que, pour ma part, je préférais à l'autre, même si on était un peu serrés à l'arrière. À Rocquencourt, on a pris la direction de Dreux.

13

Épouser une morte

Encore ce même foutu lundi 24 mars. Minuit.

C'est bizarre comme la vie est changeante... parce que tout à l'heure, j'étais bien, au chaud, enveloppé dans du conolly douillet. J'aime les belles choses ! Conolly, il achète son cuir en Norvège, du cuir de renne parce que, comme il n'y a pas de barbelés, là-haut, aucune griffure ne vient abîmer la beauté de la peau qui, sur cette tire, avait une belle teinte crème à la vanille. La Jaguar, c'était une Daimler super V 8, dernier modèle, à compresseur, 375 chevaux et boîte 5 automatique. Ça me plaisait ! Tu vois, un bateau pareil, à 250, ça miaule comme un gros chat – c'est pas pour rien que ça s'appelle jaguar. D'ailleurs, ils avaient bien fait de changer de tire parce qu'on avait croisé au moins cinq voitures de police le temps de parcourir à peine trente bornes ; probable que la Chrysler était repérée, signalée, recherchée. Elle avait tout de même descendu deux flics, notre Mata Hari... On a ensuite pris des petites routes ; j'ai lu sur les panneaux : Noisy-le-Roi, Saint-Nom-la-Bretèche... Moi, j'étais assis contre la portière gauche, Tsipora serrée contre moi, la vieille Abadie à l'autre bout et Abie, il s'était coincé Ilana sur le siège avant. Au volant, le barbu ne prononçait pas un seul mot. D'un geste machinal, il a retiré son béret. En dessous, il portait une kippa. Je lui ai tapé sur l'épaule.

« Hé, tu quittes pas ta kippa, papa ? Jamais ? Tu la quittes jamais ? Même pas pour pioncer ? Et il ne répondait pas. Hé, je te cause... »

Il ne bronchait même pas. Je lui donne un grand coup sur l'épaule. « Ça ne doit pas être bon pour le cuir chevelu ; il ne respire pas avec un couvercle toujours vissé par-dessus. Hein Abie ? Tu es toubib, toi... Dis-lui que c'est vrai... » Et le toubib, il ne se retournait pas non plus. Il était choqué, je crois. Pour une fois, il ne voulait plus bavarder, ni dire des proverbes, ni rien. J'ai rappelé le barbu : hé ! Réponse : rien ! Je répète : hé ! Il s'est retourné à moitié. La tronche qu'il tirait... Il aurait pu jouer Al Capone dans un expressionniste allemand des années vingt. Le visage grêlé de cicatrices d'acné, des sourcils épais comme le buisson où s'était pris le bélier émissaire et une grosse balafre qui lui courait tout au travers de la joue, juste devant les premiers poils de barbe. Ça faisait bizarre, quand même parce que, si on ne considérait que sa barbe qui lui descendait sur la poitrine et sa kippa, on aurait dit un saint homme, mais le visage, c'était autre chose. On n'avait pas envie de le croiser à minuit sur le parvis des halles. Il m'a regardé deux secondes, l'air méchant. J'ai eu peur... Bon, ça va ! Regarde devant toi ; tu réalises que tu conduis la princesse d'Alexandrie ? Je ne savais pas si je l'avais énervé mais moi, j'avais besoin de savoir à qui on avait à faire. Et là, j'étais fixé. Deux minutes plus tard, j'ai recommencé.

« Moi, je boirais bien un coup ; pas vous ? Ça brûle... Au feu ! Mon gosier est brûlant ; il n'y a rien à boire dans cette bagnole ? » Et je touchais à tous les boutons, je faisais claquer la tablette en bois des îles. Et je gueulais. « Rien ! Il n'y a rien à boire… À boire… À boire… C'est à boire qu'il nous faut… » Cette fois, c'est Ilana qui a répondu, agacée, en hébreu. Elle a dit : « Je le descends tout de suite ? » Je l'ai imaginée se retournant lentement, la top model biblique, et m'ajustant avec application une balle entre les deux yeux. Sûr qu'elle en était capable et probable qu'elle l'aurait logée exactement là où il faut. Eh bien moi, je n'ai pas attendu, je suis descendu tout seul. Justement, on traversait Villepreux ; on roulait à peine à vingt à l'heure. J'ai ouvert la portière et je me suis laissé rouler sur le goudron. Puis, je me suis mis à cavaler, sans regarder derrière. Ils ne se sont même pas arrêtés ; ils n'ont même pas fait un signe avec un mouchoir ou même simplement de la main. Et qu'est-ce que j'allais faire, maintenant, à Villepreux, tout seul dans les champs de maïs ? Je me suis assis au bord de la route et j'ai essayé de regrouper mes idées. Je n'y arrivais pas très bien, parce qu'en fait, je devais être en manque. Il n'y a rien à faire, né dans le douzième, hôpital Saint-Antoine, ça laisse des traces – c'est atavique. Au détour d'une ruelle, j'en dégotte un petit des familles, « au père Lapèze ». À l'entrée, le limonadier farceur avait affiché : « Au père Lapèze, on boit à l'aise. Et c'est plus confortable qu'au Père-Lachaise ». Je fouille mes poches et je trouve des billets – ah ouais, le fric des trois masqués… Et il y en avait… J'allais m'en payer une tranche… Pour de vrai ! Je commence par quoi, voyons…

« Une côtelette ! » C'est drôle, les poivrots, ils minimisent tout… ils ne disent pas un verre de côtes du Rhône mais « une côtelette », pas un verre de vin blanc, mais « un p'tit blanc », et quand ils prennent de la bière, c'en est même pas une, mais un demi… Il y avait bien onze pékins, accoudés au comptoir, sans dire un mot, pour leur cours quotidien d'œnologie. Mon Dieu, je me suis senti bien à voir tous ces frangins en vinasse ; c'est vrai qu'à force d'être imbibés par le même jus, on finit par être un peu du même sang. C'est sûr, l'alcool, ça réunit ! J'ai pris amoureusement le ballon dans ma main, ai tourné le vin dans le verre, genre buveur professionnel, l'ai lentement porté à ma bouche. Je salivais d'avance. Mais quand le liquide a touché le fond de ma gorge, j'ai encore été pris du même hoquet et je me suis mis à le gerber. Et le patron qui gueulait :

« Si t'as pas l'âge de boire, viens pas salir mon établissement, grand dégueulasse. » Puis, se retournant vers les autres : « Qu'est-ce qu'il faut pas voir, tout de même… Il vient chez moi pour vomir. Ho, la patronne, viens donc voir un peu par ici… » Je me sentais un peu bête. Je me suis dirigé vers la sortie, la queue entre les jambes.

« Hé, dégueu le rouge, ça fait 6,70… Si on le boit ou si on le gerbe, c'est le même prix. » Les autres se sont retournés en se marrant. Je suis revenu payer – Je n'avais pas plus petit qu'un billet de 500 francs.

« Excusez ! Je dois être malade.

– Un peu, mon neveu que t'es malade. Un sirop pareil, c'est mon cousin qui le fabrique en Corrèze. Je peux te le dire, c'est du bon ! » Mais tout de suite après, il s'est radouci. Je dois reconnaître qu'ils ont bon cœur, au syndicat des ivrognes ; parce qu'il s'est senti obligé de me consoler, le patron. « T'en fais pas, mon gars, ça arrive à tout le monde. T'as peut-être eu une émotion… va savoir… » Parfois, on ne s'en rend même pas compte. Moi, par exemple… Et il voulait me raconter sa biopsie du foie… Une émotion ? Ah ? Et je me suis souvenu… Tsipora ? Du coup je lui ai demandé le chemin de la gare.

Et me voilà à minuit à nouveau rendu rue de la Roquette, tremblotant de froid sans une porte cochère à mater les mateurs. Et la pluie avait recommencé et je n'y voyais rien… Et ma tête ne pensait plus, tellement mon sang avait besoin de rouge… Mais quoi ? Qu'est-ce qui se passe là-bas ? Juste devant le supermarché où on peut facilement taper un litre ou deux quand il fait vraiment trop soif, il y avait comme d'habitude deux copains sur un carton. Et là, une 306 avec d'énormes roues qui dépassent de la carrosserie venait de stopper et le balaise qui en était descendu commençait à bousculer les pauvres cloches. Qu'est-ce qu'il a ? Mais ce type, je le connais… il s'appelle comment déjà… Mais oui, le Séphe de l'autre jour… Je le reconnais à sa façon de danser sur le trottoir…

À deux heures, après la cohue rue de la Santé où on l'avait appelé pour reconnaître les corps de Caroff et de Le Guellec, Sebbag était allé déjeuner chez sa mère, à Sarcelles – comme tous les jours, ou presque. C'était le seul endroit où il arrêtait de sauter comme sur des ressorts. Ce n'était pas qu'il nourrissait une grande sympathie pour Caroff et Le Guellec mais de savoir que deux jours auparavant, il discutait tranquillement avec eux… Ça lui faisait bizarre… Et cette histoire de Juifs bongolais l'avait laissé dans un drôle d'état. D'abord, il n'avait pas compris pourquoi il s'était senti concerné… Pourquoi il avait suivi le taxi… Ici, chez sa mère, ça sentait bon la pastilla aux pigeons – elle la préparait avec des raisins secs et des pruneaux – et c'était de loin son plat préféré.

« C'est un plaisir de te voir manger, mon fils. Cinq sur toi !

– Pourquoi tu me dis "cinq sur toi" puisque c'est toi qui m'as dit que je mangeais bien ? Est-ce qu'une mère peut jeter l'œil à son fils ?

– Mais oui, mon chéri ; mais oui ! Exactement ! Même une mère. Même une mère qui adore son fils comme moi. L'œil, ça ne se commande pas. Que Dieu nous protège ! Est-ce que tu as toujours ta main ?

– Toujours, maman, elle ne quitte jamais mon cou. Mais puisque Dieu nous protège, avait-il ajouté, narquois…

– Et l'œil ? L'œil bleu, tu l'as aussi ? Tu l'as ?

– Mais oui, maman ! Dans la poche du blouson… accroché à mon porte-clé de voiture. Tu ne crois pas que je perdrais des choses pareilles.

– Et l'écriture du rav Pin'has, tu l'as bien mise dans ton portefeuille ?

– Bien sûr, maman ! Mais qu'est-ce que tu as aujourd'hui ?

– Avec ton métier, chéri… tous ces ganguestères.

– Non ! Il y a quelque chose que tu ne veux pas me dire. Tu as encore fait un rêve… »

Et elle s'était mise à chialer, sa vioque.

« Mon fils ! Garde-toi bien ! Fais attention, aujourd'hui, mon fils, fais attention…

– Vas-y maman, raconte-le… Parce que tu as fait un rêve, c'est ça ? Raconte-le, ce rêve !

– Je vais chercher quelque chose… attends… Elle était déjà partie en courant dans la chambre prendre son porte-monnaie, en avait sorti une pièce de dix francs qu'elle lui avait tendue. Tiens, mets ça dans ta poche.

– Tu crois que je n'ai même plus dix balles pour me payer une bière ; que j'ai tout dépensé avec les femmes ?

– Ne plaisante pas ! Seulement c'était pourim hier ; et tu te souviens, à pourim, on donne toujours de l'argent aux enfants. Mets-le dans ta poche, c'est tout. Et comment va Sebbie ?

– Ça fait trois semaines que je ne l'ai pas vu.

– C'est malheureux, mon fils, c'est malheureux... Un fils qui ne voit pas son père... Tu vois, cette nuit, j'ai rêvé que tu te mariais.

– Eh bien... Réjouis-toi, maman ! Tu n'as jamais vraiment apprécié Madeleine, faut dire. »

Mais elle avait répété :

« C'est malheureux, mon fils, c'est malheureux. » Il avait repoussé brutalement sa chaise et saisi sa mère par la taille.

« Mais quoi ? Dis-moi, à la fin...

– Il vaut mieux ne pas parler. Que Dieu nous protège, c'est tout... Tu ne sais pas ce que veut dire un mariage dans un rêve... Que Dieu nous protège. »

Et elle chialait de nouveau... C'est alors que le téléphone avait sonné. Le patron des deux Bretons, un certain Dufer qu'il avait rencontré une fois ou deux. Comment l'avait-il trouvé ici, chez sa mère ? Et cette espèce de grand con hautain lui avait ordonné de se pointer sur-le-champ rue Soufflot. Rue Soufflot ? Sur-le-champ ? Il en avait au moins pour une heure, toutes sirènes hurlantes... Et sa sieste, alors ?

⁂

« C'est vous, Sebbag ?

– Oui monsieur ! »

Il était gêné avec ses santiags qui glissaient sur le parquet ciré.

« C'est qui les deux types que vous avez signalés dans votre rapport ?

– La rapport sur la rue de la Roquette, monsieur ?

– Évidemment, mon vieux ! Vous n'avez pas encore rédigé celui de la rue de la Santé, je présume... Il avait l'air drôlement au courant... Vous savez qui sont ces deux types ?

– L'un s'appelle Katzman et l'autre Abadie. Celui-là, je crois qu'il est toubib. » Il souriait intérieurement en repensant à leur discussion sur les noms.

« Abadie, je sais... mais l'autre, vous avez une idée ?

– Un clochard, je crois...

– Un clochard ?

– Oui, monsieur !

– Un clochard qui descend trois agents des services spéciaux, leur pique leurs armes et leur bagnole puis se fait dans la même matinée deux inspecteurs du SDECE – un clochard ? »

Il croyait peut-être que c'était moi qui avais descendu tout le monde... Oh ! Du calme ! Il a poursuivi :

« Vous plaisantez, mon vieux... Ce type, voyez-vous, il relève de la Sûreté du territoire. Et vous, Sebbag, ce n'est pas la peine de repasser à votre brigade, vous êtes réquisitionné jusqu'à la clôture de ce dossier. »

Sebbag s'était alors souvenu des mises en garde de sa mère.

« Moi ? Pourquoi moi, monsieur ?

– Parce qu'à ce jour, vous êtes le seul vivant à avoir

vu leur tête. Vous comprenez, Sebbag ? Le seul vivant ! Alors, votre clodo, lorsque vous l'apercevrez, même de loin, pensez-y ! C'est peut-être bien l'ange de la Mort.

– Et…

– Autre chose ?

– Ben… sur quelle affaire travaillaient Le Guellec et Caroff ?

– Vous n'avez pas à le savoir ! Vous me ramenez ces deux types. Votre mission s'arrête là. »

Il avait vite compris que le pète-sec, devant lui, ce n'était pas un marrant. Sebbag n'était pas méchant, mais tout de même un peu nerveux. Qu'on lui parle comme ça, c'était pas que ça l'embêtait, mais il aurait bien voulu comprendre. Il s'était planté devant le beau gosse en complet veston, les jambes écartées, les poings sur les hanches, et l'avait regardé bien au fond des yeux.

« Et si je refuse ? »

Le type s'était soudain durci.

« Vous refusez ?

– C'est-à-dire que… C'est bête d'être superstitieux… Mais ma mère… Ma mère, la nuit dernière, elle a rêvé que je me mariais avec une morte. Alors…

– Se marier avec une morte… » Le type avait eu l'air de réfléchir vraiment, profondément… On aurait dit que ça lui avait rappelé quelque chose. Il avait répété comme ça, à plusieurs reprises : « Avec une morte ?… Avec une morte… » Puis, il s'était repris et avait esquissé un léger sourire :

« En pensant à votre mère, vous serez plus prudent, Sebbag. »

Et c'est comme ça que Sebbag, après avoir terminé un paquet de Benson dans la tire, s'était dit qu'il pourrait peut-être aller interroger les clodos, sur le bitume trempé.

⁂

Le derviche, là, qui tournoyait sur le goudron détrempé, je le savais, c'était un sensitif. Ces mecs, si tu es leur pote, il n'y a pas de problème et même qu'ils sont presque comme des gonzesses, à deux doigts de pleurer pour un rien. Mais il suffit que quelque chose n'aille plus comme ils veulent et ils sortent leur pétard et te flinguent aussi sec. Attends, bouge pas. Regarde… La fille qui passe, là devant l'immeuble du gros… Ce ne serait pas Fatou, par hasard, avec une autre Noire au corps de déesse ? Mais si ! C'était Fatou ! Mais on aurait dit que Sebbag les avait vues, lui aussi. Les deux gonzesses, elles se dirigeaient tranquillement vers l'immeuble et Sebbag pressait le pas derrière elles. Je me suis planqué plus profond dans la porte cochère. Lorsque Sebbag les a rattrapées et a commencé à se faire méchant, la Fatou, elle a pris les jambes à son cou et s'est trissée dans ma direction. Sebbag l'avait laissée filer, mais il tenait fermement la Vénus à la perruque – il devait sans doute être monogame, le mec. Et Fatou m'est tombée dans les bras…

« Ah, m'sieur Samouel, m'sieur Samouel… C'est la police ! C'est la police ! Faut partir d'ici… »

J'ai pris mon air idiot…

« Mais pourquoi ? On n'a rien fait…

– Je n'ai pas de papiers, moi… Je n'ai pas de papiers… »

14

Les Beni-Nathane

Nuit du lundi 24 mars au mardi 25 mars.

Ben, ce n'était pas cette fois qu'on allait se parler, Sebbag et moi ; ce n'était pas notre jour. Fatou m'a emmené dans un appartement à Aubervilliers. On a pris un tacot à la Bastille, une Mercedes E300 TD, six cylindres diesel et un turbo ; c'était un Tunisien qui conduisait.

« Ah, monsieur, la pluie... Toujours la pluie. »

Je me suis dit, comme ça, qu'il fallait paraître con au naturel pour ne pas se faire repérer. Alors, j'ai voulu le brancher.

« Faut pas se plaindre ; on a quand même eu trois jours sans eau.

– Mais monsieur, je dois vous dire ; voyez : les hommes, ils se plaignent toujours, c'est comme ça.

– Ben oui ! Des fois que quelqu'un les entendrait... Mais généralement, ils se plaignent de leur femme, non ? Vous qui entendez parler les gens toute la journée... vous ne trouvez pas ?

– Les femmes... ah, les femmes ! C'est vrai !

– Toujours en train de comploter avec leur belle-mère contre leur mari, pas vrai ? » Et j'ai eu le malheur d'ajouter : « Surtout les femmes de chez vous !

– Ah, ne dites pas ça, monsieur ! Non ! Moi, voyez-vous, j'avais épousé une Française – sa famille habite encore le Lot-et-Garonne – il n'y a pas plus français. (Je ne voyais pas ce qu'il voulait dire... Pourquoi le Lot-et-Garonne était-il plus français que les autres départements ?) Ben... voyez, monsieur, trois gosses, une maison – qu'est-ce que je dis une maison ? – Je lui ai fait un château, monsieur ! Un château... huit pièces, un grand jardin... Un château et la vie de château, pardessus le marché... Madame ne travaillait pas... Au début, elle voulait faire des études et puis... Après, quand elle a renoncé à ses études d'infirmière, elle ne faisait rien et moi, je rapportais le pognon. On était bien, monsieur. Ah, je dois dire qu'on s'entendait bien. Enfin... jusqu'à ce que sa mère perde son mari. Alors, je lui ai dit, à ma femme ; je lui ai dit qu'on pourrait prendre sa mère chez nous ; qu'il y avait de la place. Et puis, les enfants, ils ont besoin de leur grand-mère, non ? Chez nous, comme vous dites, en Tunisie, c'est comme ça, monsieur. Eh bien, sitôt arrivée, la mère, elle a monté sa fille contre moi. Elle a mis la discorde entre nous. Jusqu'à ce que ça n'aille plus du tout. Maintenant, je suis parti. J'ai divorcé. J'ai pris un studio de 25 m^2 à Bagnolet et j'ai divorcé. Je lui ai tout laissé... Pas une fourchette, monsieur ; je n'ai pas pris une fourchette. Pas un meuble, la télé, tout ; elle a tout gardé ! Résultat ? Vous voulez que je vous dise le résultat de tout ça ? C'est la mère, elle a pris la place du mari. C'est comme ça, ici... Les femmes de chez nous, elles ne font pas ça, monsieur !

– Et pourquoi elles ne le feraient pas ? » que j'ai rajouté histoire de meubler la conversation. Je sentais bien qu'il y avait quelque chose qui n'allait pas chez ce mec.

« On dit “les Arabes, les Arabes”, mais les Arabes ils croient en Dieu !

– Ben… il y en a quand même d’autres… Je veux dire qui croient en Dieu…

– Ah oui monsieur ! Oui ! Vous voulez dire les chrétiens ? Ah, parlez-moi de ça… (c’était de ça qu’il voulait parler, en fait) parlez-moi des chrétiens… L’autre jour, j’ai monté un type dans mon taxi, il faisait des études pour devenir évêque – évêque, ce n’est pas rien, n’est-ce pas ? Je me suis dit, comme ça, qu’il devait s’y connaître en religion, ce gars… Je n’ai pas voulu le brusquer ; lui demander pourquoi ils ne se mariaient pas, si ça ne les rendait pas fous ou homosexuels de garder leur tuyau bouché sous leur soutane. Non ! Je lui ai dit : et votre dieu, vous le tenez d’où, votre dieu ? Des Juifs ! Ce sont les Juifs qui vous l’ont donné. Il ne savait pas ! Non monsieur ! Il ne le savait pas. Ça vous étonne ? Ben moi pas ! Et je lui en ai appris… Je lui ai d’abord demandé ce qu’ils en avaient fait, de ce dieu que leur avaient donné les Juifs. Je vais vous le dire, moi, ce que vous en avez fait, que je lui ai dit. Et mon chauffeur a commencé à énumérer avec ses doigts, en lâchant le volant, en plus : les Indiens d’Amérique, exterminés – il n’en reste plus, aujourd’hui ; nettoyés ! Les Noirs d’Afrique, déportés comme esclaves, par millions. Maintenant, les pauvres, ils ne savent même plus comment ils s’appellent. Et les Juifs pendant la guerre, qu’est-ce qu’ils en ont fait, les chrétiens ? (Et il s’est retourné pour mater ma tronche – histoire de voir, quoi, si j’étais pas un rescapé.) Brûlés ! Ils les ont brûlés ! Alors, vous voyez, on dit “les Arabes, les Arabes”, mais les Arabes, ils n’ont jamais fait une chose pareille.

– Ben… peut-être que… »

Il m'a interrompu aussi sec :

« Non monsieur ; non ! Jamais ! Et maintenant, les chrétiens, ils viennent nous dire, comme ça, nous faire la morale. Il paraît qu'on n'est pas démocrates ; qu'on est trop dur avec nos femmes… Ils se mêlent de nos affaires ; ils nous injurient… Mais ça ne durera pas aussi longtemps que les impôts, voyez-vous… La roue de l'histoire, elle tourne, comme on dit… Aujourd'hui, ils ont tout… Peut-être que demain ils n'auront rien. À ce moment, on verra. »

J'en avais tout de même un peu marre, alors pour changer un peu de conversation…

« Tiens là, au coin, il y a un bistrot… vous pourriez m'arrêter un instant que je m'en jette un ? »

Et j'ai senti un truc dur contre ma côte. J'ai passé ma main, pour voir si c'était pas Ève qui sortait. Mais non ; c'était bien le canon d'un pistolet. J'ai regardé Fatou, surpris. Elle a croisé mon regard et m'a juste murmuré :

« Capitaine Katzman, ne faites pas l'idiot. Je vous conduis chez des amis. »

Et l'autre au volant :

« C'est le bistrot au coin ici ; ou celui à l'autre carrefour… »

Fatou appuyait le canon du pistolet…

« Heu… tant pis ! Laissez tomber pour le bistrot. Ce n'est plus l'heure. »

Il ne s'est pas démonté ; il a continué :

« C'est vrai qu'il est tard ! Parce que, en France, c'est terrible. Bon, j'ai un taxi. C'est une Mercedes. C'est bien, une Mercedes ! Eh bien non ! C'est trop bien ! Chaque fois que j'arrive à un carrefour, il y a un flic qui m'arrête. Un Arabe avec une Mercedes, ils ne supportent pas… Ou bien je l'ai volée ou bien je suis un maquereau… »

Et moi, j'avais un flingue pointé sur mon cœur, comme ça, direct. Je me suis encore tourné vers Fatou.

« Toutes les deux… vous étiez revenues rue de la Roquette pour…

– Oui, capitaine Katzman, pour vous chercher… »

⁂

Donc, on débarque à Aubervilliers, dans un immeuble dont on pouvait sérieusement se demander comment il ne s'était pas effondré durant les bombardements de la dernière guerre. C'était un immeuble spécial pour loger des Africains sans papiers – c'est-à-dire : des dizaines de piaules de 7 m^2 avec trois paillasses posées par terre, à 2 000 balles la place. On monte au premier et seul étage et même à une heure du matin, on entendait la télé partout et des mioches qui braillaient. On entre donc dans une de ces piaules et je me retrouve comme ça en face de trois kalashes, des 74 U, briquées, neuves, et qui brillaient. Et il y avait trois gus derrière les mitraillettes, des Noirs, avec des passe-montagnes – on voyait à peine leurs yeux. Le plus grand se lève et me tend la main.

« Capitaine Katzman… »

Oui ! J'ai été capitaine entre 80 et 86 – et deux mois en 88 – mais ça fait longtemps que je suis défroqué. Qu'est-ce qu'ils veulent ?

« Nous sommes des militants du noyau Saba.

– Quoi ? Noyau quoi ? Mais qu'est-ce qu'il dit, le Black ? Et d'abord, comment vous savez qui je suis ? »

Il me répond, l'air entendu.

« Vous connaissiez bien le colonel Yayir Malka, je crois…

– Yayir ? Vous connaissez Yayir ? »

Et ces types, dont je ne voyais même pas le visage, m'ont raconté que, après le démantèlement du service en 86, Yayir s'était fait enrôler par un allumé de première, un sous-fifre du ministre israélien des armées, pour des missions ultrasecrètes en Afrique. Ces missions n'étaient pas placées sous l'autorité du service mais directement du ministre – justement cette espèce de cinglé avec qui j'avais un compte personnel à régler. Et là, au Bongo – allez donc savoir pourquoi au Bongo… « Parce que c'est en plein centre de l'Afrique… » Ah bon, que je leur ai répondu, parce que vous croyez que le centre c'est au milieu. Ça ne doit pas être Yayir qui a fait votre instruction, les gars… Donc, au Bongo, un groupe formé par ces instructeurs-espions-agitateurs-représentants de commerce en armement en tout genre a commencé à se développer. Et comme là-bas, l'ambiance est un peu à la religion, ils ont fondé une nouvelle secte. Oh pas vraiment nouvelle, quoi, puisqu'elle existe depuis plus de 3 000 ans… Mais leur façon, à eux, de prier, c'était nouveau… En un mot, ils ont converti des Bongolais au judaïsme. C'était ce coup qu'avait trouvé le tordu, le chef du service action du *lakam*, pour installer un réseau de renseignements en Afrique. Remarque, à bien y réfléchir, ce n'était pas vraiment débile, mais un peu pompé sur le voisin. Parce que ça fait belle lurette que les Russes installent leur réseau grâce à Marx, Lénine de son prénom, les Chinois grâce à Lénine Marx, Mao de son prénom, les Amerloques grâce à Jésus-Christ, version Pentecôte et les Français grâce à

Jésus-Christ version Vierge-Marie. Voilà que les Israéliens s'en mêlaient à leur tour. Et au bout de la chaîne, des Bongolais cagoulés me disent, comme ça, qu'ils sont juifs.

« Aujourd'hui, c'est mon jour de chance, les mecs. Parce que les rabbis de chez nous, ils disent que chaque jour où tu apprends quelque chose de nouveau, tu peux te réjouir ; c'est que Dieu était avec toi. »

Et les rigolos, ça leur a plu. Ils se sont levés chacun à leur tour pour me serrer la main. Ils voulaient savoir quel rabbi ; et quel rabbi avait enseigné au rabbi qui avait trouvé la phrase ; ils voulaient noter la formule, et tout.

« *Baroukh hachem, baroukh hachem*, qu'ils disaient en chœur, béni soit son nom…

– D'accord, d'accord, les mecs, vous êtes juifs. Pourquoi pas, après tout ? Moi je suis bien membre de l'amicale des poivrots de Saint-Lago. Mais à quoi ça peut bien servir d'être juif ? »

C'est vrai, ça ! Parce que tu veux bien être riche, ou millionnaire, ou même milliardaire, mais il n'y a quand même personne qui demande à être malade, pauvre, con, moche et en tôle. Eh bien si ! Eux, justement ! J'avais bien entendu parler des Hébreux noirs, une secte qui avait fait scandale en Israël et à Chicago, mais ceux que j'avais devant moi, ils n'étaient pas américains ; au moins ça, c'était sûr ! J'ai ajouté :

« Être juif ? Mais quelle idée !

– Quand ils sont venus au Bongo, les Israéliens nous ont expliqué. Ils nous ont dit : vous êtes chrétiens, d'accord ! Mais nous, les Juifs, nous sommes les ancêtres des Chrétiens. » Il répétait « Les ancêtres des Chrétiens ! » Ce devait être une formule à eux ; ils avaient l'air de bien l'aimer. « Nous sommes les ancêtres des Chrétiens et vous voyez comment ils nous respectent… Vous, les Bongolais, vous savez ce que sont les ancêtres, vous ! Les Chrétiens, non ! Ils ne savent pas ! Regardez, ils veulent supprimer les leurs. Si vous restez chrétiens, vous finirez par abandonner vos ancêtres.

– Ah… d'accord ! Pas mal trouvé… Mais dites-moi un peu, vous faites quoi en étant juif ? Je veux dire : précisément, vous priez ?

– Bien sûr qu'on prie ; c'est sûr !

– En hébreu ? »

Et ils ont commencé à m'énumérer les prières, le *shema' Israël*, la *'amida*, les *tehilim* ; et comment aussi ils donnaient à manger à la Torah.

« Quoi ? Vous donnez à manger à la Torah ? » J'ai failli me mettre en colère, et puis, je me suis calmé. Je me suis dit que ça ne me regardait pas, après tout. On était en France, tout de même. Il y a la liberté de culte, au moins, ici. S'ils veulent donner à becqueter aux rouleaux, pourquoi pas…

« Mais qu'est-ce que je viens faire dans votre histoire, moi ? Vous pouvez me le dire ? »

Là, tout le monde s'est calmé et c'est le chef qui a répondu.

« Nous voulons savoir où se trouve le docteur Abadie.

– Abie ? Ben tiens ! Justement, je le cherche ! Le docteur Abadie est parti ; disparu ! Enlevé par une copine à vous, un agent du Mossad. » Là, le type, il ne rigolait plus du tout. Il a aboyé :

« Nous n'avons rien à faire avec le Mossad. Lorsque nous aurons réussi, *baroukh hachem*, ce service miné par les dollars comme les termites bouffent le bois, retournera poussière puisqu'il n'est, *baroukh hachem*, que poussière. » Puis, il s'est calmé. Visiblement, le Mossad, ça l'excitait. Et il m'a demandé :

« Vous avez eu l'occasion de parler longuement avec lui durant ces trois jours.

– Oui ! C'est mon pote !

– Alors, vous allez vous souvenir. Il vous a parlé d'un homme dont il aurait fait l'expertise à la prison de la Santé, n'est-ce pas, un Bongolais ?

– Un Bongolais ? Non ! Je sais qu'il est encore retourné à la Santé ce matin. Je ne peux pas vous en dire plus. Vous ne voulez pas qu'on dorme ? Le mec s'énervait à nouveau.

– Mais si ! Il a dû vous en parler... Cet homme lui a raconté des choses qu'on a besoin de savoir... Il détient des informations fondamentales pour notre pays. »

C'était donc ça. Abie avait des conversations avec un type enfermé à la Santé et Abie était un privilégié, vu qu'il devait y avoir des cohortes de gens, en ce moment à Paris, qui voulaient jouir du même privilège : parler ne serait-ce que cinq minutes avec cet homme.

« Et qui c'est, cet homme ? » Et là, le Bongolais, il s'est refermé comme une huître.

« Un compatriote, c'est tout !

– Je peux vous poser une dernière question ?

– Allez-y...

– Dites-moi, Fatou, vous l'avez introduite comme bonne chez la vioque d'Abadie, rien que pour savoir ce que le Bongolais disait au psychiatre ?

– Oui ! Mais n'allez pas croire ! C'était une opération pacifique. Nous avons gentiment demandé à la bonne précédente de partir. Nous lui avons même donné une indemnité substantielle. Elle, c'était vraiment une Ivoirienne ; elle s'appelait Djeneba. En vérité, Fatou se nomme Ra'hel.

– C'est son nom ? Ah… Et le plastic dans le téléphone, c'était vous ?

– Ah non, monsieur, non ! Nous voulons seulement parler avec le docteur Abadie ; pas le supprimer… »

Ça avait au moins l'avantage d'être logique, ce qu'il racontait. Mais comment j'allais retrouver Abie, moi ? C'était trop drôle. La Fatou-Ra'hel m'avait kidnappé pour retrouver Abie et moi je voulais faire la même chose ; me saisir d'elle et l'interroger pour retrouver Abie. Après tout, nous étions des compagnons d'infortune, unis par un même intérêt pour Abie premier, prince héritier des deux Égyptes. C'est là que j'ai remarqué que Fatou, elle me regardait plutôt tendrement. Enfin, j'ai eu l'impression. C'est donc à elle que j'ai demandé cette fois :

« On va se coucher ?

– Vous êtes circoncis, monsieur Samouel ?

– Ben… non !

– Vous irez vous coucher tout seul, monsieur Samouel… »

15

La femme d'Édouard

Le matin du mardi 25 mars, à 10 heures et sous la pluie.

Le plus sale coup que m'avaient fait les Bongolais, c'était tout de même d'avoir fait remonter mes souvenirs. Quand je me suis retrouvé en prison, en 1986, j'avais eu les honneurs. Ce con de général, par ailleurs ministre et PDG d'*Oriental Armament Limited*, était venu m'interroger en personne. Il s'était déplacé jusqu'au Liban, le gradé. Rien que pour moi !

« Shmuel, avoue, nom de Dieu ! Tu as rencontré les terroristes de l'OLP. Nous le savons ! Nous te suivons depuis plus de trois mois. »

Ben… Évidemment que je les avais rencontrés ! J'étais payé pour ça – et bien payé, je dois dire !

« Tu es un agent double, Shmuel Katzman. On te descendra de toutes façons. Les agents doubles, ils finissent toujours par se faire abattre. Tu es un agent double, doublé d'un âne, Shmuel, *'hamor* "âne" ! Nous sommes tes amis. As-tu une autre famille que nous ?

– Mais… puisque je vous dis, que… je n'ai jamais travaillé que dans l'intérêt du service, et selon les instructions de mes supérieurs !

– Mais si ! Shmuel, il a tout de même une petite famille… Yochebed… C'est aussi un peu ta famille, la petite Yéménite. J'espère que tu as bien pensé à la sauter, tant que tu pouvais… Parce que maintenant…

– Mais vous êtes fous ou quoi ? »

Et ils ont commencé à me cogner sur les roubignolles avec une matraque. Ça fait mal ! Je suis tombé dans les pommes. Ils sont partis ; ils sont revenus. Parfois ils me laissaient une demi-heure, parfois deux heures. Je ne voyais pas la lumière du jour. Ils avaient installé le temps du chaos ; le temps d'avant la Genèse, avant le commencement, avant que la lumière soit. Et ça a duré des jours, comme ça ; des semaines. Tantôt, il y en avait un que je n'avais jamais vu et qui débarquait, comme ça, sans prévenir :

« OK, capitaine Katzman ! Nous vous présentons nos excuses. Nous nous sommes trompés. Vous n'avez jamais trahi. D'ailleurs les informations que vous nous avez rapportées ont toujours été de première qualité. Nous allons vous réintégrer dans votre unité. Mais avant cela, dites-moi seulement qui était cet homme ; votre contact à l'OLP. Comment avez-vous dit qu'il s'appelait, déjà… ? » Et ça recommençait durant des heures.

En fait, ils ne faisaient pas ça pour rien. Ils ne font jamais rien pour rien. Ils me reprochaient bien quelque chose : d'avoir fait passer à la presse les photos du charnier qu'avaient laissé les milices chrétiennes au Liban sous l'œil bienveillant de l'armée israélienne. Mais ça, je ne l'avais pas fait derrière leur dos. J'étais allé voir Yayir pour le prévenir ; pour lui annoncer que je donnerai les photos aux journalistes.

« Yayir, lorsque tu m'as recruté, tu m'avais bien dit : “Tant que le temple n'est pas reconstruit, qu'est-ce donc qui peut réunir les Juifs si ce n'est une action permanente des hommes, un travail de fourmi ? C'est nous qui faisons ce travail ; qui remettons tous les jours un peu de ciment dans les interstices qui ne cessent de se creuser dans les communautés et entre les communautés." N'est-ce pas cela que tu m'as dit ? N'est-ce pas ainsi que tu définissais le travail du Mossad…

– C'est bien cela !

– Eh bien, ce que j'ai vu là-bas me montre que c'est entre les Juifs et leurs services secrets que s'est creusé, non pas un interstice, mais un gouffre…

– Ce n'est pas le Mossad qui a fait ça. Tu le sais bien, c'est l'armée…

– Si ce n'est pas le Mossad, explique-moi donc comment les photos sont entre mes mains. » Et je les lui avais tendues…

Ensuite, je les ai remises à un journaliste américain et la semaine suivante, les photos étaient dans tous les quotidiens israéliens. Évidemment, ils n'avaient pas trouvé mieux qu'essayer de me faire passer pour un traître. Facile… C'était pour ça qu'ils m'avaient coffré. C'est malin de repenser à tout ça ; du coup, j'ai recommencé à avoir peur de la nuit. Je n'ai pas pu fermer l'œil avant les premières lueurs. Lorsque je l'ai rouvert, les mômes qui braillaient autour m'ont un peu rassuré. J'ai levé la tête, regardé autour de moi dans la piaule. Personne ! J'entendais juste pleuvoir dans une vieille casserole en émail, ébréchée. Je me suis bougé de mon gourbi. J'ai essayé la porte à côté. Il n'y avait personne, là non plus. Les Bongolais avaient tous déguerpi. Et puis un homme, un Bongolais aussi, sans doute, mais normal, chrétien animiste normal, sûr qu'il n'était pas de leur groupe, m'a croisé dans l'escalier. Il m'a pris au collet.

« D'où tu viens, toi ? »

J'ai répondu :

« Je ne sais pas… franchement, je ne sais pas ! Peut-être de Palestine, peut-être d'Espagne, peut-être du sperme d'un Cosaque égaré ou même, qui sait, du sperme de son cheval…

– Ne me raconte pas de salades ! Tu viens de chez Clémentine ! C'est toi qui dors avec elle ? Mon vieux, le cocu, ce n'est pas moi ! (À la tête qu'il faisait, on aurait pourtant pu croire…) Clémentine, qui c'est qui lui a payé son billet d'avion pour venir en France ? C'est moi ! Et qui c'est qui a déclaré qu'elle était sa femme rien que pour qu'elle obtienne ses papiers ? C'est encore moi… Qui c'est qui la nourrit, Clémentine ? Alors… Maintenant, tu vas payer aussi… »

J'ai pris mon air consterné.

« Ah, si tu voyais mon sexe, que je lui ai dit, si tu voyais… Tu dirais pas que je viens dormir avec ta femme.

– Ton sexe ? Qu'est-ce qu'il a, ton sexe ?

– La maladie du serpent. Tu ne connais pas ? Il desquame. La peau s'en va comme ça, tout le temps, comme si une scarlatine s'était concentrée là… Tu vois ? Tu veux que je te montre ? »

Il a eu vraiment l'air désolé pour moi.

« Ah, vous les Blancs, vous êtes fragiles… C'est parce que vous êtes trop clairs. Les Blancs, tu sais, mon ami, ce n'est jamais que des Noirs qui ont déteint. Allez, salut ! »

Bon ! Je n'étais pas plus avancé. J'ai réfléchi, réfléchi… J'ai pensé qu'il me restait encore un endroit où me renseigner…

⁂

Le seul intérêt que présentait Édouard Cohen, c'était sa femme. La nana, elle était vraiment canon, balancée comme une Africaine, les yeux bridés comme une Mongole et blonde comme une Norvégienne. Et avec ça, elle n'était même pas métisse. Je me demandais où il l'avait trouvée. Je suis prêt à parier que s'il y avait tant d'auditeurs à son séminaire, à Saint-Denis, c'était rien que pour essayer de se faire la femme d'Édouard. Parce que ce n'était assurément pas pour lui qu'il y avait tant de monde, vu que lui, question philo, s'il avait quelque chose de Jean-Paul Sartre, c'étaient juste les yeux. Un séminaire de philosophie morale, donc, d'éthique juive où il passait son temps à démontrer que la déontologie était juive, la morale aussi, bien sûr, la sagesse, pareil, le droit, n'en parlons pas, la souffrance, normal, la joie, on ne connaissait que ça, la psychanalyse, aussi, l'anti-psychanalyse, encore plus, la logique, ben voyons... Mais qu'est-ce qu'il restait de juif aux Juifs, alors ? Ben... Il restait le séminaire de Cohen !

Je me suis pointé chez lui, à Neuilly, dans son petit appartement de la rue Perronet et c'est elle qui m'a ouvert.

« Oh, bonjour ! Vous venez voir mon mari. Elle est pas levé. »

Même l'accent hongrois était charmant dans sa bouche ; mais comme la plupart des Hongrois, elle ne s'était pas habituée au genre des mots en français... Elle disait toujours : « Mais qu'est-ce que c'est ce langue où les mots ont une sexe ? » On a commencé à bavarder, comme ça ; de tout et de rien ; de la Shoah.

« Moi, je suis comme vous, Samuel, enfant de rescapés de la holocauste. Alors, j'ai eu des problèmes, c'est normalité, non ? D'abord, tout petit, je ne rêvais que de les camps de concentration – c'est comme ça qu'on dit, *lager*, c'est ça, non ? Et vous, Samuel ? Je me demande comment me venaient les images… des cadavres entassés… Je ne crois pas que je les avais vues à quatre ans. Non ? Vous croyez qu'un image, ça peut passer d'une esprit d'une parent à la esprit d'un enfant ? Par… comment vous dites ça ? Télépathie…

– Télépathie, c'est ça !

– Après, mon père, elle est parti en Izzraël ; elle avait pas douze ans lorsqu'elle est sorti de la camp. Vous connaissez Izzraël, Samuel ?

– Oui ! Un peu… J'y suis déjà allé…

– Édouard, mon mari, elle n'est jamais allé en Izzraël. Mais il a écrit de très belles choses sur les Juifs et Izzraël… Il dit qu'Izzraël, c'est la mort de tous les Juifs. C'est très bien cette livre. Vous avez lu, non ? Elle s'appelle "dernière rivage" – oh non ! – "dernière virage". Je ne sais plous. Vous avez lu ?

– Non !

– Et vous, vous pensez aussi qu'Izzraël, c'est la fin du peuple juif ? Il dit que le peuple juif viendra mourir en Izzraël comme un fleuve s'en va à la mer pour se fondre dans toutes les eaux. (Elle s'est rapprochée de moi pour parler à voix basse.) Moi je pense que c'est absourde, que c'est très bête, mais le livre est très bien écrite, c'est vrai ! Vous devriez la lire. Vous voulez que je vous la donne ? » Elle parlait du livre. Elle s'est même levée pour aller le chercher. C'est alors qu'Édouard est sorti de sa chambre, les yeux ensommeillés.

« Qu'est-ce que vous faites là ? »

Je me suis levé.

« Abadie a disparu.

– Abadie ?

– Oui ! Le psychiatre qui vient à votre séminaire…

– Il y a tant de monde à mon séminaire, vous savez…

– Un petit gros avec de grands yeux et des poils partout. Celui qui a dit à la dernière séance que c'étaient les guérisseurs juifs qui transmettaient le judaïsme. Vous savez ? Mais si ! Il a dit que ce n'étaient pas les rabbins, pas les philosophes, pas les intellos, tout ça… rien que les guérisseurs. Vous avez failli faire une crise de nerfs quand il a dit ça. Vous vous souvenez ?

– Ah oui ! L'Égyptien ! Oui ! Oui ! Il a disparu, vous dites ? Qu'est-ce que vous me chantez là ? Comment peut-on disparaître, voyons ?

– Je vous dis qu'il a disparu. Peut-être que vous auriez une idée, quelque chose… l'idée d'un endroit où le chercher… Et j'ai hasardé : sa mère est malade, vous savez… (Que Dieu me pardonne !)

– Ah oui ! Sa mère ! Mais asseyez-vous donc. Vous voulez une tasse de thé ? Peut-être… Non… (Il a pris son air perspicace…) Vous, vous devez plutôt être café, non ?

– Liqueur de café, plutôt… Non, non ! Je plaisante…

– C'est drôle, ce que vous me dites parce qu'une de mes étudiantes en thèse – non, vous ne la connaissez pas ; elle ne vient jamais au séminaire – cette étudiante m'a aussi demandé des renseignements sur Abadie… Tiens, il n'y a pas de ça deux jours, peut-être. Comment elle s'appelle déjà, chérie ! Chérie ! (La Hongroise avait rappliqué avec un plateau.) L'Israélienne, là, qui a demandé après Abadie. Comment elle s'appelle, déjà… Elle fait sa thèse sur… »

J'avais déjà deviné.

« Sur le Mossad, non ?

– Mais non, pas sur le Mossad, voyons ! Sur la citadelle de Masada... Ilana Schwartzkoff. C'est ça... Ilana... Vous pouvez facilement la trouver. Lorsqu'elle descend à Paris, elle loge dans une communauté orthodoxe... C'est en banlieue. Chérie, tu as l'adresse dans ton agenda... »

16
Tikoune

Mardi, le 25 mars. Midi et toujours sous la pluie.

C'était drôle, ce matin, je n'avais rien bu – pas un blanc, pas un rouge ; je n'étais pas noir, rien ! Et pourtant, j'étais brumeux ; comme dans du coton. Je n'avais même pas eu le réflexe de demander aux Blacks si Yayir était vraiment mort, histoire de vérifier les divinations du Raïs... C'était évident qu'il était mort ; sinon moi, je serais encore dans mon trou à rat à lécher les godillots d'un traîne-savate en maraude pour obtenir deux doigts de pinuche. Parce que je commençais à comprendre que si le destin me poussait hors de l'ombre, c'était à cause de la mort de Yayir. Je ne savais pas pourquoi ni comment... Mais je savais que c'était ça ! Je n'arrivais pas à réaliser ce qu'il avait trafiqué après mon départ de la terre. Le pays, on l'appelle *eretz*, la terre. Parce que le Mossad, plutôt qu'à vouloir me faire la peau, ils n'avaient qu'à me demander, je leur aurais expliqué. Supposons : Dieu survole la terre, en planant. On n'est plus au temps où les Juifs étaient tous en Égypte à fabriquer des pyramides en série, non ! Aujourd'hui, s'il veut tous les ramener au même endroit, il faut qu'il aille les chercher partout. Donc, le Mossad, c'était une bonne idée ; un ciment, comme disait Yayir. Mais il ne fallait tout de même pas qu'ils se prennent pour Moïse ou même pour Dieu. Parce que, si l'on poursuit notre réflexion, un agent du Mossad, il a bien travaillé durant vingt ou vingt-cinq ans. Il a fait des coups au Liban, en Syrie, en Irak, un peu au Maghreb ; supposons qu'il soit allé faire du renseignement en Amérique, en Australie ; supposons qu'on l'ait de plus spécialisé dans l'informatique, l'électronique, l'aviation ou le maniement des kalashes et des explosifs. Cet homme, parvenu à cinquante ans, c'est un expert. Et surtout, il se prend pour un expert. Et c'est à ce moment que les Israéliens le mettent à la retraite avec une paie de fonctionnaire à la retraite. Est-ce qu'ils pensent vraiment qu'il va s'occuper de ses petits-enfants ? C'est bête, mais il fallait y penser avant. Ces fameux agents du Mossad, une fois à la retraite, ils trafiquent. Ils continuent ce qu'ils savent faire, mais pour plus cher ! Le renseignement, les armes, les explosifs, les coups tordus – c'est là qu'ils sont experts. Conclusion : plus il y a d'agents du Mossad qui partent à la retraite, plus il y a de coups tordus dans tous les coins de la planète. Tu les retrouves marchands d'armes pour l'Iran ou pour le Nicaragua, quand ils ne s'installent pas à leur compte, instructeurs de troupes d'élite pour dictateur débutant en Amérique Centrale ou en Afrique, centrale aussi, ou encore spécialistes de lutte anti-terroriste – autrement dit de torture et d'intox... Ces gens, les agents, ils sont comme les sorciers, c'est quand ils vieillissent qu'ils deviennent dangereux. Mais Yayir... Non, pas lui ! Je ne peux pas croire qu'il se soit laissé embarquer dans un plan pareil. Yayir, c'était un pur...

Donc, je me pointe à Gennevilliers, et j'erre un moment à travers les cubes de béton. Puis, je vois deux mômes hauts comme trois pommes, avec des papillottes et des *tsissitts*, les franges de leur châle de prière qui dépassent de leur redingote toute noire, en train de jouer au foot avec des p'tits beurs. J'ai compris que j'étais arrivé. Je leur demande :

« Où est le rav ?

– Au *beit hamidrashe* (la maison d'étude). T'es de la police ?

– Pourquoi ?

– Parce que si t'es de la police, il y a déjà un de tes copains qui est venu. »

Je voulais me tirer de là mais le *gabbay*, le bedeau, s'est pointé, sorti je ne sais d'où. C'était un Sèphe sympa, le chapeau sur le sommet du crâne, une longue barbe, noire comme son costard, rigolant de toutes ses dents qu'il avait parfaitement blanches. Il me cueille en me disant :

« Vous avez mis les *tephillin* (les phylactères), ce matin ? Non ! Je parie que vous ne les avez pas mis. Je sais ce que c'est. Le travail, on se lève, on est déjà fatigué. On néglige un jour ; le lendemain, on est paresseux ; le troisième jour, on a déjà oublié et tout doucement, on se laisse glisser ; on devient comme les *goyim* ("comme les gentils", les non-juifs). Ce n'est pas grave ; *Ha chem* (le nom, c'est-à-dire Dieu) sait que tu oublies. » Il ne pouvait pas prononcer le mot Dieu et le remplaçait systématiquement par *ha chem*, le nom ». « Il te regarde. Il te voit en train d'oublier et ce n'est pas lui qui va te rappeler les *mitzvot* (les obligations). Il se dit : encore un qui s'en va, tant mieux ! Je dis bien : *tant mieux* ! Si vous réfléchissez, *Ha chem* crée Adam qui a deux enfants : Caïn et Abel. Caïn n'était pas bon ; il a gardé Abel. C'est tout. (Je ne voulais pas le faire trébucher, gêner son raisonnement, mais Abel, je crois qu'il a pas eu le temps d'en profiter. Lui, il continuait.) Abraham fait deux enfants, Ismaël et Isaac. Il y en a un qui est resté, l'autre est parti. Qu'est-ce que ça peut faire ? *Ha chem* se dit : ça ne fait rien ; tant mieux ! Et puis Isaac, il fait deux enfants, des jumeaux, on aurait pu croire qu'ils étaient pareils... Eh bien, non ! Esaü est parti, Jacob est resté. Ça ne fait rien. Ensuite Jacob, il en a fait douze, que *Ha chem* bénisse son nom, douze ! Eh bien, dix sont partis et deux sont restés. » Je devais avoir l'air de ne pas comprendre. Il m'a expliqué. « Les douze enfants de Jacob, nous étions douze tribus. Nous en avons perdu dix. Nous, les Juifs, nous ne retenons personne ! Tu veux partir ?

– Heu... Non ! »

Je voulais simplement dire qu'il fallait que je rencontre le rav ; que j'avais quelque chose à lui demander ; que c'était urgent. Mais le bedeau, il m'a carrément sauté dessus.

« Je le savais ! Sitôt que je vous ai aperçu en train de parler aux enfants, je me suis dit : "celui-là, pour lui, c'est un égaré ; mais pour moi, c'est *Ha chem* qui l'envoie." Venez, venez, envoyé de *Ha chem*. Vous partirez d'ici chargé de bénédictions comme une batterie qui sort du garage. Les bénédictions, c'est comme l'électricité. Et *Ha chem*, c'est une pile atomique. Qu'est-ce que je dis ? Mille piles atomiques réunies... »

Il m'a conduit dans la synagogue et là, il est parti chercher des phylactères. C'est bête, mais de me trouver dans cette situation que je n'avais jamais connue enfant... De quelqu'un qui considère qu'il y va de mon intérêt que je comprenne ce qu'est Dieu... J'ai ressenti un peu de douceur au fond de moi. Il est revenu avec une petite sacoche de soie qui renfermait deux cubes de cuir desquels partaient de longues lanières.

« Je sais ; je sais ! Vous vous dites : “Quelle importance les *tephillin* ? Nous sommes au vingtième siècle...” – bientôt vingt et un, mon ami ! Quelle importance les *tephillin* ? Je me lève, je prends ma douche, je monte dans ma décapotable et pffft... je file comme une flèche jusqu'à mon travail. En faisant ça, vous croyez que vous êtes une flèche... Eh bien non ! Vous n'êtes pas une flèche ; vous êtes seulement un pantin. Les mots qui vous ont fabriqué, ils sont là. Il montrait les petites boîtes de cuir. Dedans ! C'est là qu'ils sont et pas ailleurs. Vous voulez seulement être fabriqué ou bien vous voulez aussi être fabricant ? Répondez !

– Ben...

– Vous voyez ! Vous voyez... comme j'ai raison. »

Il m'a d'abord recouvert la tête du châle de prière. J'étais là, comme hier en sortant de la baignoire lorsque Tsipora me séchait la tête avec la serviette de bain. Au fond, c'était logique. Ils devaient être de mèche, Tsipora et le bedeau ; l'un me lavait le corps et l'autre avait décidé de me laver l'âme.

« Répétez après moi, monsieur : *Léshem yi'houd kodsha bérikhou...* »

Et j'ai répété. C'était la prière avant de poser les phylactères. Puis, il m'a installé ses boîtes, une sur le bras gauche, l'autre qui me pendait du front, comme la corne d'un rhino féroce. Et j'ai encore répété des bénédictions. Et puis, il s'est retourné vers l'Est et s'est mis à prier en se dandinant d'avant en arrière. Je me suis vu, reflété dans une vitre et je me dandinais comme lui. Oh là, les mecs, ça va ! Depuis quelques jours, je me ramasse Dieu en pleine poire sans arrêt. Pourquoi moi, bordel ? Je me tenais peinard au fond d'un ruisseau attendant la vidange – la vie d'ange ?... J'ai tout de même poliment écouté en silence. Il m'a regardé. Il avait l'air heureux.

C'est là que j'ai regardé autour de moi. Il y avait quatre ou cinq femmes qui se démenaient dans tous les sens, qui balayaient ici, ramassaient un vêtement d'enfant là... Chacune semblait savoir ce qu'elle avait à faire...

« Alors ?

– Alors quoi ? »

Je sentais que ça ne devait pas durer encore trop longtemps, sinon...

« Ça fait du bien, non ?

– Heu... je ne sais pas ! (Je ne voulais pas le vexer...) Pas encore, peut-être ?

– Vous avez des *tephillin* chez vous, à la maison ? »

Alors là, j'ai craqué.

« Non ! Je n'ai pas de *tephillin*, je n'ai pas de chez-moi, pas de maison, pas de femme, pas de décapotable, pas de boulot, pas de fric, rien ! »

Je l'avais bluffé. Il était resté interdit. Tout s'était arrêté ; du coup, il ne parlait plus, ne pensait plus, ne respirait même plus.

« Pas de femme ? Mais alors, qu'est-ce que vous avez ?

– J'ai juste un truc, là, qui me tient au bide ! Quelque chose que je dois accomplir avant de crever...

– Oh là ! Vous êtes malade ! Ah ! Mais il faut voir le rav, alors...

– C'est ce que j'essaie de vous dire depuis tout à l'heure. »

⁂

Le rabbi, c'était un fumeur. Il devait en être à sa troisième Marlboro et on avait juste commencé à parler. Devant lui, le cendrier regorgeait de mégots. Il y avait au moins cinq mômes en train de brailler dans son bureau. Surtout deux, pas plus de six ans, qui avaient commencé à s'engueuler sur une question de doctrine et qui en étaient vite venus aux mains. L'un disait :

« Non, non, *haadama* ! C'est d'abord *haadama*, tu paries ?

– Non, c'est en second, non ! »

Maintenant, ils s'envoyaient des coups de pied, des coups de poing.

« Regardez, regardez, me disait le rav, c'est la vie qui bourgeonne ; la jeune sève qui fermente.

– Mais pourquoi ils s'engueulent ?

– Aharon dit que, si l'on se trouve devant des fruits de deux sortes, ceux de l'arbre et ceux de la terre, il faut commencer la bénédiction par ceux de la terre – et Raphi prétend le contraire.

– Mais vous pourriez les départager. Dites-leur par laquelle il faut commencer, qu'on ait la paix…

– La paix ? Mais pour combien de temps, cher monsieur ? Pour combien de temps ? Ne vaut-il pas mieux qu'ils se disputent pour savoir quelle est la première bénédiction ? (Puis, il m'a regardé en coin d'un air entendu.) Le temps de la paix n'est pas encore venu, monsieur.

– Ah ? Ce temps n'est pas encore arrivé, alors…

– Notre très vénéré rabbi, que *Ha chem* préserve son âme, avait l'habitude de citer la paracha : "Dieu, *baroukh hachem*, reviendra à l'occasion de ton retour… Il te rassemblera à nouveau parmi tous les peuples… Même au plus loin de la terre, il te rassemblera…” À l’occasion de ton retour… Vous savez de qui il parlait ?

– Non ! Absolument pas ! Non ! (En fait, je pensais à ce que Yayir disait du Mossad et de sa mission de rassemblement.)

– D’un homme qui arrivera… Tiens, comme vous êtes arrivé tout à l’heure dans cette maison de Dieu… Un *tsadik nistar*, un juste caché. Celui-là, rien ne montrera qu’il est un juste ; mais ce sera un *tsadik hatsadikim*, un juste parmi les justes. Dites-moi plutôt ce qui vous amène ici ? » Et il s’était rallumé une Marlboro.

« Ben je…

– Vous avez quelque chose dans les yeux… Vous venez de Galicie ? Non ! Vous êtes trop jeune pour avoir connu le shtetl. Vos parents, peut-être ? Parce que vos yeux… On dirait Rabenou Nahman de Breslaw… Non ?

– Franchement, heu… je ne sais pas ! Mes parents étaient communistes. Ils ne parlaient jamais du pays pourri où ils étaient nés sauf pour insulter ses habitants ; ils ne parlaient jamais de Dieu non plus, sauf en promettant d’aller pisser sur sa tombe.

– Notre Dieu, *baroukh hachem*, n’est pas mort. Comment pourraient-ils… Que Dieu me garde !

– Ben… Faut pas leur en vouloir… C’est peut-être qu’ils ne savaient pas… Ou bien ils se trompaient de Dieu, peut-être… Je ne sais pas…

– Vous croyez ? Les Juifs ne se trompent pas ! C’est à leur Dieu, *baroukh hachem*, qu’ils ne croient pas. Dites-moi plutôt ce qui a guidé vos pas jusqu’à nous. Remarquez, vous tombez bien ! Ici, nous recevons un grand nombre d'égarés ; et de toutes les origines, vous savez… Des Juifs tunisiens – beaucoup ! – des Juifs marocains et algériens, bien sûr ; des Juifs d'Israël qui n'ont rien appris là-bas, les pauvres ; des Juifs russes, maintenant, aussi…

– Ça me fait penser à ce que disait Henry Ford : vous pouvez avoir votre Ford model T de la couleur que vous voulez à condition qu'elle soit noire.

– Oui ! Oui ! Des Juifs noirs, aussi ! (Et là, il a commencé à m'intéresser…) Pas plus loin qu'hier, voyez-vous. Des Juifs d'où, déjà…

– Du Bongo…

– Du Bongo… *be seder*, oui, du Bongo. C'est où déjà, le Bongo ? Enfin d'Afrique. Ils avaient beaucoup étudié, ceux-là… Beaucoup ! Et vous savez ce qu'on a discuté ? Comment reconnaître un *chalia'h mitsva*.

– Un quoi ?

– *Chalia'h mitsva* ! Quelqu'un chargé d'une *mitsva*. Une mission, si vous voulez. Quelque chose qui plaît à Dieu, *baroukh hachem*. Nous avions quelques divergences. Mais c'est admis pour certains points délicats. Il faut aussi tenir compte des coutumes locales.

– Et comment on reconnaît un mec… enfin, un chargé de mission ?

– À sa *hatsna lékhet*… Oui, je vais vous expliquer… sa façon d'être discret dans son amour de *Ha chem*. Tout comme vous, tenez. Quelqu'un, quand on le regarde, personne ne se doute combien il aime *Ha chem*… » Et il s'est mis à rire. « Tout comme vous ! Quelqu'un qui ne montre pas ostensiblement son amour de *Ha chem*… » Du coup, il a repris une Marlboro. « Vous ne fumez pas, je présume… Enfin… ! Mais vous vouliez me demander quelque chose, m'a dit le *gabbay*... Parce qu'on parle, on parle... On pourrait ainsi bavarder jusqu'à la résurrection des morts... Que Dieu me pardonne. »

Et puis, tout d'un coup, je ne sais pas ce qui lui a pris. Il a fermé les yeux, a commencé à marmonner une prière entre ses dents. Il s'est levé, s'est tourné vers la fenêtre et s'est mis à se dandiner comme l'autre tout à l'heure. Il est bien resté cinq minutes à prier comme ça. Il semblait tellement troublé qu'il avait même oublié d'éteindre sa clope qu'il tenait entre ses gros doigts jaunis de nicotine. Les femmes rentraient, sortaient, engueulaient les mômes, en prenaient un, en ramenaient un autre. Et lui, il continuait à prier. Puis il est revenu s'asseoir en face de moi.

« Excusez-moi, monsieur ! C'est peut-être avec le Gaon de Vilna... Ils descendaient peut-être du Gaon de Vilna, vos parents. Parce que moi, je sens... Je sens quelque chose, là... Tenez, touchez mon ventre. »

J'ai tâté son bide. Je le trouvais plutôt volumineux, mais quoi ? Il n'avait tout de même pas grossi en dix minutes, non ? Qu'est-ce qu'il trouvait d'anormal ?

« Vous ne sentez rien d'anormal ?

– Non ! Mais je ne suis pas médecin...

– Ah... Vous n'êtes pas médecin, alors... Ah... Vous n'êtes pas médecin... Qu'est-ce qu'on disait, déjà ? Oui ! On parlait des motifs de votre visite. Vous venez de loin, je sais ! Il faudrait même dire : vous *re*venez de loin... Combien de fois êtes-vous déjà mort ? Mon Dieu ! Vous devriez prier, le remercier, remercier Dieu, *baroukh hachem*. Vous ne voulez pas réciter un *gomel* ? »

J'ai même pas relevé. Y faisait exprès ou quoi ? Qu'est-ce que c'était que ce nouveau truc ? Mais il fallait absolument qu'il finisse par me dire où était passée Ilana. J'étais sûr qu'il le savait. Alors, je prenais mon mal en patience.

« … C'est une prière pour remercier Dieu, *baroukh hachem*, lorsqu'il nous a ramenés après un long voyage ou bien lorsqu'il nous a libérés de prison. »

C'est à ce moment que j'y ai repensé. Faut dire que c'est l'histoire que m'avaient racontée les Blacks la veille qui avait commencé à repêcher les souvenirs mais là, lorsqu'il a parlé de prison, tout est revenu d'un coup. Au procès, à huis clos naturellement, cinq généraux qui se disaient juges m'en avaient collé pour vingt-cinq ans – vingt-cinq ans de détention en régime sévère. Là, j'ai plongé. Un trou noir. J'ignorais que dehors, des militants avaient pris mon histoire comme exemple de la corruption du régime et manifestaient toutes les semaines. Si bien qu'au bout de deux ans, ils m'ont amnistié et m'ont même restitué mon grade. J'ai encore vécu deux mois comme capitaine, mais c'était à l'hôpital psychiatrique. C'est de cet hôpital que je me suis fait la malle, que je suis arrivé en France.

« C'est votre âme que je ressens, reprenait le rabbi, elle est faite d'oblation, de profondeur – *messirout nefech* – de sacrifice de soi. Je la sens dans mon ventre. »

Mais il va pas bientôt arrêter ses conneries ? Et moi, assis là, obligé d'écouter des bondieuseries alors que la seule nana au monde qui voulait bien me laver était prisonnière avec mon meilleur copain d'une bande d'allumés de la gâchette.

« Écoutez, monsieur… heu… mon père, rabbi… J'ai une mission, c'est vrai ! Il faut absolument que je parle à Ilana Schwartzkoff. C'est une mission de la plus extrême importance. Il y va de la vie de la mère d'un ami très cher.

– Ilana ? Vous connaissez Ilana ? Elle est belle ; je vous comprends. Mais vous savez, elle est fiancée à l'un de nos *talmid hakham*. Il sera bientôt rabbin et ils pourront se marier. Vous n'avez aucune chance, mon jeune ami. Ilana c'est une vraie *rébézzé* (une femme de rabbin). »

Il me fallait rapidement inventer quelque chose. N'importe quoi de peur de voir se volatiliser la seule piste…

« Non ? Enfin… Je ne sais pas… Je veux dire… je ne la connais pas. Je n'avais aucune idée de ce genre. Mais on m'a dit qu'elle connaissait un médecin en Israël… Oui, un cardiologue… le meilleur, à ce qu'il paraît. Il pourrait s'occuper de la mère de mon ami. Je voulais simplement lui parler… enfin lui demander le nom et l'adresse de ce médecin. Vous comprenez ? »

Il semblait déçu. Il aurait sans doute préféré une histoire de cul ; ou bien peut-être continuer à bavarder de Dieu avec moi. Enfin, il m'a tout de même répondu.

« Ilana est partie s'occuper des enfants… »

Des enfants ? Cette espèce de cinglée… Il n'avait pas peur, le rabbi, de confier des enfants à une telle excitée du Colt. 45 ?

« Des enfants ?

– Oui ! Notre association gère aussi un home d'enfants ; un lieu d'accueil pour les orphelins. À Neauphle-le-Château.

– Et il s'appelle comment ? Enfin… comment… Ça a un nom, votre endroit, là ?

– Oui ! C'est une grande maison, un château. On l'a

nommé *Tikoune*. Ça veut dire : “la réparation des fautes”… “le rachat”, si vous préférez… »

Je suis parti de là les jambes à mon cou. Fallait que je me grouille avant qu’il ne soit trop tard… Je suis repassé devant leur Toyota Rav 4, modèle quatre portes, en courant. « Rav 4 », que je me suis dit, normal pour des orthodoxes obsédés par les *ravs*… Du coup, j’ai oublié de me renseigner sur le flic qui était venu voir le rabbi juste avant moi. J’avais bien une idée, mais tout de même ! J’aurais dû…

17

Deux pommes et un peu de farine

Mardi, le 25 mars. 13 heures.

Sebbag avait deux frères et une sœur. Le premier, l'aîné, était devenu témoin de Jéhovah ; le second, catholique intégriste et lui, flic. Une famille qui avait réussi son intégration, si on y réfléchit : trois façons de devenir français. Il ne voyait plus son aîné qui voulait le convertir à tout prix. Il évitait le second qui flirtait chaque jour un peu plus avec les thèses politiques racistes. Il n'avait guère de sympathie que pour sa petite sœur qui venait d'épouser un Juif marocain, né à Montreuil. Elle, au moins, savait faire la cuisine comme sa mère. Il faut dire que, question nourriture, il avait mal commencé, Sebbag. À l'âge de huit mois, on le donnait pour mort. Un soir, il avait vomi son dîner. Le lendemain, il n'avait plus accepté aucune nourriture. Puis, la diarrhée verte s'était installée. Si bien qu'il s'était littéralement vidé, le moutard – il n'y avait plus d'eau, plus de matière. On aurait dit une vieille peau de caméléon séchée. On avait appelé les médecins et les médecins l'avaient donné pour mort. Quoique ses parents aient été « modernes », comme on disait en ce temps-là, ils avaient tout de même consulté les rabbins guérisseurs. Les rabbis avaient fabriqué des talismans, psalmodié des prières sur sa tête durant une nuit entière. Il y en avait même un qui lui avait écrit le nom de Dieu à l'encre de Chine sur le front. Mais rien n'y avait fait. Le môme était en train de mourir. C'est alors que, en désespoir de cause, on avait fait venir du *mella'h* (du vieux quartier populaire), une vieille sorcière arabe : Lala Nafoussa. Le bébé pleurait beaucoup. Elle l'a posé sur ses genoux. Elle a pris une jambe et le bras opposé puis l'inverse, en diagonale. Elle a levé les yeux et a dit : *ma'woug*, (il est tordu). Donnez-moi un peu d'huile de sésame. La tante s'est précipitée avec une soucoupe. Elle l'a enduit d'huile, sur tout le corps. Puis elle l'a saisi, vigoureusement tournicoté dans tous les sens. Elle lui tordait les jambes, les ramenait contre son cou. La mère avait hurlé et s'était précipitée pour le lui prendre des mains.

« N'aie pas peur ; je le mesure, madame, je le mesure ! » avait-elle répondu. Après quoi, elle avait conclu : « Son heure n'est pas venue... Ce garçon est fort, trop fort ! »

Comment pouvait-elle annoncer une chose pareille devant cette crevure agonisant dans son berceau ? Puis elle avait expliqué la cause du mal.

« Une femme est venue, s'est penchée sur son berceau et l'a embrassé. »

Dans l'assistance, personne n'osait ouvrir la bouche ; ils restaient tous terrorisés, les uns par la présence palpable de la mort, les autres par l'inadmissible transgression. Faire venir une sorcière arabe, ici, dans les beaux quartiers, pour soigner un enfant juif... Il n'y avait pas si longtemps que les Arabes avaient encore fait une descente dans la rue et avaient lapidé deux ou trois commerçants juifs qui n'avaient pas eu le temps de baisser leur rideau de fer. Mais cette sorcière était une vraie professionnelle. Peu lui importait, en fait, l'origine de l'enfant. Elle aimait guérir, voilà tout ! Elle avait poursuivi son explication.

« Peut-être avez-vous remarqué le pendentif que la femme portait autour de son cou et qui a touché la bouche de l'enfant. » C'est à ce moment qu'une tante s'était écriée :

« C'est Narguess ! Je m'en doutais ! La tante Narguess ; je l'ai vue ; je l'ai vue… Que Dieu la maudisse ! » Et la vieille avait repris :

« Dans le pendentif… »

Quoi, dans le pendentif ? Elle savait ménager ses effets, la bougresse…

« Je ne sais pas… Dieu est grand ! On ne doit pas accuser les gens… Dans le pendentif, il y avait le sang d'un mort. »

Les tantes s'étaient mises à hurler, la mère de Sebbag à pleurer. Mais la vieille avait encore ajouté :

« Suicidé ! Un mort, suicidé…

– Suicidé… s'était exclamé le père.

– Suicidé ? Mais alors, c'était le sang de Si Ma'hfouz. »

Comment diable avait-elle pu savoir que le portier de l'immeuble s'était suicidé la semaine précédente ?

« La femme… elle est allée chercher le sang à la morgue ; elle l'a acheté à l'employé. C'est ce sang, contenu dans une petite bourse, qui était dans son pendentif.

– Mais pourquoi ? Pourquoi fait-on des choses pareilles, avait demandé le père de Sebbag. Par simple méchanceté ? Par jalousie ? »

La vieille l'avait regardé avec mépris.

« Avec un *'herz* pareil (un talisman pareil), pas un homme ne peut lui résister. Vous ne saviez pas ? »

La tante Narguess ? Incroyable ! Certes, elle avait perdu son mari à *Souccot* dernier, à la « fête des cabanes », mais elle n'était pas de première jeunesse. Ne pouvait-elle accepter de vivre tranquillement ainsi ? N'avait-elle pas assez à faire à s'occuper des cinq enfants que lui avait laissés le vieux Shim'on ?

La vieille avait alors demandé au père de lui promettre d'accomplir ce qu'elle exigerait de lui sans poser de questions. Il avait promis. Puis, la vieille avait enfermé l'enfant dans une chambre sans fenêtre, une sorte de buanderie, interdisant que quiconque n'y pénètre. Elle l'avait badigeonné de *katran*, un goudron malodorant, et l'avait veillé toute la nuit durant. Au matin, elle l'avait délicatement saisi et entrepris de le laver pour lui retirer la poix noire dont elle avait recouvert son corps. Puis, elle avait appelé ses parents qui n'avaient pas réussi à dormir de la nuit. Elle avait regardé le père dans les yeux et lui avait dit :

« Je te présente ton enfant. Il s'appelle Koss !

– Mais non ! Il s'appelle Joseph ! »

Il faut dire que, en arabe, koss signifie « vulve », « sexe de femme ». Qui pouvait accepter de nommer ainsi son garçon ? Elle avait répété :

« Cet enfant s'appelle Koss ! Désormais, vous ne l'appellerez qu'ainsi. Dites-lui son nom maintenant. Allez ! Appelez-le devant moi. »

La mère s'était décidée la première. Et l'enfant avait levé les yeux à l'appel de son nouveau nom ; esquissé un sourire. De ce jour, Sebbag s'était décidé à vivre – mais surtout à manger.

⁂

Et ce même Sebbag était là aujourd'hui avec Sarah, à faire le poireau devant la Yeshiva.

« Tu as un prénom, tout de même ! Ta mère, elle ne t'appelle pas Sebbag ?

– Non ! Oui, enfin… Joss ! Tout le monde m'appelle Joss.

– Joss ? Joseph ? Ça vient de Joseph ?

– Oui… enfin, pas vraiment. C'est une longue histoire… »

⁂

La veille, il avait d'abord embarqué la Black dans sa tire où elle hurlait tant qu'elle pouvait. Il lui avait passé un bracelet et fixé l'autre, comme il le faisait toujours avec les suspects qu'il appréhendait, à la poignée de maintien au-dessus de la vitre. De sa main gauche restée libre, Sarah lui envoyait des baffes. Elle griffait, hurlait, exigeait d'être libérée sur-le-champ. Enfin ! Il devait tout de même savoir qu'une femme juive ne pouvait rester seule avec un homme dans un endroit clos ! Du coup, Sebbag avait descendu sa vitre. Mais non ! La fenêtre, ça ne suffisait pas ; il fallait que la porte soit ouverte. Il était repassé par la Bastille et s'était engagé dans la rue de Rivoli. Il avait accéléré, pour l'impressionner. Il se faufilait si vite entre les voitures qu'on les aurait dites à l'arrêt. Jetant un œil dans le rétro, il avait tout de suite remarqué la grosse Audi qui lui collait au pare-chocs. « Ils rigolent ou quoi, les mecs ? » Et il avait envoyé la cavalerie. Seconde, troisième… passé le feu rouge du Palais-Royal à plus de deux cents. Son moteur hurlait tellement dans les tours que les vitres des immeubles avaient tremblé. Ça sent une drôle d'odeur, avait remarqué Sarah. « Normal, ça ricine... Quoi ? Ça ricine... Le ricin, c'est l'huile qu'on met dans les moteurs de course. » Lorsqu'il était arrivé au dernier feu rouge avant la Concorde, trois cars de touristes s'étaient arrêtés côte à côte. Il avait tout de même dû freiner. L'Audi lui avait aussitôt recollé aux fesses. Il les a bien repérés, cette fois. Ils étaient quatre dans la grosse allemande. Il a même distingué le type sur le siège avant, près du conducteur, il tenait un FM avec une lunette à visée laser. C'était là qu'il avait décliqué, Sebbag. Si samedi, les types n'avaient pas hésité à tirer au bazooka sur un taxi en plein Paris, rien que pour éliminer deux pauvres Blacks juifs, pourquoi ils se gêneraient aujourd'hui ? Sitôt le feu passé au vert, il avait mis la gomme. Rue Royale à fond de seconde ; brûlé le rouge ; l'Audi était à peine à cent mètres. Heureusement qu'il n'y avait pas grand monde à la Madeleine. Il avait fait le tour en dérapant des quatre roues et avait tout de même eu le temps de lancer un coup d'œil à Sarah en criant : « La Madeleine, je l'emmerde ! » Il parlait de sa femme, bien sûr. Il avait mis au moins cent cinquante mètres à ses poursuivants. Le boulevard Malesherbes, il se l'était enfilé en troisième, sans jamais descendre en dessous de 6 000 tours. Juste avant la porte d'Asnières, il s'était retrouvé à deux cents, derrière un taxi en maraude et un camion des postes en face. Impossible de freiner à cette vitesse. En une fraction de seconde, il avait décidé de prendre sur la droite. Et il s'était retrouvé sur le trottoir à faire voler les poubelles. Sarah s'était mise à hurler *Shema' Israël, Shema' Israël...* le credo juif. Le mec, derrière, ça ne devait pas être un bleu ! Arrivé sur le boulevard Berthier, il n'était pas à plus de deux cents mètres derrière lui. Sebbag s'était dit que s'il voulait les semer, il ne restait que le périphérique. Là, ce sera l'instant de vérité. On pourra laisser s'exprimer les chevaux. Parce qu'une Audi, une A6, comme ça, ne devait pas valoir plus de deux cents bourrins maxi et près de deux tonnes, en plus – un veau ! On allait bien voir. Dérapage des quatre roues. Entrée à droite sur le périphérique comme une sortie de stands au Mans et lancez les roussins... À hauteur de la porte de Saint-Ouen, il devait bien être à deux cent quarante. Sa 306, elle vibrait de partout. On ne distinguait plus ses mains tant ça tremblait. Un coup d'œil dans le rétro. Il n'y avait plus personne. En vérité, Sebbag jubilait. Vous entendez comme elle jouit ? avait-il demandé à Sarah en lâchant le volant. Il parlait de sa Peugeot. Mais Sarah s'était mise à hurler en désignant le côté gauche : là ! Là ! Non seulement l'Audi l'avait rattrapé, mais elle était en train de le doubler. Elle était revenue à sa hauteur et le mec avec son fusil le tirait comme un lapin. Ah quel con ! avait pensé Sebbag ; ça doit être une S8 ; une 4,2 L... pas une A6 – j'aurais dû y penser ! La balle avait éclaté la vitre, était ressortie par le pare-brise devant Sarah. Et il continuait à gamberger : celle avec 350 chevaux ; sinon ils ne me tiendraient pas, les mecs... Ils étaient arrivés sur la grande courbe, porte de Pantin. Coup de volant à gauche pour repousser l'Audi qui était aussitôt repassée derrière lui... Bretelle de sortie du périph à plus de deux cents. C'est là qu'il a entendu l'explosion ; il n'a toujours pas compris si c'était le coup de feu ou son pneu arrière qui éclatait. Les deux, sans doute. La 306 est partie en une série de tonneaux et a finalement atterri sur le toit, en plein milieu de la place. L'Audi est passée en trombe en arrosant la voiture retournée d'une rafale de mitraillette. Ils ont fait le tour de la place en crissant des pneus, sont repassés une seconde fois et ont encore canardé. Et ils avaient filé vers la porte des Lilas par les extérieurs. Puis, ça avait été le silence. Juste un petit bruit, comme un robinet qui pisse. C'était l'essence… Putain… l'essence ! Sorti par le pare-brise explosé, Sebbag sur la chaussée, sans une égratignure, recherchait anxieusement les clés des menottes dans son blouson. Mais non ! Au porte-clés avec la clé de contact.

À trois cents mètres de là, en train de cavaler comme un cinglé, accroché par les menottes à Sarah, Sebbag avait entendu une déflagration à lui faire se redresser tous les poils du corps. Sa 306 venait de partir en fumée. Il avait cherché du doigt l'œil bleu accroché au porte-clés en repensant à sa mère et avait tout de même murmuré : *baroukh hachem*. Ce n'est qu'arrivé dans le studio de sa frangine, boulevard de Belleville, que Sebbag s'était un peu détendu. Il avait fermé à double tour, enfoui la clé de l'appartement dans sa poche avant de détacher Sarah. Puisqu'elle n'avait pas le droit de rester seule avec un homme, il fallait la forcer. C'est là qu'il s'était rendu compte qu'elle n'était plus blonde. Elle avait dû perdre sa perruque dans les cabriole. Ses vrais cheveux, drus, très courts, laissaient apparaître un peu plus le dessin parfait de son visage. Il avait déjà aperçu un visage pareil – mais où déjà ? Mais oui ! L'exposition sur les masques Fang au musée Dapper, avenue Victor-Hugo. Une tête de reliquaire gouin… Quelle splendeur ! Il comprenait maintenant pourquoi, dans sa famille, le mot « noir » était synonyme de

« beau ». Au Maroc, dans le temps, ils avaient dû en voir, des comme ça… des visages exactement comme le sien…

Sarah, la jupe déchirée sur le côté, cachait difficilement le galbe de ses cuisses avec un vieux pull-over jacquard de Sebbag. Lui éprouvait une étrange sensation, faite de terreur sacrée et de désir fou. Malgré l'attitude toute de réserve de la jeune Bongolaise, comme celle des vieilles femmes juives du Mellah, il n'arrivait pas à détourner son regard de l'expansion généreuse de ses hanches.

« Vous boirez bien un verre… On l'a mérité !… Comment, vous ne buvez pas ? C'est une *mitzvah* de boire du vin.

– Ah bon ? Vous êtes sûr ?

– Mais oui ! Je peux faire la bénédiction sur le vin, si vous voulez… Je la connais.

– Boire du vin ? Une *mitzvah* ?

– Ben oui ! Notre dieu, il adore ! Si vous comptez tous les verres qu'il s'enfile chaque vendredi, notre dieu… Chaque maison juive où on fait le *kiddoush*, on laisse le verre jusqu'au lendemain… et pour qui ? Pour lui ! Il repasse après et il les siffle tous. Tous les vendredis soir, Dieu est bourré. Ce n'est même pas le vin qu'il boit ; c'est l'odeur du vin, les effluves, l'esprit – autant dire : l'alcool pur ! Quand j'étais môme, j'ai essayé de boire le vin qu'on laisse dans la coupe, le samedi midi. Eh bien, ça n'avait déjà plus de goût, à peine du jus de raisin. Dieu, il avait bu tout l'alcool et il m'avait abandonné la flotte. »

Elle avait souri. Ses gencives très noires, probablement tatouées, faisaient ressortir l'éclat de ses dents immaculées. Apercevant le regard oblique de Sebbag qui lorgnait ses jambes, elle avait pris un coin du couvre-lit et s'était recouvert les genoux par-dessus le vieux pull. Il était perturbé, le petit flic. La beauté parfaite de la jeune femme – une statue, une princesse – et ses comportements qui lui rappelaient sa grand-mère qui se recouvrait aussi les jambes et les cheveux en présence des hommes… tout ça n'allait décidément pas ensemble… C'était un drôle de mélange, dépareillé… Il a commencé à sauter sur place d'angoisse, comme un feu follet.

« Vous voulez que je mette de la musique ? Vous voulez ? Vous voulez ?

– Des chants du Shabbat… si vous en avez, bien sûr…

– Heu… Non ! Mais j'ai Naoumi, la chanteuse israélienne. Vous savez, l'Israélienne noire… Oui ? Ça vous plaît ? »

Il était venu s'asseoir sur le lit près d'elle.

« Vous comprenez… Lorsque je vous ai vus, tous les deux, avec votre… c'était votre père ?

– Non ! Mon oncle… Mon père aussi, si vous voulez – enfin… mon "petit père" comme on dit chez nous.

– Vous voulez dire…

– Oui ! Le petit frère de mon père.

– Quand je vous ai vus tous les deux, rue Soufflot, avec les deux flics… Enfin… les deux policiers qui vous interrogeaient, je me suis demandé ce que c'était d'être juif. Vous comprenez ?

– Parce que nous sommes noirs ?

– Oui… Un peu, je l'avoue… Je n'ai pas pu m'empêcher.

– Mais enfin, la femme d'Abraham, Sarah, elle était

bien noire, non ?… Et Moïse ? Comment a-t-il pu vivre sans qu'on découvre son identité à la cour de Pharaon s'il n'était pas noir comme eux ?

– Parce que les pharaons étaient noirs ?

– Bien sûr que les pharaons étaient noirs ; bien sûr ! Vous ne le saviez pas ? Et la tribu de Dan ? Tous noirs ! On dit même qu'ils sont allés s'installer en Côte d'Ivoire. Il y a toujours la tribu des Dan, là-bas… Il paraît qu'il y en a même au Bénin, des Dan… C'est sûr ! Les Juifs sont noirs même si tous les Noirs ne sont pas juifs… »

Mais Sebbag n'arrivait pas à se laisser embarquer dans de tels raisonnements. Il aurait bien voulu, il faut dire ; il aurait bien voulu que Sarah, finalement, soit une sorte de cousine… Mais il avait ce solide bon sens matérialiste, un peu grivois, un peu dévôt qu'il avait hérité de sa mère.

« Enfin, bon… Si vous voulez… Moi, je me suis demandé, comme ça, si nous, les Juifs, nous nous définissions par notre religion ou bien par autre chose. Parce que vous et votre père, vous vous êtes convertis au judaïsme, c'est ça ? »

Alors là, elle s'est fâchée.

« Nous ne nous sommes pas convertis ! Nous avons seulement retrouvé la religion de nos ancêtres ; c'est tout ! Les Juifs blancs, comme vous, ont pris leur dieu en Afrique, l'ont caché au fond d'une écriture codée et sont partis à l'aventure à travers le monde. En faisant cela, ils nous l'ont préservé. Que Dieu les garde ! Mais nous, depuis que nous avons retrouvé notre dieu, nous n'avons pas besoin de nous convertir, simplement d'apprendre. Les Juifs ne sont pas définis par leur religion ; dans la Torah, il est écrit que Dieu les choisit. »

Sebbag était resté perplexe. Petit moment de silence dans lequel s'était épanoui le couplet de Naoumi :

Mon Dieu, mon Dieu,
Quand il me tient
dans ses bras,
tu me tiens ;
Dieu, lorsque mon sang
s'échauffe,
je te sens ;
Dieu, lorsque ses mains
tremblent
tu m'étreins ;
et lorsque mon corps
ivre de plaisir, s'écrie,
je te prie, mon Dieu ;
c'est à ce moment
que je prie.

Mon Dieu, mon Dieu,
Je t'en supplie.
Ne l'emporte pas.
Laisse-moi sa vie.
Dépose-le sur terre
près de moi.
Je saurai guider ses pas
jusqu'à toi.

« Mais enfin, vous ne vous êtes pas toujours appelés Beni Nathane ! Ce n'est pas un nom bongolais, ça !

– Beni Nathane est un nom de tribu. Il signifie "les enfants du don". C'est une image en quelque sorte. Beaucoup des nôtres ont été donnés en esclavage – du temps de la traite et beaucoup aussi de nos jours, par sorcellerie. Et, depuis 73, Makundu nous a poursuivis sans relâche, depuis qu'il s'est aligné sur les positions de l'OUA concernant Israël. Nous avons demandé à émigrer en Eretz à plusieurs reprises. Mais nous ne sommes pas russes, nous ; alors personne ne se soucie de nous... »

Sebbag ne savait plus que penser. Il s'était presque coupé en deux : son ventre fourmillait de tendresse et voulait croire tout ce que lui racontait Sarah mais sa tête se souvenait des recommandations de Dufer. Et le bazooka dans le taxi ? Et la fusillade sur le périph' ? Et la 306 explosée ? Ce n'était tout de même pas que des histoires de religion... Non ! Elle n'allait pas lui faire gober une chose pareille. Il s'était soudain dressé, dansant d'une jambe sur l'autre et lui avait saisi le poignet.

« Écoute, ma petite, ça va ! Maintenant, ça va ! Tu vas me le dire gentiment. Qu'est-ce que vous foutez à Paris, vous autres, les Blacks feuj ? Pourquoi on veut vous supprimer par tous les moyens ? Et qui ? Pourquoi ? Pourquoi vous avez les RG et la DST au cul ? Et je ne sais combien de services de renseignements étrangers... C'est quoi toute cette salade, hein ? »

Et la sauce était montée. C'était un sensitif, le Sebbag.

« Parce que là, sur mon front, qu'est-ce qui est écrit ? Ducon ? C'est Ducon que vous voyez écrit, là ? »

Et Sarah lui a souri. Elle a ouvert ses mains vers le ciel et ses yeux se sont emplis de larmes. Ses lèvres tremblaient. Elle l'a tutoyé. Elle lui a dit :

« La Torah dit : "Nous sommes sincères. Nous ne sommes pas des espions. Nous sommes douze frères, fils du même père..." Tu te souviens, lorsque les dix frères sont venus quémander du blé à Joseph, alors qu'il était prince en Égypte… Et Joseph leur a répondu : “Voici à quoi je reconnaîtrai que vous êtes sincères : laissez l’un de vous auprès de moi…” Eh bien, je suis là. Prends-moi. Je suis à toi. Tu seras mon Abraham, je serai ta Sarah… »

Et Sebbag a craqué. Il s’est étendu contre son flanc et s’est mis à sangloter. La tension de ces dernières heures se déchargeait en une émotion brute, intriquée, faite de peur, d’excitation amoureuse et de fureur. Sur le CD, Naoumi poursuivait :

Mon Dieu, mon Dieu,
Exerce ta rigueur
contre moi.
Mon Dieu, mon Dieu,
laisse-lui sa douceur
et son art.
Prends plutôt mes larmes
et la soif de mes yeux
rends-lui son souffle
et sa voix.
Mon Dieu, tu as déjà
mes sangs de l’errance
que je t’offre sans compter.
Autrefois, tu lui as pris
la chair de l’alliance
et son âme à la guerre
qu’il faisait en ton nom.
Ne l’emporte pas.
Dépose-le sur terre
près de moi.
Je saurai guider ses pas
jusqu’à toi.

C'était à une heure avancée de la nuit. Sebbag a posé sa main sur le ventre de Sarah et sa peau était satin, sa teinte d'ébène, et trémulait à coups de boutoir dans les veines son désir de garçon. Et il a glissé la main sur sa cuisse et sa peau était lactée et crissait sous ses doigts comme la soie. Et il a saisi ses joues entre ses mains et sa peau était chaude et miel et dégageait un encens sucré, un parfum de soleil. Et sa main est partie au jardin explorer les parterres de fleurs et sa peau fleurait l'humeur envoûtante de sa pudeur. Ivre et aveugle, il s'est approché plus près, encore plus près, et sa peau s'est faite silence et pour la première fois, elle a laissé jaillir sa peine. « Qu'as-tu, enfant d'Israël ? Quelle main saisit ta gorge ? C'est mon Dieu qui m'appelle aux chaleurs de mes sangs…

– Dieu ?

– Prie d'abord. Prie ! »

Et Sebbag avait puisé dans ses souvenirs le début d'une prière. Il avait fermé les yeux.

« Non ! Lève-toi. Mets une kippa et prie. »

Et Sebbag s'était levé et ne savait que prier…

« *Mah tovou ohalékha ya'kov michkénotékha yIsraël…* La prière que l'on récite en franchissant les portes du temple : "Que tes tentes sont belles, Israël…". »

Et Sarah s'était ouverte pour lui.

C'était à une heure précoce du matin. Sebbag accoudé sur le flanc gauche, se perdant dans les yeux de Sarah – des yeux immenses – et ses cils faisaient un ourlet, un maquillage naturel, avant de partir en éventail chatouiller les étoiles. Elle lui souriait, épuisée, détendue, amusée. Elle lui a demandé :

« Tu as de la farine, ici ?
– De la farine ?
– Oui !
– Peut-être. Peut-être qu'il y en a ; je ne suis pas chez moi ; ici, c'est chez ma petite sœur. Attends, je vais chercher. »

Il lui a rapporté un vieux sachet aux trois quarts vide.

« Un peu d'eau aussi, dans une assiette. »

Elle a malaxé une pincée de farine dans l'eau et en a enduit ses seins, leur dessinant une auréole neigeuse.

« Je suis ta captive et tu es mon esclave. Tète-moi, maintenant. Tu seras un Beni Nathane. C'est ma mère qui aurait dû t'adopter avant que tu ne m'approches. Mais ma mère est loin et ici, je n'ai plus que toi. Alors, tète-moi. N'aie pas peur ! »

Deux pommes... bien fermes, épanouies, offertes. Et Sebbag s'était saisi de ses seins, d'abord comme un nourrisson, mais bientôt comme un homme. Et ses mains ont glissé à saisir la taille de Sarah et sa peau de fin coton tressé exsudait le musc envoûtant de la violette. Et ses mains sont parties voisiner sa cambrure et elle s'est ouverte en corolle. Et il est longtemps resté en son temple à prier, à se dandiner en cadence, à gémir...

Ils s'étaient endormis quelques minutes tous les deux, imbriqués comme deux serpents énamourés. Il a ouvert les yeux le premier et a aussitôt rencontré les siens.

« Mais la farine, pourquoi ?
– Dans la Bible, il est dit : “Que n'es-tu pour moi comme un frère qui aurait sucé les seins de ma mère ?”
– C'est dans la Bible, ça ?
– Oui, dans le *Cantique des Cantiques* ! »

Il ne savait pas si elle était juive, mais au moins elle connaissait les textes.

Le jour s'était levé depuis quelque temps, déjà. Ils avaient sommeillé, s'étaient réveillés, s'étaient encore aimés. Ils avaient exploré chacun jusqu'aux derniers recoins de la peau de l'autre. Ils s'étaient perdus aux confins des mondes et s'étaient retrouvés dans leurs yeux qu'ils se contemplaient réciproquement si près. Sebbag était calme ; Sarah était joueuse.

« Je dois te protéger, Sarah. J'ai compris tes réserves. Je sais que vous êtes un groupe, une religion – une secte, peut-être ? Tu ne peux trahir les tiens. J'ai confiance en toi. Mais je dois te protéger. Aujourd'hui, tu es mon bien le plus précieux. Qui sait de quoi demain sera fait ! Dis-moi seulement où on peut trouver le docteur Abadie. » Et elle avait enfin parlé. Elle s'était exprimée lentement, calmement, presque sans émotion.

« Je ne sais pas où se trouve Abadie. Je sais seulement que la femme qui le poursuit habite une maison religieuse à Gennevilliers. Je te jure que c'est tout ce que je sais sur lui.

– Une femme ? C'est une femme qui le poursuit ?

– Non ! Tu as raison ! Ce n'est pas une femme, mais un démon, une furie. Méfie-toi, Sebbag. Méfie-toi de cette femme. Elle ne fait pas sa couche avec les enfants de l'homme et derrière elle se profilent toutes les armées du monde ; celles qu'on ne voit pas, les plus redoutables. »

Sebbag n'avait pas attaché d'importance à cette phrase. Il avait pensé que les Africains savaient manier la langue, cru que c'était une simple métaphore. Il avait tort.

⁂

À neuf heures, il était tout de même passé à la maison-mère demander une nouvelle tire à Germain, le chef d'atelier.

« Mais qu'est-ce que tu as fait de ta charrette ?

– Je l'ai crevée hier sur le périph'.

– Ah mais oui ! Qui c'est qui m'a dit ça ce matin, déjà ? Un mec qui s'inquiétait à ton sujet. Il est passé me voir à huit heures… Tu te rends compte… huit heures ! Un grand con, costard cravate… Écoute, je n'ai rien, en ce moment ! Je te le jure… rien ! Pas une seule caisse à l'atelier.

– Arrête… Il me faut une tire. » Et lorgnant sur le fond du garage, d'un hochement de tête, il lui avait indiqué une jaune :

« Celle-là, tiens !

– Ça ne va pas, non ? C'est une bagnole qu'on a saisie au Havre. Elle vient d'Amérique. Elle n'est même pas passée aux mines. Je ne peux pas, Sebbag ! Franchement, je ne peux pas ! Je t'aime bien, mais…

– Celle-là, je te dis ! »

Et l'autre avait craqué…

« OK, mais tu me la ramènes demain ! Pas plus tard que demain. Tu ne sais pas les ennuis que je peux avoir si ça se sait… Tiens, demain, lorsque tu repasseras, j'aurai une 406 six cylindres, 190 bourrins… D'accord, c'est pas terrible, mais pour te dépanner, hein ? En attendant qu'on t'en trouve une vraie. Mais jure-moi que celle-là, tu me la ramènes demain. Jure-le ! »

Et Sebbag avait grommelé :

« Ouais ! »

Et il avait couru jusqu'au Hummer jaune citron. Le

Hummer, c'est une espèce de monstre de trois tonnes, un 4 x 4 turbo diesel à boîte auto de 200 chevaux. C'est la nouvelle jeep de l'armée américaine ; la vedette de la guerre du Golfe. Ce truc, ça peut monter à cent à l'heure les escaliers de la tour Eiffel, tracter un Boeing ou faire dérailler une micheline rien qu'en la poussant. Et Sebbag avait sauté au volant. Il n'avait pas pu se passer de son petit jouet mécanique. Encore une fois, il avait eu tort. Il était parti retrouver Sarah qui l'attendait au bistrot du coin. Et ils s'étaient tirés à toute bourre à Gennevilliers.

⁂

Après avoir obtenu les renseignements du rabbi, les mêmes qu'il m'avait donnés une heure plus tard, ils étaient restés à planquer à cent mètres de là, à un carrefour.

« Regarde, avait dit Sebbag, qui est-ce qui sort ? Ce grand con d'Ashkénaze… Mais bordel ! Qui c'est, ce mec ?

– Je ne sais pas, avait menti Sarah.

– Il a l'air bizarre, avec sa barbe hirsute et sa tignasse de cheveux rouges. Et tu vois comment il marche ? Il traîne la savate comme un clochard… Pour moi, il n'y a pas de doute ; c'est un clochard !

– Je ne sais pas ; je ne sais pas ; mais il me fait peur. Fais attention, Sebbag, il doit être armé.

– Armé, un locdu pareil ? » Mais il avait tout de même tapoté son holster pour vérifier la présence de son petit Cougar Beretta.

⁂

Moi, en repartant de chez les rabbis, je me pressais, rue des Agnettes, vers une nouvelle balade à la campagne, à Neauphle-le-Château, lorsque je vois une Audi gris métal, couleur alu, qui sort à toute allure de la rue perpendiculaire et qui fonce sur moi. Là, le trottoir, il ne devait pas faire plus de trente centimètres, si bien que j'étais obligé de marcher sur le bitume. Et je pouvais nettement distinguer les quatre hommes, dans la voiture. Ils avaient tous enfilé des cagoules, comme mes potes du boulevard Magenta. Oh là ! Doucement ! Si au moins, j'avais gardé les PM ! Mais non ! J'étais allé les planquer dans les toilettes du bistrot du boulevard Richard le Noir en me disant que ça pourrait servir un jour. Ce jour, ça aurait pu être aujourd'hui ! Je me mets à courir comme un cinglé, mais qu'est-ce que tu veux faire quand un rouleau compresseur te poursuit – de fabrication allemande, par-dessus le marché ? Une ruelle à droite, je lis rue du Président-Kruger, je fonce dedans. La bagnole était trop grosse. Ils ont été obligés de s'y prendre à deux fois. Ça me donnait deux secondes d'avance, à peine. Mais là, dans la ruelle, c'était encore plus serré. J'entends le taré derrière qui passe sa première, fait cirer son embrayage et s'apprête à m'enfourcher. Il n'y avait que des petits pavillons des deux côtés. Sauf là, à gauche, la cour d'un immeuble. J'enjambe la grille d'un bond et me récupère dans le local des poubelles. Je traverse l'entrée et me retrouve de l'autre côté sur une sorte de grande artère, rue Robert-Dupont. Il y avait de tout dans cette rue : des autobus, des Arabes, des Yougos, des mémés qui conduisaient leurs mioches à l'école, des motos, tout ! Je me suis mis à cavaler comme un fou en plein milieu de la chaussée – histoire de provoquer un petit embouteillage. Les cinglés derrière, y en a deux qui s'étaient engagés dans l'immeuble et deux autres avaient poursuivi dans la bagnole. À 13 heures, voir deux mecs en cagoule qui déboulent d'un immeuble, un M16 à la main, entre Gennevilliers et Asnières, le patron de la boucherie *hallal*, il n'a pas aimé du tout. « Je vais leur montrer, moi... » Et il était sorti sur le trottoir, son grand couteau à la main. L'autre l'a arrosé au M16, lui a transformé le bide en chair à saucisson. Du coup, toutes les voitures se sont arrêtées en plein milieu, et j'ai aperçu l'Audi, devant, coincée entre deux autobus et une bétonnière. C'était maintenant ou jamais ! Un jeune avait juste posé sa moto sur la béquille latérale, moteur tournant, un trail Kawa, perché sur ses grandes roues comme une mante religieuse, un chouette machin, tout briqué, vert et violet. Je l'enfourche, fais demi-tour et fonce vers la rue du Mesnil. Je frôle l'Audi et je fais un grand signe aux deux masqués en passant. Et je mets la gomme. Je n'avais pas fait cinq cents mètres que je vole en avant et viens m'aplatir le nez sur une vieille CX. Je me relève, pas frais, et je me rends compte qu'un énorme machin, un Hummer... Putain ! Je ne savais pas qu'il y en avait en France... Ce Hummer venait de me percuter pour me faire valser. Il l'avait fait exprès, il n'y a pas de doute. Et voilà Sebbag qui saute du 4 x 4, son petit pétard à la main et qui se tient à distance, prudent.

« Hé, la loque, tu fais un seul geste et je te loge une balle dans le genou. »

J'ai bien regardé ses yeux pour voir s'il ne plaisantait pas... Mais qu'est-ce que je lui avais fait à celui-là ? La dernière fois qu'on s'était rencontré, on était tout de suite tombé d'accord sur la marque de bière. Il ne plaisantait pas du tout, cette fois. Même qu'il avait peur et un homme qui a peur, tu lui donnes tout… tu lui donnes à manger, tu lui donnes ta femme, la clé de ton coffre, tout ! Yayir disait que pour descendre un mec qui a peur, tu dois d'abord le guérir de sa peur et le descendre après. Parce que la peur, ajoutait-il, c'est comme un morpion, ça ne meurt pas, ça saute. « Vous n'allez pas choper des morpions au combat, tout de même ! » Il me fait monter sur le siège avant, tout près de la Vénus noire avec qui il avait l'air d'être au mieux et me passe les bracelets qu'il fixe à la poignée de maintien sur le tableau de bord. Bon ! Yayir avait raison, comme toujours. Il me fallait d'abord le guérir de sa peur…

18

Un unique employeur

Mardi, le 25 mars. 23 h 30.

Sebbag nous avait entraînés chez Nini, restaurant cacher *Beth Din* « garanti », rue Saussier-Leroy, dans le dix-septième arrondissement. C'était un restau sépharade, mais c'était bon quand même. On avait d'abord reconstitué ce qui s'était passé la veille, rue Soufflot. Après le départ de Sebbag, Dufer avait sans doute immédiatement appelé sa secrétaire à l'interphone. On a imaginé la scène sans difficulté :

« Vous m'envoyez le commando. Je les veux dans mon bureau dans trois secondes. »

Et les quatre gars qui buvaient un coup dans la salle des écoutes, étaient apparus devant lui sur-le-champ, au garde-à-vous.

« Le petit crétin qui vient de sortir de mon bureau, il s'appelle Joseph Sebbag ; vous ne le lâchez pas d'une semelle. Il va vous conduire jusqu'à Abadie.

– Et les Bongolais, mon colonel, on abandonne la recherche ?

– Pour les Bongolais, la réponse est simple : sitôt que vous en voyez un, vous l'éliminez par n'importe quel moyen. C'est clair ? N'importe quel moyen ! Point. Trait. Je ne veux pas qu'un seul des types qui ont débarqué jeudi laisse même le souvenir qu'il a existé un jour. Effacés ! Rien ! Ils n'ont jamais mis le pied sur le territoire. Point. Trait. Mais aujourd'hui, l'urgence absolue, c'est Abadie. Je veux le voir ici, sans une seule égratignure, que je puisse l'interroger. »

Il n'avait pas été clair, Dufer – parce qu'il n'avait donné aucune instruction pour le cas où il y aurait à la fois un Bongolais et Sebbag au même endroit. C'est pourquoi ils avaient hésité lorsqu'ils avaient vu Sebbag embarquer Sarah, avaient commencé à les suivre à travers Paris. Et quand ils s'étaient rendu compte qu'il allait les semer, ils s'étaient souvenus qu'il ne fallait laisser aucun Bongolais vivant. C'est là qu'ils avaient allumé la 306. En l'apprenant, Dufer avait hurlé et s'était déplacé lui-même porte de Pantin où il avait constaté que les deux oiseaux s'étaient envolés. Il avait cherché Sebbag partout, avait mis un de ses hommes devant l'appartement de Madeleine et était parti se coucher. C'est dans son lit, durant son insomnie, qu'il avait pensé au garage… Il s'était dit que Sebbag passerait nécessairement chercher une autre voiture. Et il s'était pointé à l'ouverture à l'atelier central. Lorsque Sebbag était passé vers 10 heures, Dufer l'attendait à la sortie. Et ce débile de sépharade avait pris la bagnole la plus repérable de tout Paris, vu qu'il n'y en avait qu'une seule en France ! Ils n'avaient pas eu de mal à le suivre ; mais cette fois de suffisamment loin. De toutes manières, il était tellement en train de roucouler avec la reine de Saba, qu'il n'aurait pas vu un mamouth en train de brouter des cactus devant lui en plein désert du Néguev.

⁂

Ce soir, au restaurant, les choses avaient fini par s'arranger entre nous. Tout à l'heure, en repartant de la tuerie de la rue Robert-Dupont, où les gars en Audi avaient transformé le boucher arabe en saucisson, Sebbag conduisait franchement comme un taré... D'ailleurs, il était taré ce type ; et voilà qu'il se trouvait au volant d'une sorte de tank... Je n'avais jamais vu la Seine d'aussi près. Pensant que les types de l'Audi ne l'avaient pas lâché, il s'était dit qu'il fallait utiliser son avantage – et son avantage, c'étaient les quatre roues motrices, énormes, des roues de camion... Au pont de Gennevilliers, il était descendu jusqu'à l'eau et avait suivi le rivage deux roues dans la boue. Dix fois, j'ai vu la voiture se retourner et moi servant de dessert, tout ficelé, à des poissons dégénérés – comme si on ne leur filait pas suffisamment de saloperies aux pauvres poiscailles de la Seine... Puis, il était remonté par le pont de Neuilly – heureusement que sa bagnole n'était pas étanche, parce que sinon, on traversait sous l'eau, c'est clair ! Et on a pris vers Saint-Germain-en-Laye. Arrivés au pont de Chatou, il est redescendu vers la Seine – décidément, c'était une manie ! – et nous a arrêtés dans un petit bois au bord du fleuve, dans un endroit sympa. J'ai soufflé. Je lui ai demandé s'il nous emmenait en pique-nique... Mais il ne desserrait pas les dents. En vérité, il ne savait plus quoi faire. Je me suis dit qu'il était fin mûr.

Pour lui retirer sa peur, au petit Sebbag, j'avais eu besoin de toutes mes ressources. J'avais creusé, creusé et je m'étais souvenu de cette phrase du *Talmud* – où je l'avais lue, déjà ?

« Tu connais Joseph Gigatila ?

– Qui ça ?

– Joseph Gigatila…
– Qui c'est ? Un écrivain ?
– Enfin… si on veut… Il vivait au treizième siècle, en Espagne ; un kabbaliste.
– Pourquoi tu me parles de ce type ? Tu te fous de moi ?
– Il a écrit un traité du mariage à l'usage exclusif des Juifs. Tu ne connais pas ? Tu en aurais besoin, pourtant… »
Il a levé son regard vers moi et il a jeté un œil à sa môme black, qui ne bronchait pas. Il n'était pas à l'aise ; quant à la môme, elle s'était faite toute petite, dans son coin, contre la portière.
« Ce bouquin commence par un commentaire d'une phrase du *Talmud.* »
Je sentais qu'il était ferré. J'ai poursuivi.
« La phrase, c'est : "Bethsabée était destinée à David depuis les six jours de la Genèse, mais il la consomma encore verte". Tu comprends l'expression "encore verte" ? »
Il a encore jeté un œil à Sarah. Elle s'était franchement retournée et regardait la Seine au cas où y aurait eu une sirène ou même le monstre du Loch Ness qui aurait immigré dans les environs de Paris.
« Je ne vois pas ce que tu veux me dire. Pourquoi tu me parles de ce bouquin ?
– "Encore verte", tu vois, ça pourrait vouloir dire "avant son heure", "trop tôt", quoi… Mais c'est bizarre, vu que Bethsabée avait déjà été mariée à Urie, le Hittite. Le *Talmud* aurait dû écrire "trop tard". Si tu prends une femme qui est déjà mariée, tu arrives trop tard – "encore verte", donc : trop tard… non ? Pourquoi est-ce qu'il est écrit "trop tôt", alors ? »

Et le petit a eu une idée. Il m'a répondu :

« Parce qu'il n'avait pas prié avant de coucher avec elle. Il n'avait pas demandé à Dieu s'il pouvait le faire. C'est ça ?

– Ah ! ça se discute, ça se discute, mon vieux… »

Et on a fait *pilpoul*. *Pilpoul*, ça veut dire « le poivre » – autrement dit, le débat permanent, celui qui donne son goût à l'existence. J'ai poursuivi.

« Ça se discute, parce qu'il y a un petit passage, dans le livre de David, qui dit, tu vois, "Elle vint vers lui et il coucha avec elle"… mais qui ajoute aussitôt : "Elle était en train de se purifier de son impureté mensuelle." Peut-être l'expression "trop tôt" renvoie-t-elle au fait qu'elle ne s'était pas encore totalement purifiée ; puisque, justement, il est bien précisé qu'elle était *en train* de se purifier…

– C'est possible, c'est possible… Mais… C'est vrai ; au fond, Bethsabée n'était pas sa femme… Il l'a prise à un autre… Pourquoi dit-on qu'elle lui était destinée, alors ?

– Par exemple, tiens, la tienne… tu es toujours marié ?

– Oui !

– Et ta femme, est-ce que tu l'as convertie ?

– Non ! Elle n'a jamais accepté. Tant qu'on ne faisait que coucher ensemble, ça allait ; mais c'est à la naissance de Sébastien que ça a commencé à déraper… Quand j'ai voulu le circoncire – à croire que je lui arrachais un bras ou une jambe… Mais attends, comment sais-tu que j'ai épousé une *goy* ?

– Facile ! Tu trembles comme un enfant ; et pourtant tu es juif. Ce n'est pas logique, puisque tu es courageux, tu n'as pas peur d'affronter le danger. Non ! C'est parce qu'il y a quelque chose à l'intérieur de toi qui tremble, comme si l'âme n'était pas enveloppée, qu'elle n'était pas contenue. Lorsque l'âme d'un homme est dehors, tu vois, c'est qu'il n'est pas complet… Ton problème, je vais te dire… Tu regardes ton père, et tu te rends compte que tu n'es pas comme lui et quand tu regardes ton fils et tu te dis qu'il ne sera pas comme toi, tu commences à avoir peur… Je sais ce que tu penses dans ces moments. Tu voudrais sans doute faire le shabbat, comme ton père l'a toujours fait, te tenir debout, ta petite famille autour de toi, la coupe de vin à la main… Mais tu ne peux pas… Et si tu veux tout de même vivre ce moment, il faut que tu partes manger le couscous chez tes vieux, le vendredi soir… Comme un môme ! Et tu sais pourquoi, tout ça, parce qu'au fond, tu n'es même pas marié. Tu n'es pas marié du tout. C'est pour ça que tu trembles ! »

C'était drôle de faire une séance de psychanalyse, les poignets pris par des bracelets d'acier dans un Hummer, modèle guerre du Golfe, à un paumé qui croyait qu'on était un homme rien que parce qu'on avait un truc qui pendait entre les cuisses. C'était bien une séance de psychanalyse, une vraie séance de psychanalyse, parce que Sebbag, après ça, il ne voulait plus qu'une chose : qu'on continue à parler de lui… Il était devenu du miel. Ah… Ben voilà ! La première métamorphose de mon rêve, les lions qui se transformaient en miel, c'était lui, c'était Sebbag… Parce que si on réfléchit, on pourrait dire que Sebbag était une sorte de lion… Enfin… un lionceau, si on veut. Du coup, on a continué à faire *pilpoul*.

« Gigatila, le kabbaliste dont je te parlais, tu vois, il explique bien les choses. Il dit qu'il existe trois mariages chez les Juifs. Le premier, c'est quand tu l'as trouvée ; le second, tu ne l'as pas encore trouvée mais tu te consoles en attendant ; le troisième, tu ne la trouveras jamais, tu es foutu ! Toi, à première vue, tu es dans le second cas ; mais je ne sais pas à quel moment de l'évolution du problème… »

Évidemment, il voulait en savoir plus et encore plus et moi, j'ai continué. Si bien que lorsque je lui ai dit que j'avais mal aux poignets, s'il voulait bien… C'est à ce moment que Sarah est intervenue :

« Non ! »

Il lui a demandé :

« Quoi ?

– Ne le détache pas. Ne détache pas ce type, Sebbag. Il est dangereux, je le connais…

– Tu le connais ? »

Du coup, l'excité, il est sorti de la bagnole et nous a tenus en joue tous les deux. Il était d'autant plus fou de rage que la jalousie s'en mêlait. Et la jalousie, si c'est bon pour l'excitation du mâle, ce n'est pas bon pour ses voisins.

« Vous vous connaissez ? C'est ça ! Vous vous connaissez… »

Et on a bien été obligé de tout déballer ; on a bien été obligé de partager tout ce qu'on savait ; de rassembler les pièces du puzzle. Et la nuit était tombée depuis un moment lorsque Sebbag nous a proposé d'aller dîner.

⁂

Chez Nini, on a continué à causer, mais Sebbag ne pensait plus qu'à une chose : vite terminer la conversation pour se retrouver au lit avec la môme. Du coup, il a fait preuve d'un remarquable esprit de synthèse ; il a tout résumé pour arriver au plus vite à la conclusion.

« Reprenons : Ilana Schwartzkoff, c'est le Mossad. Autrement dit, elle n'est pas seule et ce sont eux qui ont Abadie, planqué dans un home d'enfants juifs religieux, à Neauphle-le-Château. On a un avantage : ils ne savent pas qu'on connaît leur planque. Mais d'après Katzman, ce sont des vrais pros dont il faut se méfier. Dufer, c'est la DST, ils veulent éliminer les Bongolais juifs et récupérer Abadie au plus vite. Apparemment, ils sont très énervés et sont capables de tout, y compris de nous descendre tous les trois. D'accord ?

– Oui, d'accord ! Mais on ne sait toujours pas pourquoi ils veulent supprimer tout le groupe du noyau Saba.

– Là, ça se corse. Parce que...

– Parce que ta nana elle ne veut pas causer. C'est elle qui sait pourquoi les Blacks feuj sont à Paris. Tu me la laisses deux minutes entre quat-z-yeux et moi je lui fais cracher tout ce qu'elle a sur l'estomac. »

Là, Sebbag a passé un bras autour des épaules de Sarah.

« Écoute... Il faut comprendre... Elle est loin de chez elle. Elle a la trouille. Si elle parle, qu'est-ce qui lui restera ? Elle n'a aucune garantie. Qui lui dit qu'on n'ira pas la donner aux keufs – d'autant que j'en suis un. Laisse-la ! On peut retrouver les choses par le raisonnement. Manifestement, Abadie a appris quelque chose qui doit ressembler à un secret d'État en interrogeant un prisonnier bongolais incarcéré à la Santé. D'accord ? Donc, le groupe Saba a été envoyé à Paris par la rébellion bongolaise pour apprendre ce que sait Abadie.

C'est pour cette raison qu'eux aussi recherchent Abadie. Non ?

– À moins que le noyau Saba soit constitué d'hommes de Makundu, des revanchards de l'ancien régime... Rien ne te permet d'affirmer qu'ils sont envoyés par Toussega. Quoi qu'il en soit, ton raisonnement ne tient pas. Si c'est un secret d'État détenu par un Bongolais, ils le connaissent aussi. Pourquoi leur faudrait-il récupérer Abie ? Et surtout : qu'est-ce que le Mossad vient faire dans cette soupe ?

– Là, je dois avouer que je patauge... »

Et Sarah s'est approchée de la table, a posé son menton entre ses deux poings et nous a dit :

« C'est simple ! Il suffit de retrouver le docteur Abadie et de lui demander ce qu'il sait. »

Je me suis dit que c'était vrai ! L'urgence, c'était Abadie. Une fois le gros retrouvé, il sera bien temps de veiller à ne laisser aucun des trois sponsors – le Mossad, les Bongolais et la DST – tirer les marrons du feu. Il m'a semblé que Sebbag lisait dans ma pensée. Il m'a dit :

« Mais pour qui tu travailles, toi ? Parce que moi, je pensais travailler pour la police judiciaire et je viens de réaliser que je travaille pour la DST à mon insu, Sarah pour le noyau Saba, Ilana Schwartzkoff pour le Mossad, et toi ? Pour qui tu bosses ?

– C'est marrant ! Je viens tout juste de comprendre que je travaille toujours pour le même employeur... depuis tout môme, je crois... un unique employeur... un employeur unique. »

19

Pour tout mal il existe un remède…

Mercredi 26 mars. 15 h 30.

Ils étaient assis tous les cinq autour d'une immense table rustique dans la maison de gardien du château, tout au bout de la sente du chevreuil, à Neauphle – on aurait dit qu'ils n'avaient pas bougé depuis deux jours. Yigal disait à Abie en chantonnant l'accent israélien :

« Tu vois, être juif, c'est rien ; on ne te demande pas de croire. Tu n'as qu'à respecter le shabbat, c'est tout. » Et la vieille de rétorquer à la place de son fils :

« *Ech bi oul* ? Qu'est-ce qu'il dit ? *Shabbat… Shaaa bat… Eh da l'shabbat ? Dammou zay el sharbat.* De quoi, de quoi le shabbat ? Son sang est comme le sirop d'orgeat. » Ce qui voulait dire que sa substance était toute de douceur ; autrement dit : qu'il était sympathique. Il fallait comprendre ! D'abord ça rimait en arabe et puis, elle se foutait de lui, bien sûr, parce qu'elle trouvait Yigal à peine moins dégoûtant que Ilana. Mais Abie n'était pas comme sa mère ; lui, il voulait argumenter.

« Vous autres, les Ashkis, soit vous ne croyez en rien et vous nous emmerdez avec des idéologies débiles, soit vous devenez des accros du dandinement debout, des tarés de la branlette du texte et vous nous emmerdez encore plus. Nous, mon vieux, les Égyptiens, nous sommes juifs au naturel… tu comprends ça ? Au naturel ! Et d'ailleurs, Dieu a bien dit que par-dessus les 613 commandements, il y en avait deux qui les surpassaient en importance. Et de loin ! Je vais te les dire : primo, tu n'as à te soumettre à aucun des 613 commandements si ta vie est en danger – et c'est mon cas en ce moment ; deuxio, si l'accomplissement des commandements ne te vient pas naturellement, tu peux t'en abstenir – et c'est aussi mon cas ! Parce que tu vois, Dieu, si ce n'est pas naturel, ça ne l'intéresse pas. Donc, l'important c'est le "naturel" – être juif au naturel… tu vois ? Conclusion : avec ta kippa, ta barbe, ta calotte et ton béret par-dessus, toi tu n'es pas naturel… Donc, malgré ton apparence, tu n'es pas juif ; moi si ! »

Et l'autre, on aurait dit un curé, il ne se fâchait même pas ; il se faisait tout sirop d'orgeat, au contraire, et il insistait :

« C'est vrai ! Ce que tu dis est vrai ! Mais enfin, comment pourrais-tu t'en faire une seconde nature si tu ne les appliques pas, les 613 *mitzvot* ? Il faut bien commencer un jour. » C'est là que de la place où j'étais planqué, j'ai remarqué que Yigal avait un PM Uzi posé sur les genoux.

« C'est comme les prières, reprenait Abie, les prières, est-ce que vous les avez seulement lues, vous autres, les religieux ?

– Bien sûr ! Je les connais par cœur pour la plupart.

– Connaître par cœur, c'est une chose… mais lues ? Vous les avez lues ?

– Pourquoi tu me demandes ça ?

– Parce que, durant les prières, on bénit Dieu sans cesse. On dit *barukh ata adonay*, sois béni, mon Dieu… Non ?

– C'est vrai ! Oui… Et alors ?

– Tu ne trouves pas bizarre que nous bénissions notre dieu ? Tu ne crois pas que c'est lui qui devrait nous bénir ?

– Nous avons remarqué ce problème, bien sûr ! Nos sages en ont parlé. Ce n'est pas que Dieu ait besoin de notre bénédiction, non ; bien sûr que non ; mais…

– Allez, allez… C'est parce que nous le bénissons que nous lui donnons corps. Ne dit-on pas que si tous les Juifs existant sur terre se mettaient à respecter le shabbat, ne serait-ce qu'une fois, une seule fois, un seul shabbat, alors arriverait le messie ? C'est bien qu'on fabrique le messie par notre prière ; tout comme on fabrique Dieu par nos bénédictions. Et on le fabrique, tu vois, pour qu'il nous fabrique… On fabrique Dieu en priant tous ensemble et lui, il fabrique ensuite les Juifs un à un… C'est ça, l'histoire ! C'est simple, mon vieux, c'est tout simple. »

Au fond, si on y réfléchit, ce n'était pas con, ce qu'il disait, le gros. Et puis, il s'était levé, comme ça, Abie, et il avait mis le disque de Naoumi, la chanteuse falacha, sur la chaîne hi-fi.

Ne l'emporte pas.
Dépose-le sur terre
près de moi
Je saurai guider ses pas
jusqu'à toi.

Dieu de mes pères
et des siens
Je disparais
sans ses mains

je me perds
dans ses reins
Il a cette trouble attirance
des Éthiopiens
Laisse-le-moi
Qu'en ferais-tu ?
Protège son souffle
Je suis sa femme
Il est le silence
de mon cœur en suspens
et mon esprit se vide
à sa vue
Il s'appelle David
Sa mère s'appelle Lea
Dieu de mes pères
et des siens
garde son nom
en ta main

Mais il avait l'air bizarre, Abie, en écoutant cette chanson ; les yeux dans le vide… Il restait silencieux, comme s'il rêvassait… C'est plus tard, quand il m'a raconté ce qui était arrivé durant les deux jours qu'il avait passés avec eux, que j'ai compris.

⁂

Au cours de ses recherches, 'Heifetz, l'amant de Jérusalem, avait rencontré un vieux petit juif yéménite qui n'avait pas d'autre nom que Yitz'hak et qui guérissait à la manière des ancêtres, avec les *kémot*, les amulettes, les petits sachets de cuir fourrés aux noms. Un jour, 'Heifetz en avait parlé à Ilana ; il lui avait même proposé de venir avec lui pour filmer le vieux sorcier. Elle avait refusé, mais l'idée s'était gravée dans son esprit, comme tout ce qu'elle entendait. Et lorsqu'elle avait terminé le dernier entraînement intensif au centre de formation ; lorsqu'elle n'avait plus qu'à attendre le feu vert du grand patron, le feu vert de « Z », alors qu'elle paressait sur la plage, un bel après-midi de février, l'idée s'était imposée à son esprit. Il lui fallait rencontrer Yitz'hak avant de partir ; il lui fallait même s'y rendre tout de suite ! Elle avait sauté dans son spider BMW noir comme les vents qui soufflaient dans son ventre, et avait filé par la route de la corniche. Il vivait dans un petit village presque entièrement peuplé d'immigrants yéménites, tout au Nord, près de Haïfa. Lorsqu'elle était arrivée là, un chien sale était venu aboyer comme un fou, tout contre la portière, et elle avait hésité à couper le moteur. Après quelques instants, elle avait calmement regardé le chien au fond des yeux, un long moment de défi réciproque. Et le chien s'était arrêté d'aboyer, avait lentement reculé, évitant de lui tourner le dos, émis deux derniers jappements plaintifs de chiot puni, puis s'était enfui dans la cour. Elle l'avait suivi. Sitôt qu'elle avait franchi la grille largement ouverte, une femme en haillons s'était précipitée sur elle. Elle hurlait en lui touchant le corsage, du plat de la main, comme si elle s'essuyait sur un vieux chiffon.

« Que viens-tu faire là, *bet el kalb*, fille de chien ?... Mon mari est mien ! Va-t'en rejoindre tes démons, va-t'en d'où tu viens... »

C'est alors que Yitz'hak était sorti de sa petite cahute du fond de la cour. C'était un tout petit homme décharné, et bretelles et ceinture ne parvenaient pas à retenir son vieux pantalon gris râpé. Malgré son âge, sans doute plus de soixante-dix ans, sa chevelure était abondante, mais le blanc en était jaunâtre, à peu près de la même teinte que sa vieille chemise sale. Il portait sur le sommet du crâne une petite kippa noire qui brillait de crasse au soleil. Il avait toisé Ilana de haut en bas, puis de bas en haut. Elle s'était sentie déshabillée comme jamais. Il avait souri. Sa langue, les quelques dents qui lui restaient, tout était vert du *khat*, ces feuilles de drogue éthiopienne, qu'il broutait sans cesse, du soir au matin. Car cet homme travaillait la nuit.

« Joli brin de femme ! » a-t-il apprécié…

Mais à qui parlait-il ? Sans doute ni à son chien ni à sa vieille folle ! Mais à qui ?

« Joli brin de femme, mais sa bouche est fermée ! Il avait même ricané : cousue ! Cousue comme une Somalienne… Mais sans fil et sans aiguille… Sans douleur… »

Ilana ne s'était pas laissée démonter. Le regard concupiscent que le vieux Yéménite avait posé sur elle l'avait en quelque sorte rassurée. Au fond, il était bien comme les autres… Il ne le savait sans doute pas, mais elle pouvait, si elle le voulait, lui faire éprouver ce qu'il n'avait jamais soupçonné, même dans la moiteur de ses rêves les plus fous, cette espèce de primitif. Elle s'était alors sentie rassurée par l'égalité des forces en présence : sorcellerie des ancêtres contre éternelle magie des femmes.

« Je viens pour…

– Tais-toi ! Pour tout mal, il existe un remède. Viens par ici ; suis-moi. »

Et il l'avait entraînée dans sa cabane de bois, tout au

fond de la cour – une cabane de trois mètres sur deux tout au plus. Au mur, un casque de soldat et un vieux revolver à barillet, probablement de fabrication anglaise. Des étagères recouvertes de bouteilles poussiéreuses et de vieilles boîtes de lait en poudre Guigoz, en aluminium. Un seul livre, grand comme un cahier de comptabilité, aux pages jaunies, sentant la poussière. Ilana s'était approchée, avait regardé la page ouverte. C'était un livre manuscrit qu'elle ne pouvait déchiffrer, écrit avec l'alphabet rachi, que l'on utilisait autrefois pour les textes sacrés dans les pays arabes. Le vieux était allé se percher sur le tabouret derrière le livre et avait levé la tête vers elle. Ses yeux ! Ah, ses yeux ! Comment avaient-ils fini par prendre une teinte pareille ? D'un vert foncé, couleur d'émeraude sous un rayon de lune. Est-ce Dieu possible, des yeux d'une telle couleur ? Elle était restée immobile, fascinée…

« Dis-moi ton nom et le nom de ta mère, avait demandé Yitz'hak.

– Ma mère ? pourquoi ma mère ? Je la déteste ! Il avait simplement répété :

– Donne-moi ton nom et le nom de ta mère. Elle avait obéi.

– Ilana, fille de Rivka. »

Et puis, il s'était détourné d'elle, s'était coulé dans la lecture de son livre. Il tournait les pages en mouillant son doigt. Il en avait lu des pages entières, avant de prendre un crayon et de commencer de mystérieux calculs sur un cahier d'écolier. 50 + 5 + 23… Puis, il lui avait simplement dit :

« Ils sont sept.

– Qui ? Quoi sept ? Sept quoi ? Qui sont ces sept ?

– Ils sont sept mais ils ont un chef. C'est lui qui est

coriace. Il ne te lâchera pas si facilement. Il s'appelle Abou Nida.

– Nida ? Nida, c'est l'impureté des femmes…

– Abou Nida… C'est son nom ! Je vais te faire une amulette. Mais les amulettes sont comme des enfants. Il faut qu'elles passent les premiers jours de leur vie en compagnie de celui qui les a fait naître. Reviens dans une semaine. Je te la donnerai.

– Dans une semaine ? »

Elle avait réfléchi. Dans une semaine, elle sera loin… Qui sait si elle sera encore vivante ? Elle avait encore répété :

« Dans une semaine… oui, peut-être…

– Si tu ne reviens pas la chercher, dans cent jours exactement, je l'enterrerai et je dirai le *kaddish*, la prière des morts, sur ton amulette. Regarde ces boîtes, elles sont pleines d'amulettes abandonnées… Chacune attend son heure. Entre-temps, si cela peut t'aider, veille à dormir seule tous les lundis, tous les jeudis. Ces jours-là, pour te coucher, tu te couvriras d'un vêtement de lin blanc, sans aucune couture et tu diras cette prière avant de t'endormir. »

Il avait écrit deux petites phrases, en hébreu lisible cette fois, sur un petit morceau de papier qu'il lui avait tendu. Elle lui avait alors demandé des explications. Qu'est-ce que ces sept ? De quoi s'agissait-il ?

« Mais à quoi pourrait te servir de savoir ? À qui iras-tu vendre ces connaissances ? Vous, les Israéliens modernes, vous êtes tous des voleurs, mais pas n'importe quels voleurs – des voleurs d'âmes ! Tu sais, lorsque nous sommes arrivés, en 1950, mon fils, mon aîné, Ya'kov, est tombé malade, l'année même de notre *'alya*. On nous a dit alors : “Allez à l'hôpital, à Haïfa.

Là, les médecins sauront le soigner". Il était petit, il n'avait pas six mois. Nous l'avons conduit à l'hôpital et, malgré toutes nos protestations, ils l'ont gardé. Et lorsque nous sommes revenus, deux jours plus tard, le médecin qui nous avait reçus n'était pas là. Sa remplaçante, une grande femme blonde, avec des yeux bleus, sèche comme le vent qui souffle les jours d'été dans le désert, est venue nous apprendre qu'il était mort. Mort ? Mais comment ça, il est mort ? Mort, qu'elle a répété, mort ! Il était malade, très malade ! Nous avons voulu voir son corps. Ils ont prétendu qu'on ne conservait pas les corps, que ce n'était pas hygiénique. J'ai dit que je voulais voir la tombe pour dire un kaddish. Mais il n'y avait pas de tombe parce qu'ils n'enterrent pas les corps, à l'hôpital, ils les brûlent. Des Juifs qui brûlent des morts, nous n'aurions jamais pu imaginer une chose pareille. Ici, en Eretz, sur la terre de nos ancêtres… Nous sommes repartis sans Ya'kov. Cinq ans plus tard, nous avons appris que Ya'kov n'était pas mort ; qu'il nous avait été enlevé pour être donné à un couple ashkénaze stérile. Les médecins nous l'avaient volé. Ils avaient pensé : "Les Yéménites, ces sauvages, ils font cinq, neuf, douze enfants parfois. En quoi ça les gêne si on leur en prend un ? Et il sera bien plus heureux là-bas, dans une chambre pour lui tout seul, une chambre remplie de jouets…" Voilà ce que font les Israéliens modernes… C'est du jour où nous avons appris que Ya'kov n'était pas mort que ma femme est devenue folle, comme tu la vois, là – il avait montré sa tempe du doigt – *majnouna…* "une possédée". Aujourd'hui, Ya'kov est revenu. Après son service militaire, il nous a cherchés et il nous a retrouvés. C'est à lui que je transmettrai mon savoir, certainement pas à toi ! »

Ilana avait été atterrée par cette histoire. Elle avait quitté ce sorcier sans ajouter un seul mot. Il avait gagné sur toute la ligne, le vieux renard ; il l'avait d'abord pétrifiée, ensuite fendue, enfin confondue. Et ses paroles restaient inscrites dans sa mémoire, indélébiles.

⁂

Le lendemain, Ilana était partie pour la France sans venir chercher son amulette. Mais depuis ce fameux jour chez Yitz'hak, elle ne manquait jamais, lorsqu'elle le pouvait, de dormir seule les lundis et les jeudis, dans son sari immaculé, ni de prononcer la petite prière, à voix basse. Et puis, elle s'était rendu compte que quelque chose se réveillait de temps à autre, comme si une bouche s'ouvrait dans les plis de son ventre, réclamant sa pitance. Mais elle ne les éprouvait jamais en présence d'un homme, ces sensations qui lui paraissaient si étranges – toujours seule, lorsqu'elle était occupée à résoudre un problème difficile. Elle n'aimait pas vraiment ça, d'ailleurs, imaginant que cette fragilité nouvelle lui créerait des ennuis. Elle n'avait pas tout à fait tort, Ilana. Et ce jour-là, elle se sentait tout de même un peu nerveuse. Ah, avait-elle pensé, c'est lundi…

Lorsqu'ils étaient arrivés à Neauphle avec Yigal, Tsipora et les deux Abadie, elle avait distribué les ordres, comme d'habitude. Elle avait d'abord bouclé le gros dans une chambre, sa mère dans une autre et Tsipora dans une troisième. Puis, elle avait téléphoné à « Z », sur le numéro crypté, pour lui apprendre le succès de l'opération et lui demander de confirmer ses instructions. C'était ainsi qu'on faisait, dans le service. Chaque phase d'une opération était à nouveau soumise au chef. S'étant entendu répéter ce qu'elle avait à faire, elle avait enfilé son petit chemisier de soie noire, sa jupe noire, fendue sur le côté jusqu'à mi-cuisse, s'était méticuleusement maquillée et abondamment parfumée. Elle s'était longuement regardée dans la glace, s'abîmant dans ses pensées. Bon ! La mission est presque terminée… Le plus difficile, en tout cas. On récupère le papier, on nettoie tout et on rentre à la maison. Puis, elle s'était pointée dans la chambre d'Abie.

« Votre chambre vous plaît, docteur Abadie ?

– Vous m'avez enfermé ! Pourquoi m'avez-vous enfermé ?

– Pour vous protéger, cher docteur. Pour vous protéger, c'est tout ! Vous avez toutes les polices du pays aux trousses aujourd'hui. Vous n'avez pas l'air de vous en rendre compte.

– Et pourquoi j'aurais la police aux trousses ? Je n'ai rien fait ! Absolument rien fait !

– Tenez, regardez ce pistolet. »

Les hommes ne résistent jamais à leur curiosité pour les appareils, les machines, les mécanismes. Moi, j'ai toujours remarqué ça. Ça va de la machine à laver jusqu'au hors-bord en passant par le stylo ou la tringle à rideaux. Parce que la sexualité des hommes, en fait, elle est mécanique. Ça se déclenche, ça fonctionne, ça s'arrête. Mais depuis tout petits, ils se demandent pourquoi. Ils aimeraient bien connaître la machinerie, histoire de contrôler un peu. C'est pour ça qu'ils s'intéressent aux appareils. Ils ne peuvent tout de même pas toucher leur sexe du matin au soir ! Abie avait donc pris le colt entre ses mains pour le regarder. C'est vrai qu'il était beau avec son fuselage en acier bronzé et sa crosse en bois foncé. Ilana s'était alors approchée, lui avait pris le flingue des mains, l'avait enveloppé dans un mouchoir et l'avait délicatement rangé dans son sac à main.

« Voyez ! Maintenant, ils auront même vos empreintes dessus. Et s'il leur prend l'idée de vider le chargeur, ils trouveront aussi les douilles des balles qui ont descendu les deux flics. »

Cette fois, le gros, il avait compris. Il avait même commencé à sérieusement baliser.

« Qui êtes-vous ? Pourquoi faites-vous ça ?

– Je viens de vous l'expliquer, docteur Abadie. Nous sommes vos protecteurs. Vos seuls protecteurs. Maintenant, vous avez sans doute compris qu'il n'y a pas de retour en arrière possible. Vous êtes avec nous. Mais rassurez-vous, nous sommes aussi avec vous. Je viens vous proposer un contrat. Nous vous faisons sortir du pays, nous vous assurons une vie tranquille, sous un faux nom, où vous voulez… À Bora Bora ? À Honolulu ? À Panama ? À Saint-Martin ? Côté hollandais, bien entendu !

– Et pourquoi feriez-vous ça ?

– Mais parce que vous êtes juif, docteur Abadie ! Notre mission ne consiste-t-elle pas à défendre les Juifs partout où ils se trouvent ?

– Quoi ? Mais de quoi parlez-vous donc ? »

Elle l'avait regardé bien en face, sûre de l'effet qu'elle produirait sur lui.

« Docteur Abadie, voyons ! Vous aviez deviné, je suppose. Ah, je ne me suis pas encore présentée.

Lieutenant Ilana Schwartzkoff. Responsable de la mission “reine de Saba”. Je suis israélienne. Je travaille pour le Mossad.

– Mais qu’est-ce que j’ai à foutre du Mossad, moi ? Vous savez quoi ? Je suis né en 54, à Alexandrie. Si vous n’étiez pas venus foutre votre bordel là-bas, j’y serais encore, en Égypte, et je n’aurais eu besoin ni d’aller à Paris, ni à Tel-Aviv, ni à Honolulu ni à Bora Bora. Je serais là, tranquille, au bord de la mer, à Sidi Bichr, à siroter un verre de *‘araki* avec une dizaine de femmes autour de moi en train de balancer leur popotin, une écharpe de tulle accrochée autour des fesses.

– Ça me rappelle quelque chose, ça... Lorsque Moïse est venu délivrer les Juifs qui étaient esclaves en Égypte, ils lui ont répondu : “Mais non ! Nous ne voulons pas sortir. Nous sommes très bien ici, riches et heureux, et nous mangeons à notre faim...” Rien n’a changé, on dirait ; rien n’a changé depuis ce temps, docteur Abadie.

– Vous, les Israéliens ashkénazes, vous êtes ridicules. Vous ne comprenez pas que les Arabes autour de vous, ils ne se souviennent absolument pas du royaume de Judée d’il y a deux mille ans. Lorsqu’ils vous ont vus arriver, ils vous ont pris pour des Croisés. Vous n’avez même pas réalisé ! Oui, des Croisés ! Ils ont revu le royaume franc de Jérusalem et de Saint-Jean-d’Acre. Il fallait leur faire comprendre que vous n’étiez pas des hordes chrétiennes qui dévalaient du Nord pour conquérir les lieux saints, et non pas vous présenter comme une enclave de l’Occident au Moyen-Orient. Parce qu’au fond, vous ressemblez plus aux hordes chrétiennes du Moyen Âge qu’à des Juifs...

– Bon ! Si vous voulez ! Nous reparlerons de tout

cela une autre fois. Lorsque nous serons partis d'ici. Maintenant, le temps presse. Nous sommes chargés de votre sécurité, mais en échange, nous allons vous demander un petit service.

– Pourquoi ? Vous êtes malade ? Je n'ai pas pris mon carnet d'ordonnances... »

Elle avait rigolé de bon cœur. Il la faisait marrer, le gros. Elle le pensait tellement naïf... Et puis, il était là, sur le fauteuil, le menton dans la main, à réfléchir. Alors qu'elle le tenait par la peau du cou comme une chienne ramenant ses chiots au panier.

« Parlons sérieusement, maintenant. Vous avez rencontré Timothée Lufua à cinq reprises à la prison de la Santé...

– Encore ! Mais qu'est-ce que vous avez tous avec ce type ? C'est un demi-cinglé qui a descendu un autre qui devait être tout aussi cinglé que lui. C'est tout ! Pour tout vous dire, c'est une histoire de sorcellerie. Il a supprimé un homme qu'il soupçonnait d'avoir “mangé” la moitié de sa famille...

– Il vous a parlé, cet homme ? Nous savons qu'il vous a beaucoup parlé...

– Bien sûr ! Vous savez ce qu'est la psychiatrie, non ? Rien d'autre que de la parlote...

– Vous avez pris des notes ?

– Presque pas... Non ! Pas du tout, en fait... Pourquoi ?

– Vous deviez rédiger un rapport d'expertise. Le remettre au juge d'instruction, sans doute...

– Oui ! Il semble que c'est un peu compromis, maintenant...

– Vous alliez rédiger ce rapport de mémoire ? Sans aucune note ?

– J'ai beaucoup de mémoire… C'est de famille… On tient un peu des éléphants.

– Vous ne me ferez pas croire ça, docteur Abadie. Mais revenons au type là, à ce Lufua… Il vous a parlé d'un papier qui se trouvait dans la sacoche en cuir que portait Vanna ?

– Ben dis donc ! Vous êtes drôlement renseignée. C'est bien un certain Vanna qu'il a bousillé. Oh là ! Mais qu'est-ce que c'est que cette putain d'affaire ?

– Il vous a parlé du papier. Il vous a dit ce qu'il en avait fait. Il vous en a parlé, docteur Abadie.

– Vous êtes sûre que vous êtes du Mossad ? Vous n'avez pas plutôt travaillé pour les Waffen SS ? Parce que vos méthodes d'interrogatoire… Ou peut-être la Gestapo, non ?

– Ça suffit ! Cessez vos plaisanteries stupides. Qu'est-ce que Lufua vous a dit sur ce papier ?

– Mais il ne m'a rien dit ! Il ne m'a pas parlé d'un papier… Allez le lui demander, si vous voulez savoir ce qu'il a foutu de votre sacré papier…

– Il est mort !

– Quoi ? Lufua ?

– Oui !

– Mort ?

– Suicidé dans sa cellule.

– Suicidé ?

– Ils l'ont un peu aidé, il faut dire… Si je vous raconte ça, c'est pour que vous preniez conscience que cette affaire est sérieuse ; très sérieuse. Si je vous laissais sortir, là, vous ne feriez pas un kilomètre que vous subiriez le même sort que feu votre patient. Alors, soyez coopératif…

– Mais je le suis ! Je ne peux pas vous inventer une

histoire de papier. Et qu'est-ce qu'il y avait sur ce foutu papier, d'abord ? »

Elle s'était faite soudain très dure.

« C'est moi qui pose les questions, Abadie. C'est dans vos habitudes de vous rendre plus de cinq fois – six exactement – chez un détenu pour une simple expertise psychiatrique ?

– Ça m'arrive !

– Vous convenez que ce n'est pas indispensable. D'ailleurs, vu ce qu'on vous paie pour ces expertises, il semble que ça ne vous gêne pas de travailler à perte.

– Quelle importance ! Malgré ce que racontent les goyim, ce ne sont pas les Juifs qui sont radins ; ce sont rien que les Ashkénazes !

– Pourquoi êtes-vous allé six fois à la Santé ?

– La dernière fois, je n'ai pas pu le rencontrer…

– Répondez, Abadie ! Pourquoi ?

– Parce que cette histoire de sorcellerie m'intéressait tout particulièrement. Vous n'avez pas lu mon papier dans la revue de Psychiatrie sociale et d'hygiène alimentaire de janvier dernier ? Vous devriez ! Il s'intitule : La sorcellerie en Afrique centrale comme mode privilégié de résistance à l'acculturation. »

Elle était bien restée trois heures à le cuisiner, lui promettant tantôt de l'argent, tantôt des honneurs, le menaçant, puis menaçant sa mère ; usant de son charme ; rien n'y avait fait. Soit ! On verra comment il sera dans trois jours, dans une semaine, dans deux s'il le faut. Elle s'apprêtait à partir quand il lui a demandé :

« Qu'est-ce que c'est, ce papier ?

– C'est un acte de vente. Ça ne vous dit rien ?

– Un acte de vente ? Et qu'est-ce qui a été vendu ?

– J'ai la nette impression que vous vous foutez de moi, docteur Abadie. »

Et elle avait violemment claqué la porte en sortant.

⁂

Revenue dans sa chambre, Ilana s'était assise sur le lit, face au miroir. Et elle avait à nouveau ressenti le truc, là, dans son ventre. Depuis sa visite chez Yitz'hak, il y avait comme un animal qui vivait là-dedans ; un tout petit animal de couleur blanchâtre, presque transparent, un peu comme ces bêtes, sous terre, qui n'ont pas besoin d'être pigmentées, une sorte de charançon. Et le petit animal vivait là sa vie sans rien lui demander. Il se réveillait parfois, mais il pouvait aussi rester plusieurs jours sans bouger, à croire qu'il était mort. Et ce soir-là, elle s'était drôlement dégourdie, la bestiole ! Elle lui montait même le long de la colonne vertébrale à lui grattouiller les osselets. Elle lui descendait le long des bras à lui donner des frissons. Elle repartait dans son ventre à lui déclencher des spasmes. Pire, Ilana s'était plusieurs fois surprise à penser à Abadie et son visage accompagnait les étranges sensations. Mais quoi ? C'était normal, après tout ! Elle avait passé des heures à l'interroger en vain ; c'était normal que toute cette histoire lui tourne dans la tête. Puis, elle avait glissé sa main entre ses cuisses et c'était comme si la bête avait fui, qu'elle avait pris peur. Elle ne ressentait plus rien. Et soudain, elle s'était effondrée en larmes. Elle avait pleuré ainsi, longtemps – une heure, peut-être.

En se passant de l'eau sur le visage, elle s'était dit que c'était la tension des derniers jours qui se déchargeait ainsi. La nuit était maintenant tombée et un souffle traversait épisodiquement la forêt, ébouriffant les feuillages d'une onde sauvage, imprévue. Plusieurs fois, elle s'était levée, décidée ; mais, la main sur la poignée, s'était ravisée. Et finalement, elle y était allée. Il devait être 23 heures – pas encore minuit, en tout cas.

Elle avait trouvé Abie étrangement détendu. Il avait déniché un roman policier, un James Hadley Chase, et s'était abîmé dans sa lecture, étendu sur le lit, tout habillé. Quelle injustice que le prisonnier soit aussi calme et le geôlier si agité ! Elle s'était assise au bord du lit.

« Comment tu t'appelles ?

– Abraham. »

Elle lui avait passé une main sur le visage.

« Pourquoi ta barbe est-elle aussi drue ?

– On m'a raconté que lorsque j'étais enfant, un rabbi avait dit qu'il ne fallait pas que le rasoir touche mon visage. Personne n'y a prêté attention. Voici le résultat.

– Pourquoi tes cheveux sont bouclés ?

– C'était sur la route du Caire à Alexandrie. Elle était enceinte de moi. Il conduisait la Bentley. Soudain, un choc ! Il est sorti de l'auto. Un Arabe s'approchait avec un immense couteau en criant qu'il fallait l'égorger sur-le-champ. Mon père avait percuté un agneau. Il paraît qu'il était mignon, tout noir et bouclé. Ma mère dit qu'elle a trop regardé l'agneau. Tu pourras lui poser la question, demain… Ce serait pour cette raison que je suis né les cheveux bouclés…

– Pourquoi tes yeux sont de la couleur du miel ?

– Parce que j'ai trop regardé le soleil en face.

– Pourquoi ta peau sent-elle le lait ?

– Parce que la tienne sent le désir. »

Il ne l'avait pas touchée de ses mains. Il ne l'avait pas approchée, se contentant de sentir diffuser sa chaleur contre sa cuisse. Toute la nuit, il l'avait bercée de mots, lui expliquant la douleur de l'amour, cette force souterraine qui saisit la femme, la déchire par le milieu, la contraignant à se sentir moitié. Et l'homme, alors ? C'est pareil, bien sûr ! Mais l'homme, lui, ne s'est à aucun moment senti entier… lui expliquant la dure vérité des Juifs devant l'amour, eux qui ne sont un être qu'unis à l'autre par l'intensité d'une écriture sacrée – la *ketouba* (le traditionnel contrat de mariage)… Mais les autres ? Les *goyim* ? Eux non ! Ils peuvent être des êtres à soi seul, ou à deux ou encore en groupe ou en foule… C'est comme ils veulent. Eux, ils sont libres devant l'amour… lui expliquant que chez les Juifs, il n'existe personne qui ne soit pas marié… Comment ça personne ? Moi, par exemple, je ne suis pas mariée… Si !… Comment si ?… Ce n'est pas parce qu'on ne voit pas ton mari, que tu n'es pas mariée… Et elle avait pensé aux phrases étranges de Yitz'hak… À ce nom qu'il lui avait révélé, Abou Nida, le chef des sept… Mais toi, alors ? Tu es marié, toi ? Oui ! Mais il faut d'abord que je délivre ma femme… lui expliquant aussi que lorsque les êtres invisibles tombaient amoureux d'un humain, une femme, par exemple, ils la transformaient en pierre… Et d'un homme ? Ils ne peuvent pas tomber amoureux d'un homme, les invisibles ? Si, bien sûr ! Tu peux reconnaître cet homme à sa façon de dormir sur le dos… Et, toute la nuit, il lui avait parlé des seules choses au monde qui l'intéressaient… les diables et les démons ! C'est du moins ce qu'elle avait pensé aux premières lueurs du jour, lorsqu'elle avait regagné sa chambre, sa bestiole s'agitant dans son ventre.

Le lendemain, elle avait recommencé à l'interroger, la journée durant. Abie s'y était soumis avec sérieux, mais n'avait rien dit de plus. Et le soir, elle était revenue le retrouver dans sa chambre. C'était le mardi soir. Et il avait parlé ; encore parlé. Au lever du jour, elle lui avait seulement demandé s'il ne la désirait pas. Et il lui avait répondu : « pas avant le troisième jour ». Le troisième jour, c'était ce mercredi, il était 15 h 30 et Abie pensait aux sentiments qu'il éprouvait en écoutant la chanson de la belle Éthiopienne. Parce que, le gros, il était à nouveau tombé amoureux... Qu'est-ce qu'on y peut ? Il est comme ça, Abie...

⁂

On était resté à les écouter, accroupis dans les buissons. De temps en temps, je jetais un œil sur Sebbag qui commençait franchement à s'intéresser à la conversation. Yigal, quant à lui, il continuait, imperturbable. Il voulait décidément convertir Abie – le convertir à sa propre religion. C'est ça, les Juifs religieux, ils se prennent pour les premiers Chrétiens ; c'est surtout les Juifs qu'ils veulent convertir.

« Qu'est-ce que tu y perds ? demandait-il à Abie, qu'est-ce que tu y perds à les mettre ? »

Alors, là, j'ai failli pouffer de rire. Le barbu, il voulait faire à Abie le même coup que le Sèphe m'avait fait l'autre jour, à la yeshiva des orthodoxes, il voulait lui mettre les *tephillin*.

« Tu crois que je ne sais pas ce que c'est, les *tephillin*, lui avait répondu le gros, j'ai fait ma *bar mitzva*, moi, à treize ans pile, et même que j'étais premier au *talmud torah*. Toi, par exemple, je suis sûr que tu t'y es mis sur le tard. Parce que les excités comme toi, mon vieux, s'ils sont dans cet état c'est parce que Dieu ne veut pas d'eux. C'est ça, la vérité ! Tiens, vas-y, dis-moi : à quel âge tu as mis les *tephillin* pour la première fois ?

– À vingt-cinq ans… C'est un homme pieux, un *'hassid*, qui m'a accosté dans la rue, à Jérusalem et qui me les a mis de force. Je peux te dire une chose, puisque tu es psychiatre.

– Oui ! On peut tout dire à son psychiatre. » Et Abie avait jeté un regard à la dérobée en direction d'Ilana qui avait les yeux tout autant dans le vague que lui.

« Eh ben, depuis que j'ai mis les *tephillin* – je peux dire qu'à l'instant même où ils ont touché mon corps – j'ai arrêté l'héroïne. Plus un gramme ; plus même un milligramme. C'était il y a dix ans. »

Et moi j'ai soudain pensé que je ne parvenais plus à absorber une seule goutte de pinard depuis que l'autre barbu m'avait enfilé les lanières… Non ! Je crois plutôt que c'est depuis que le pape de Belleville m'a fait boire sa mixture… Mais oui ! Tiens ! Et Abie qui poursuivait, tenace :

« Qu'est-ce que ça prouve ? Tu veux que je te dise ce que ça prouve ? Ça prouve seulement que tu as été mal circoncis. Tiens, dis-moi un peu, pour voir comment s'est déroulée ta circoncision ?

– J'ai été circoncis l'année dernière…

– Tu vois !… L'année dernière ? (Abie avait fait une drôle de grimace…) Putain ! Ça doit faire mal à cet âge-là… Et dis-moi : pendant combien de temps on ne peut pas faire l'amour ? Combien ? *Maskin*, le pauvre ! Tu as entendu, *ya mummy*, il a été circoncis l'année dernière. »

Elle n'avait pas compris, la vieille. Et le gros avait répété : « circoncis »... « circoncis »...

« *Ech da asse el assisse* ? *asse el asisse, abou'l assisse...* »

Alors ça, c'est vraiment intraduisible. *Asse el asisse*, ça veut dire « il a coupé le curé »... Elle avait compris quelque chose alors, peut-être. Et puis, elle avait fait rimer, comme d'habitude, parce que *abou'l assisse*, ça veut dire « le père du curé ». Si on reprend toute sa phrase, ça donne quelque chose comme « il a coupé le curé, le père du curé... » Après tout, ça peut se tenir... Sympa, Abie lui avait expliqué.

« *La' ya mummy*, non, ô maman, circoncision, ça veut dire *mila...*

– *L'mila, da l'nila, da ?...* La circoncision de cette espèce de nullité ? »

Elle trouvait Yigal tellement débile qu'elle pensait que l'on n'aurait même pas dû prendre la peine de le circoncire. Et puis, ça rimait encore, en arabe. Imperturbable, Yigal avait repris :

« Notre mission, c'est de récupérer les égarés.

– Je ne suis pas un égaré ; je suis un émigré !

– Les égarés de la maison de Dieu... »

Et là, je ne saurais pas dire pourquoi, Abie, il s'est fâché. Il s'est mis à gueuler :

« Ça suffit ! Il n'y a pas d'égarés chez les Juifs ! Et je vais te le prouver : tu sais combien il y avait de Juifs au temps de l'empire romain, vers l'an zéro, juste pile, ni avant ni après Jésus-Christ ? Tu sais combien ? À peine moins qu'en 1938 – c'est-à-dire 1938 ans après, donc, ou à peu près... Ou même qu'aujourd'hui. Si on avait rattrapé les égarés, tu sais pas combien on serait... Peut-être plus que l'Inde ou même la Chine. Tu vois un peu le bordel ? Eh bien Dieu, il y a pensé. Des Juifs, il n'en faut pas trop... Alors, les égarés, ce ne sont pas des égarés, mais des déserteurs. Pourquoi tu les rattraperais, hein ? Laisse-les donc partir et occupe-toi de tes affaires ! Je veux dire... de te trouver une femme. (Il gueulait, Abie ; il gueulait... Puis, il s'est retourné vers sa mère.) Je ne sais pas ce qu'il a contre moi, mummy. Il veut que je porte la gallabeya et le caftan avec les *tsissitt* (le châle de prière), et tout... comme dans la *'hara, 'har't'el yahoud*, "la ruelle aux Juifs"... (Il parlait du quartier juif, ce ghetto insalubre qu'il y avait dans le vieux Caire.)

– Ah non, chéri, non ! Les Juifs pieux, quand ils passaient près de nous, au Caire, mon père il crachait par terre et ma mère agitait son éventail en criant "j'étouffe, j'étouffe... Ça pue..." Mais pourquoi tu te mets en colère ? Comme on dit : *li kol da'enne dawaon iastatabbou lihi, ella elhamakaton ayatman iodawiha...* »

Là, même le gros, il ne comprenait pas, vu que c'était de l'arabe littéraire. Il a sorti son crayon et lui a demandé de répéter.

« Qu'est-ce que ça veut dire, ya mummy ? »

La vieille, elle a pris son air d'importance, avant de traduire...

« Et qu'est-ce que tu feras quand je ne serai plus là, *ya sidi* mon prince ? Puis, elle a montré Ilana... Ce n'est pas cette *oueskha*, saleté, qui saura te dire des phrases comme ça qui viennent du fond du fond, du fond du fond du fond... Tu écoutes ? Bien ! Note alors : un très vieux proverbe qui sort de la nuit des temps : "Pour tout mal il existe un remède, sauf la colère qui est absolument incurable..." Tu vois ? »

20

Celui qui a deux esprits est un menteur

Mercredi 26 mars, 23 h 30.

C'était moi qui avais repéré la bagnole, cette foutue Audi qui avait failli m'envoyer rejoindre la généalogie des Katzman dans laquelle pas une seule fois un fils n'avait été enterré dans la même terre que son père depuis au moins cent cinquante ans. Je savais que mon arrière-arrière-grand-père était tranquille, dans son linceul sans cercueil, quelque part du côté de la Lituanie. Mon arrière-grand-père, lui, ils ne lui avaient pas fichu la paix. Les Polonais étaient venus le déloger du cimetière de Minsk Mazowiecki ; ils ne voulaient pas de Juifs, même morts, sur leur terre. Mon grand-père, son odeur est montée jusqu'à Dieu en suivant la conduite d'une cheminée d'Auschwitz. Quant à mon père, il avait l'habitude de dire qu'Israël était tout juste bon pour servir de cimetière. C'est là qu'il sommeille, du côté de Bersheva, au milieu des Juifs marocains, un plein paquet de gauloises bleues enterré auprès de lui, comme il l'avait demandé. Sa femme, la seconde, ne voulait pas de cette inscription ridicule qu'il nous avait suppliés de graver sur sa tombe : « Marx ou crève... points de suspension. Pas de nom, pas de date » ; c'est ça qu'il voulait qu'on inscrive. Alors, elle a adouci la phrase ; elle a écrit : « Jacob Katzman, juif et prolétaire, 1922-1982. »

Aux Mesnuls, à quelques kilomètres de Neauphle, à l'auberge des Deux Mitrons, nous tenions notre conseil de guerre, attablés autour d'un café. Je n'arrivais toujours pas à avaler une seule goutte d'alcool. Lorsqu'on récupérera Abie, je lui demanderai de me soigner – quoique je ne sois pas certain qu'il s'agisse de psychiatrie... peut-être carrément le foie, non ? Sarah insistait pour qu'on prenne la baraque d'assaut. C'est vrai que nous avions récupéré les trois PM au bistrot sur Dick the Black, mais franchement, elle n'avait pas froid aux yeux, la môme ! Il devait y avoir au moins cinq gars armés jusqu'aux dents, ici. Je les connais, les Mossad, ils travaillent toujours en équipe. C'est ce qui fait leur force. Sebbag, lui, aurait préféré qu'on planque jusqu'à ce que quelqu'un sorte pour une raison ou une autre. Ils devront bien faire leurs courses, non ? On attrappe le chargé des commissions, on l'interroge pour savoir l'endroit exact où logent ses potes et on fonce. Gros sabots. Méthodes de flic ! Et surtout trop long... On ne pouvait pas se permettre. Quant à moi, je me disais qu'on était mal partis. Que cette situation n'allait pas durer. Qu'une fois qu'ils auraient obtenu le renseignement qu'ils cherchaient auprès d'Abie, les Mossad se débarrasseraient de lui et des deux femmes et disparaîtraient sans laisser d'adresse. On était là de nos réflexions quand j'ai aperçu le reflet de deux phares dans la fenêtre. Je ne sais pas ce qui m'a pris. Mais je me suis immédiatement levé, comme un diable hors de sa boîte. C'était bien eux. Ils nous avaient retrouvés à cause de la tire. Je n'ai pas pu m'empêcher d'engueuler Sebbag.

« Sebbag, t'es un con ! Je t'avais dit de changer de bagnole. Ton Hummer, c'est comme si tu te baladais avec une enseigne. Qui c'est que v'là ? C'est moi ! Et tu sais ce qu'il y a écrit sur l'enseigne ? Tu sais quoi ? C'est écrit : "Sebbag est un con !" »

On est sorti dans le jardin en essayant de faire le moins de bruit. Ils étaient cinq, cette fois, réunis autour du Hummer, avec des lampes de poche pour examiner l'intérieur. Et puis, ce genre de mecs, je les connais, quand il y en a, il y en a encore. Tu vas voir qu'une autre dizaine va rappliquer très vite… Et je râlais…

« Qu'est-ce qu'on fait ? avait demandé Sebbag.

– On se tire à pinces et à toute bourre. Voilà ce qu'on fait ! »

Un kilomètre plus loin, on a fauché un pick-up Mitsubishi double cabine, flambant neuf, à un péquenot. Ce n'était pas mon idée. Je voulais qu'on y aille à la discrétion, que personne nous voie dans le coin. C'était encore une idée à Sebbag. Ce mec, il aime trop les bagnoles, ça le perdra… Alors, j'ai décidé… Parce que Yayir nous disait : « Vous vous prenez pour des brutes, des soldats, des tueurs ? Vous savez ce que nous sommes ? Des intellectuels ! La principale qualité exigée pour ce métier c'est d'avoir des idées et très vite ! Un intellectuel qui pense lentement, il y en a toujours un autre qui pense avant lui. Et c'est comme ça qu'il se fait souffler le Nobel. Eh bien, nous, c'est pareil ! Quand vous êtes en mission, vous êtes des intellectuels à la course au Nobel ! » Alors, j'ai décidé…

« On y va ce soir ! Et tout de suite ! Pas demain, pas tout à l'heure, tout de suite ! Tu comprends ? »

⁂

Minuit.

Ilana avait frappé à la porte d'Abie, à minuit et quelques secondes. Durant près d'une heure, elle avait attendu, les yeux rivés à sa montre, en suivant la trotteuse phosphorescente comme une cinglée. Il avait dit « attendre le troisième jour »... Cette phrase l'obsédait littéralement. Et lorsque la grande aiguille s'était enfin posée sur la petite, elle avait bondi hors de sa chambre. Elle avait frappé à la porte d'Abie, puis l'avait ouverte avec la clé qu'elle conservait dans sa poche. Il était encore plongé dans son polar.

« Je vous dérange, docteur Abadie ?

– Je vous attendais.

– Tu m'attendais ? Pourquoi ? Pourquoi tu m'attendais ?

– Parce que je t'aime... »

Elle avait éclaté d'un rire hystérique...

« Tu m'aimes... Mais... qu'est-ce que ça veut dire ?

– Une tension... Quelque chose dans la poitrine... une tension qui se trouve là... Une angoisse... L'amour, l'angoisse, c'est pareil. On a tort de comparer l'angoisse à la peur. C'est à l'amour qu'il faut comparer l'angoisse et à rien d'autre.

– Tu m'aimes... mais quoi ? Tu ne me connais pas...

– Adam aimait Ève. Il l'a connue ensuite, non ? Jacob aimait Rachel. Il a attendu sept ans avant de la connaître...

– Pourquoi je te cherche dans mon lit ?

– Je suis le fils de l'homme... »

Crâneuse, les mains sur les hanches, elle l'a défié :

« Des hommes, j'en ai connu beaucoup...

– Aucun ! Tu n'as jamais connu le fils de l'homme.

– Mais qu'est-ce qui m'arrive ?

– Quoi ?

– Je pense tout le temps. Je te vois sans cesse. Je pense à tes mots… Qu'est-ce que c'est ? Tu es un sorcier ! Qu'est-ce que tu m'as fait ? Tu m'as donné quelque chose à manger ? Une pilule ? Une poudre ? Un liquide ? Une graine ?

– Je t'ai vue.

– Tu m'as vue ?

– Oui ! Je t'ai seulement vue. Seul dans ma nuit, couché sur le dos, je t'ai vue. Tu étais figée comme une pierre. J'ai accompagné tes contours de mes mains et tu étais froide comme une pierre. J'ai approché tes yeux vides et tu étais triste, comme une pierre. Tu m'as parlé et tu étais dure, comme une pierre.

– Pourquoi aujourd'hui ? Pourquoi cette nuit ? Pourquoi pas hier ? Pourquoi pas demain ?

– Parce que c'est mercredi soir.

– Et alors ?

– Mercredi soir ; c'est tout ! Je ne peux pas t'expliquer. Tout est écrit. Un jour, tu liras.

– Qui sont les sept ?

– Des esprits… des démons… En hébreu, on dit *sheddim*, n'est-ce pas ?

– *Sheddim*… C'est des diables. Qu'est-ce que tu racontes ? Tu crois aux diables ? Toi ? Tu ne crois pas à Dieu, mais tu crois aux diables…

– J'aime Dieu. Je n'y crois pas !

– Mais les diables ?

– *Shed… Sheddim…* Des forces. Des esprits, des concepts, c'est pareil.

– C'est pareil ?

– Oui ! Ce qu'on appelle esprit, c'est aussi ce qu'on appelle concept…

– Tu veux parler des esprits… heu… des *sheitans*…

– Tu ne comprends pas… Un esprit, c'est… C'est un nom… Et un nom, c'est une chose… Par exemple, un parfum… En vérité, un parfum, c'est toujours un mélange… de ci, de ça… Mais quand tu le respires, c'est une odeur et une seule. Une chose. Un esprit, donc. Lorsque Aladin ouvre la bouteille, qu'est-ce qui s'échappe jusqu'à emplir toute la pièce ? Tu avais deviné, bien sûr… Un parfum ! L'esprit de la bouteille d'Aladin, c'est un parfum ; un parfum est un esprit. Au fond, un esprit, c'est lorsque la multitude a disparu au profit de l'un. Il était un mélange d'une quantité de substances, il est devenu une odeur et une seule. Un esprit, c'est donc un concept.

– D'accord ! *Shed*, l'esprit, le génie, le diable, c'est un concept… Mais dis-moi ! Pourquoi les *sheddim* sont sur moi ?

– Parce que tu es sale.

– Je prends deux douches par jour.

– Parce que tu es sale.

– Comment me laver, alors ?

– Avec du sang.

– Avec du sang ?

– À mon avis, le fiel du poisson ne suffirait pas pour en faire partir sept.

– J'aurai des enfants ? »

Et elle avait éclaté en sanglots, s'était réfugiée dans le lit, tout contre lui. Il n'avait su que faire de ses mains, Abie. Il lui avait maladroitement caressé les cheveux. Et ses mains tremblaient à effleurer la soie. La tête enfouie dans la chemise de l'homme, elle avait poursuivi ses questions en gémissant :

« Pourquoi le poisson ? Tu as dit "le fiel du poisson". Pourquoi le poisson ?

– Le poisson veille sur toi. Parce qu'il n'a pas de paupières ; il garde toujours les yeux ouverts.

– Pourquoi le sang alors ? Pourquoi le sang ?

– Parce que les pierres n'ont pas d'âme et "l'âme de la chair est dans le sang".

– Tu veux dire… Tu veux dire que le sang anime les pierres ?

– Lorsqu'on prononce les paroles, oui !

– Qu'est-ce qui se passe dans mon ventre ? Pourquoi depuis un mois, la parole ne parvient plus jusqu'à ma bouche ?

– Plus tard, un jour, tu sentiras ta parole arrêtée dans ton ventre, ne sachant monter jusqu'à tes lèvres ; ta langue te semblera lourde, la langue que tu parles, inutile. Ce jour-là, tu ouvriras le livre, de la main droite. C'est lui qui parlera.

– Si je l'ouvrais maintenant ?

– Tu as une Torah ?

– Non ! L'homme, le vieux, que j'ai vu là-haut, avant de partir d'Israël, a dit que j'étais fermée, cousue comme une Somalienne… Mais sans fil ni aiguille… Qui m'a fermée ? Qui m'a cousue ?

– Celui qui voulait faire de toi une guerrière.

– C'est quelqu'un ?

– C'est quelqu'un !

– Quelqu'un de chair et de sang ?

– Il est fait de chair, de sang et de nom.

– Tu connais son nom ?

– Non ! Sans doute un oncle… »

Elle s'était redressée d'un coup, s'était assise face à Abie.

« Mon oncle ? Noah ? Noah ! C'est lui ? C'est lui ! Je n'en ai qu'un. Ah, le vieux salaud ! »

Elle avait éclaté de rire en pensant aux caresses que lui faisait son oncle en secret – elle ne devait pas avoir plus de dix ou douze ans.

« Pourquoi je te pose toutes ces questions ? Pourquoi précisément à toi ?

– Parce que c'est moi !

– C'est vrai. C'est vrai. C'est la seule réponse... »

Et elle avait pris sa place dans la couche.

⁂

Il devait être une heure du matin ; peut-être un peu plus. Je m'étais chargé de la sentinelle, j'avais approché l'homme de dos ; il était assis près du portail à rêvasser, l'Uzi sur les genoux. Je m'étais approché sans bruit et lui avais explosé la crosse de mon Skorpion sur le sommet du crâne. Il aura une sacrée bosse lorsqu'il se réveillera dans deux jours ou trois – s'il se réveille... À l'entrée du parc, devant la maison de gardien, le jardin était totalement obscur. On se demandait où se diriger lorsqu'on a entendu un hurlement... je ne sais pas à quoi peut ressembler le cri d'un tigre qui se serait pris la patte dans la porte d'un temple hindou que le brahmane aurait claquée sans regarder derrière lui... Mais c'était à peu près ça. On a regardé du même côté. Ça venait de là-haut, à l'étage. La chambre légèrement éclairée. On est resté sans bouger un moment, histoire de voir si ça n'avait pas réveillé la maison ou même tout le château qu'on devinait plus loin, découpé dans la nuit. Et ça s'est remis à hurler, le même cri, suivi de quelque chose comme une suffocation… Et puis un son comme… Ah ! Je ne peux pas dire, écoute… Mais oui… Abiiiiii… iie ! Puis, beaucoup plus court : Abie ! Ce n'était donc pas un tigre.

Dans la chambre, Ilana était restée un long moment prise d'une sorte de hoquet – un spasme qui la prenait au-dessus des cuisses et la traversait jusqu'à la gorge – un sursaut dont la répétition semblait ne plus pouvoir s'arrêter. Abie la regardait avec tendresse, simplement. Puis, elle s'était lentement calmée, avait fermé les yeux et lui avait demandé :

« C'est quoi ça ?

– C'est Dieu qui passe. Chaque fois qu'un Juif et une Juive s'aiment, Dieu passe et la femme crie. Dans son cri, il y a la phrase prononcée par la femme de Moïse : "Je serai pour toi une épouse de sang." C'est une phrase rituelle, une sorte de prière. La femme juive n'a pas à l'apprendre, cette parole est contenue tout entière dans son cri.

– Encore une question : et celles à qui cette chose n'arrive pas ? Je veux dire un couple juif qui se serait aimé et puis… pff… rien…

– Dieu a été appelé, là aussi, il est passé, mais quand il les a vus, il a simplement pensé : "Pourquoi m'ont-ils appelé puisqu'ils veulent se passer de moi ?" Et il est reparti. L'étonnement de Dieu, son sentiment d'inutilité, c'est ça qui fait pfff… »

Un long silence. Ils restaient étendus, côte à côte, tous deux repus. Puis Abie s'était raclé la gorge et lui avait demandé :

« Maintenant, est-ce que je peux te poser une question à mon tour ? Une seule question. »

Elle restait énamourée, alanguie, les yeux fermés. Pouvait-elle lui refuser quelque chose en cet instant ?

« Qu'est-ce que c'est que ce contrat de vente que transportait Vanna dans sa sacoche de cuir ? »

Elle s'est redressée, l'a regardé bien au fond des yeux et il lui a semblé innocent, simplement curieux. Disposait-elle alors de tout son jugement, Ilana ?

« Donatien Toussega, le nouveau maître du Bongo, a vendu à votre ministre… (Elle s'était tout de même interrompue un instant, hésitante ; mais elle avait poursuivi.)… à votre Premier ministre, et nommément… à lui, je veux dire ; pas à l'État, à l'homme…

– Quoi ? Il lui a vendu quoi ?

– Une mine d'uranium. Et pour trois sous, en plus : 5 000 dollars – rien, quoi !

– Et alors ?

– Alors, cette mine d'uranium, c'est une mine d'or pour celui qui détient le contrat.

– Pourquoi ?

– Idiot ! Parce que s'il envoie une photocopie de ce contrat à… je ne sais pas, par exemple, au *New York Times*, au *Herald* ou même au *Canard Enchaîné*… tu imagines ?

– Et alors ?

– Alors, Toussega voudrait bien récupérer sa mine d'or qui est maintenant dans la nature, les Américains aussi, pour disposer d'une pression sur les Français… quant à votre ministre… il tuerait mère et père pour mettre la main sur ce papier. Et, à mon avis, tu n'es ni sa mère ni son père… Alors si c'est toi qui l'as, tu es déjà mort ! »

Elle était totalement réveillée, maintenant.

⁂

Nous, nous avancions tout doucement dans l'escalier, lorsque dehors, ça s'est mis à hurler à travers un haut-parleur. « C'est une brigade spéciale de la Surveillance du Territoire ! Tout le monde sort, les mains sur la tête. » Et puis, à nouveau le silence. J'ai regardé Sebbag. Il faisait une drôle de grimace. Il avait compris que les autres nous avaient retrouvés grâce à la Mitsubishi. Mais ils n'avaient pas chômé, les gars. Chapeau ! Beau boulot !

Et puis, ça avait tout de suite commencé à canarder. Les Israéliens avaient dû poster plusieurs sentinelles et elles avaient immédiatement ouvert le feu. On entendait crépiter les armes automatiques qui lardaient la nuit d'éclairs aveuglants. Je n'ai pas aimé ! Ça me rappelait trop de trucs... Alors, je me suis faufilé dans le couloir, derrière la porte où devait se trouver Abie. Je me suis assis, recroquevillé sur le plancher, adossé au mur, attendant que ça se calme. Une porte s'est ouverte cinq mètres plus loin et le Yigal Capone est sorti en caleçon, un petit Uzi, du même genre que ceux que les Cubains avaient en Angola, plaqué contre la hanche. Ça tombait bien, vu qu'il y avait déjà des mecs qui grimpaient l'escalier. Dès qu'il a aperçu la tête du premier, il a déchargé son engin comme un fou. Il lui a tellement éclaté le crâne que j'ai reçu des morceaux de cervelle sur mes tennis. Elles n'étaient pas vraiment neuves, d'accord ! Les types dans l'escalier sont redescendus aussi sec. Yigal est reparti dans sa chambre canarder par la fenêtre et il les a cueillis au moment où ils ressortaient dans le jardin. C'était un ouvrier infatigable, il cavalait du four au moulin à la cadence de son PM. Il s'en est bien fait deux en une seule sortie. Il ne m'a pas vu. Je jette un œil autour, Sebbag et Sarah avaient disparu. Je me suis fait du souci pour les deux mômes. Ils ne connaissaient pas le métier ; ils ne savaient pas, eux, ce que des types connaissant leurs armes à la perfection et surentraînés étaient capables de faire. Ils croyaient qu'on jouait aux cow-boys ou quoi ?… Où étaient-ils passés ? Ils étaient encore derrière moi lorsque je montais l'escalier. J'étais inquiet parce que je devinais que ce n'était que le premier assaut et que les commandos de la DST, il devait bien y en avoir une dizaine postés autour de la baraque et qu'ils allaient remettre ça dans peu de temps et que ça allait barder dur. D'abord s'occuper des mômes, ensuite on avise… Lorsque la fumée s'est un peu dissipée, je les ai vus tout au bout du couloir, dos à la fenêtre. Ils sont tarés ou quoi ? J'ai gueulé :

« Sebbag ! La fenêtre, bordel ! »

Il s'est baissé juste à temps. En face, ils devaient avoir un fusil-mitrailleur parce que les balles de 9 mm traversaient le mur – parole ! – on le voyait qui se crevait comme la peau d'un adolescent attaqué par l'acné.

« À plat ventre ! Idiots ! »

Ils se sont plaqués à terre. La rafale a duré près d'une minute. Il ne restait plus de mur jusqu'à hauteur de la ceinture. Quand ça s'est un peu calmé, j'ai aperçu Sebbag qui se levait d'un bond, son petit Beretta à la main et qui tirait deux balles dans la serrure de la porte. Puis un grand coup de pied. La vieille Abadie est sortie en demandant :

« Ce n'est tout de même pas pour Pourim qu'ils font éclater tous ces pétards ? *Ech da ?* Qu'est-ce que c'est cette *sarabanda* ? »

La vieille, c'était sûr, elle allait y passer. Il était vraiment idiot, ce Sebbag, de l'avoir invitée à sortir. Quant à moi, ma formation revenait. Yayir nous avait expliqué qu'au moment de l'assaut, il fallait se répérer au bruit. Quand ça en fait trop, c'est que tout le monde canarde. On ne bouge pas. On reste planqué. Personne ne respire. C'est quand les tirs deviennent sporadiques qu'on y va et là, nous, on est frais et roses comme les Hébreux le matin de la chute de Jericho. Rappelez-vous ces mots « frais et roses comme le matin de la chute de Jericho ». Le secret de Yayir, c'était son art de la formule. Moi, j'attendais derrière ma porte et l'Israélienne, Ilana, elle avait dû être formée à la même école que moi, parce que je ne l'avais toujours pas aperçue.

Ça s'était nettement calmé, maintenant. Les autres, en bas, avaient dû morfler. Et ceux qui avaient survécu avaient dû prendre position autour de la maison, attendant notre sortie. Des renforts, peut-être aussi, sans doute... Ce n'est pas vrai ! Assiégés par des pros dans la maison de gardien d'une yeshiva d'orthos... Qu'est-ce qu'on allait faire, maintenant ? C'est à ce moment qu'Ilana a ouvert la porte de la piaule. Elle a à peine esquissé un geste d'étonnement en me voyant.

« Ah, tu es là, toi le Juif errant ? »

Elle s'est tout de même mise à hauteur du plancher et a commencé à appeler :

« Yigal... Yigal... (Pas de réponse.) Aryeh... (Pas plus !) Dror... Dror... (Silence.) Dan... (Elle avait hurlé, ce coup-là :) Dan... » (Dan, je crois que c'est celui à qui j'avais collé une bosse qui allait dresser sa kippa durant quelques jours. Personne ne lui répondait.)

Cinq ! Ils étaient cinq. Je connais leurs méthodes. C'est à peu près toujours l'effectif d'une mission du Mossad. Elle était assise tout près de moi et son parfum, mélangé à la sueur de sa peur et à l'odeur de poudre brûlée, produisait sur moi un effet que je ne me connaissais plus… Elle était vraiment l'incarnation de la sensualité, cette nana. C'est étrange ; ça ne colle pas vraiment avec tout ce que j'ai appris sur elle depuis ; avec tout ce que m'a raconté Abie. Je lui demande :

« Vous voilà seule ?

– Oui. Jusqu'à la mort. Après, il paraît qu'on se retrouvera tous ensemble… »

La silhouette d'Abie s'était alors découpée dans le cadre de la porte. Il tenait son polar à la main.

« Tu vas où, le gros ?

– Ben… Elle ne voulait pas me laisser sortir. Tu tombes bien. On avait une petite discussion avec Ilana sur le destin des morts. Pourquoi faut-il mettre de la terre sur les yeux, les mains et le sexe des morts ? Elle prétend que c'est parce qu'on était poussière et qu'on redeviendra poussière… Ça ne me paraît pas logique, parce que pourquoi ne pas en mettre sur tout le corps, alors ?

– Tu as raison, tu as raison ! Et même qu'il va falloir qu'on trouve rapidement la réponse, vu qu'on est un peu concerné, tu vois…

– Mais toi, pour toi, dis ton avis… Pourquoi ? »

Je l'ai trouvé bizarre, ce psychiatre. Nous étions là, une bande de Juifs assiégés, genre la citadelle de Massada, tous sur le point de franchir la frontière du *shéol*, et lui qu'est-ce qu'y trouvait à faire ? Du *pilpoul*… du débat pimenté. Malgré tout, c'était une bonne question : pourquoi ? Pourquoi les yeux, les mains et le sexe ? À ce moment, Ilana a ajouté :

« Même que, d'habitude… dans la tradition, je veux dire, on arrache une touffe d'herbe en sortant du cimetière, on la jette derrière son dos et on déclare à Dieu que nous savons que nous ne sommes que poussière…

– D'accord ! avait répondu Abie, soudain conciliant, mais je te répète : pourquoi les yeux, les mains et le sexe ? »

J'ai hasardé une réponse :

« Parce que ce sont les organes qui peuvent revenir. L'œil du mort peut être utilisé pour jeter un sort ; sa main pour fabriquer une amulette de destruction, son sexe pour assujettir un partenaire sexuel. Ce n'est pas ça ? »

Abie avait surenchéri :

« Je crois même qu'il faut mettre de la terre sur sa bouche, aussi. Parce qu'on peut fabriquer une amulette de destruction en écrivant les paroles sur les lèvres du mort… »

Ilana n'avait pas été d'accord. Absolument pas ! Elle trouvait ridicule qu'un rituel religieux trouve son origine dans des pratiques de lutte contre la sorcellerie.

« Mais personne ne croit plus à ces balivernes… vos histoires de sorts et d'assujettissement sexuel – y a-t-il seulement jamais eu quelqu'un pour y croire ? Lorsque je disais à Abraham : “Tu étais poussière, tu redeviendras poussière”, je voulais dire qu'il fallait s'assurer que le mort était bien redevenu poussière, en quelque sorte, et ensuite l'aider à redevenir poussière… »

Abie voulait poursuivre la discussion :

« Ah ! Toi, tu penses donc que c'est pour se défendre du mort lui-même, qu'on recouvre ses organes de terre. Je n'avais pas compris ça, tout à l'heure… Pour s'assurer que les organes actifs du mort sont bien neutralisés… qu'il ne te regardera plus, ne te parlera plus, ne te touchera plus, ne s'accouplera plus avec toi… C'est intéressant. (Puis, me regardant :) pas mal ? Tu ne trouves pas ? Elle n'est pas con, hein ? »

D'accord, l'objet de leur discussion était d'actualité, mais il me semblait qu'on avait tout de même plus urgent à faire que de discuter de points de doctrine. C'est alors que j'ai parlementé avec Ilana. Je lui ai dit qu'il nous fallait absolument tenter une sortie avant l'arrivée d'autres commandos. À tous les deux, on était parfaitement capables d'évaluer la situation. On laisserait là Sebbag, avec la mission de nous couvrir en ouvrant le feu de temps à autre pendant que nous sortirions par la porte-fenêtre du rez-de-chaussée. J'ai demandé à Sebbag de ne pas bouger de là, et à Abie de veiller à ne pas ouvrir la chambre où était enfermée Tsipora. Après tout, c'était le meilleur abri et, au cas où on y passerait tous, elle pourrait toujours prétendre qu'elle avait été retenue prisonnière.

⁂

2 h 30.

On revenait avec Dufer, menotté et tenu en joue par nos deux armes. On était sorti sans encombre. Après le premier étonnement, devant le silence qui régnait là, on s'était rendu compte que le jardin était une véritable hécatombe. Tous les Israéliens étaient morts, mais les commandos aussi. En réalité, malgré tout le potin qu'ils avaient fait, ils n'étaient que quatre. Dufer, qui était venu diriger l'assaut en personne, restait seul, dernier survivant du massacre. Il était au volant du Hummer. On lui a mis la main dessus sans difficulté et on le ramenait vers la maison, lorsqu'on a vu la Jaguar qui démarrait et, tous feux éteints, fonçait dans l'allée en gravier du jardin. Lorsqu'elle est passé à notre hauteur, j'ai clairement distingué Abie, crispé au volant, qui foutait le camp. Oh ! Abie ! Oh ! Mais il est taré, ce mec ! Il a à peine freiné, dérapé dans le chemin de terre et foncé tout droit dans la montée. On a vu ses feux de stop briller un tout petit moment à l'arrivée sur la nationale. Puis, on a entendu le V8 qui explosait ses chevaux, et les roues qui patinaient sous l'arrivée soudaine de toute la puissance du moteur. Mon pote ! Il s'était fait la malle, mon pote ! Ça alors !

Lorsqu'on a appris à la vieille que son fils s'était envolé, elle a d'abord gémi, puis elle s'est laissée aller à ses penchants naturels. Elle nous a servi une véritable rafale de proverbes.

« Abie… Abie… *'habibi*, tu as laissé ta mère… *ekhss 'alek* ! Que la saleté soit sur toi. *Ye'hra' dinak* ! Que ta foi soit brûlée. Mais chéri, chéri. Tu sais que je n'ai que toi au monde. Mais où ? Où es-tu parti ? Ça ne suffit pas que ton père m'ait laissée, *Allah yer'hamou* (que Dieu assure son repos). Toi aussi ? Toi aussi, tu m'abandonnes ? Je suis sûre que c'est avec la *oueskha*, cette saleté, que tu es parti, avec l'Izzraélienne. Parce que, comme dit le proverbe : *man chaf a'hbabou nessi ass'habou*. C'est vrai ! Ce proverbe, il est vrai ! Celui qui rencontre son amour, oublie ses amis. Vous vous rendez compte ? Sa propre mère. Voilà ce que c'est. Je l'ai porté neuf mois dans mon ventre. Neuf mois. Ce n'est pas rien, neuf mois. Pour lui, c'est rien du tout. Il me laisse ici, comme une chienne, au milieu des saletés. (Elle nous désignait tous de la main.) Et qu'est-ce que je vais devenir, moi ? Mais lui, toujours pressé, toujours pressé… Pressé de partir avec cette salope… »

Je pouvais au moins la rassurer sur ce point :

« Madame Abadie, Abie est parti tout seul.

– Tout seul ? Le pauvre ! Tout seul ? Mais où il va aller, tout seul ? Qui va lui faire le café, le matin ? Qui va le lui porter dans sa chambre ? Parce que vous savez, Abie, il fait l'intelligent, comme ça… Mais s'il n'a pas son café, qu'est-ce qu'il peut devenir ? Il ne sortira jamais de son lit… Et s'il reste dans son lit, il va se laisser mourir. Il va rester là des jours et des jours, sans bouger, sans manger. Je le connais, Bibi, c'est mon fils, la chair de ma chair… Mais *'het et din kadhab*, quel foutu menteur… Il a une idée derrière sa tête… Ah, il n'est pas parti tout seul, allez… Peut-être avec l'autre, là, la *lefta*, le navet… Parce que vous savez, on dit : *sa'heb balein kadhab*… Puis, étrangement, elle s'est mise à rire. Elle m'a apostrophé. Ya Samouel, vous savez ce que ça veut dire ? *Sa'heb*… Ça veut dire “le propriétaire”. Vous suivez ? Et *balein*, ça signifie “deux esprits”. Et *kadhab*, “menteur”. Donc : “Le propriétaire de deux esprits est un menteur”… celui qui a deux esprits, c'est un menteur… Vous comprenez ? Et mon petit Abie, il se moquait de moi, lorsqu'il était petit. Il disait : “Mummy, je sais ce que ça veut dire, ce proverbe”, ça veut dire “le propriétaire de la baleine est un menteur…” Qu'est-ce qu'il était intelligent, Abie, lorsqu'il était petit… Un génie !

– Madame Abadie ! Voyons ! Mais il va revenir…

– *Chouf*, qu'elle a répondu. *Chouf*, littéralement, ça veut dire “regarde”, mais en vérité, on l'utilise pour dire “écoute”. Et elle m’a dit son plus beau proverbe : *seket el salama, seket el nadama oué seket el le yrou’h ma yerga’hch*. *Ya’ni*, il existe trois chemins : le chemin de la paix, le chemin du regret et celui du départ sans retour. Qui peut savoir celui qu’a emprunté Abie ? »

21

Ils sont trois...

Vendredi 28 mars. 13 h 45. Vol El Al 5717 à destination de Tel Aviv-Ben Gourion.

Tsipora prétendait qu'elle ne pouvait pas prendre l'avion, qu'elle avait trop peur. J'avais eu beau lui expliquer qu'il n'y avait aucun danger, moins encore que de prendre sa voiture le week-end – enfin toutes ces conneries qu'on débite à ceux qui ont une phobie de l'avion, c'est-à-dire les trois quarts des habitants de la planète – rien n'y avait fait. J'avais été obligé d'utiliser les grands moyens. Parce que l'avion, ça fait des trucs, c'est sûr ! Car ce que tu vois et ce que tu sens ne s'accordent pas à ce que tu as construit dans ta cervelle depuis tout petit. Lorsqu'il accélère sur la piste, le zinc, tu vois défiler le paysage de plus en plus vite et tu entends en même temps le bruit de roulement du train d'atterrissage sur les rainures du goudron ; et même parfois, en plus, il se met à vibrer, le coucou… tu le sens vibrer et tu l'entends vibrer. Tu es habitué à ce genre de sensations : la voiture, le train, la moto, tout ça, tu l'as déjà vécu et c'est pareil : plus ça va vite, plus ça vibre et plus c'est bruyant. Mais lorsqu'il quitte la piste, pour peu que tu jettes un regard à l'extérieur, comme il prend de l'altitude, tu as l'impression qu'il ralentit. Normal, puisque primo tu vois les choses de plus haut, tu en vois davantage. Et deuxio, comme il fait moins de bruit, vu qu'il ne roule plus et qu'il vibre beaucoup moins, aussi, alors, dans ta tête, tu penses : ralentir, perdre de la vitesse, crash : tomber ! C'est immédiat, parce qu'au même moment, le nez de l'avion pointe vers le ciel et tu pèses sur ton fauteuil avec ton dos. Alors, tu sens, comme ça, qu'il va tomber en arrière, la queue sur le sol, l'avion. C'est une erreur, une mauvaise connexion des neurones, mais elle est inévitable. Alors, il y a une façon de corriger ça : remplacer une erreur par une autre. Pour moi, c'est la meilleure méthode.

Elle était recroquevillée sur son siège, en chien de fusil, les yeux hagards, incapable de prononcer une parole. Donc, je prends la couverture et je nous masque tous deux jusqu'à la poitrine. Puis, je m'approche d'elle au plus près. L'hôtesse d'El Al, une petite sabra mignonne à croquer, nous propose :

« Si vous voulez dormir, je peux vous baisser le volet. »

Et ma main s'en va le long des jambes de Tsipora à la recherche des trépidations intérieures de sa peau. Et je la baise des baisers de ma bouche et je m'en vais respirer son parfum dans son cou, sur sa nuque, derrière son oreille. Tout est permis lorsqu'une extase s'empare de ton être ; tout est permis de ton corps et du sien. J'agace ses frontières au hasard de mes doigts. Elle me regarde. Ses grands yeux étranges se posent sur les miens. Je me pense. Vieilli, flétri, enfant de la Shoah au parcours cahotique, sorte de démon en guenilles. Elle a pourtant posé sur moi ses yeux d'oiseau effaré, et aujourd'hui, elle a déposé sa peur entre mes mains.

C'est précisément ce moment qu'ils avaient choisi pour passer le disque de Naoumi. Je ne sais pourquoi, il n'a pas commencé au début de la chanson. C'était même la fin, le couplet que je préfère :

J'ai parcouru le monde
dans un carré de terre
à l'attendre.
J'ai traversé les ondes
sur le tertre
à voir s'écouler le ruisseau.
J'ai séduit des rois
en rêvant,
aimé des princes
en dormant.
Mais depuis que son arbre
a poussé dans mon champ,
je m'assois à son ombre
et m'abreuve à son fruit.
Quand il entre en moi,
c'est ton nom qui s'épand
dans mes plaines.
Quand il m'aime,
je te bénis,
quand il sème mon ventre
je chante ta gloire,
et quand il baise ma bouche,
je deviens ta guerrière.

Dieu de mes pères
et des siens laisse-lui sa douceur
et son art.
Prends plutôt mes larmes
et la soif de mes yeux
rends-lui son souffle

et sa voix
et sa joie
de te savoir vivant.

Sa soyure crissait en se répandant. Elle avait fermé les yeux. Nous étions bien montés à sept mille mètres. Et, c'est étrange, j'ai pensé… Oui, j'ai pensé en ces mots : toi fille de Jérusalem, reste toujours auprès de moi. Que tu es belle, ma pure, que tu es douce, ma parure, que tu es tendre, mon armure… Elle n'a pas crié. Elle n'a émis aucun son. Elle a seulement écarquillé les yeux, et nous survolions déjà le Massif central. Depuis, nous avons voyagé une seule fois en avion et Tsipora n'a pas eu peur. Tu vois, lorsque tu remplaces un trouble des perceptions par un autre, le premier disparaît à jamais. Je ne pourrais pas affirmer l'avoir à jamais guérie de sa phobie de l'avion. Non ! Gagner une bataille, ce n'est pas gagner la guerre. Mais aujourd'hui, l'avion, même si ça l'inquiète encore, c'est à cause des sensations…

Dans la nuit de mercredi à jeudi, nous nous étions donc retrouvés, Ilana et moi, avec une dizaine de cadavres et un chargé de mission très spécial, menotté, tremblant de peur et de froid. Lorsque nous l'avons ramené dans le pavillon, en pleine lumière, Ilana s'est exclamée :

« Mais je le connais ! Oh… Colonel Dufer… Vous n'êtes plus au Bongo ? Vous êtes rentré plus tôt que prévu, alors… Dommage, c'est un si beau pays… »

L'autre regardait ses godasses, penaud. Se faire prendre aussi bêtement… S'entendre dire des sarcasmes, et par la bouche d'une femme par-dessus le marché...

« On ne vous a jamais dit, avait-elle repris, qu'il ne fallait pas se promener seul en forêt la nuit ? »

Parce qu'il avait pas eu de chance, Dufer ; il essayait de joindre le poste central, pour qu'on lui envoie des renforts... lorsqu'on lui est tombé dessus par-derrière. Il s'est d'abord pensé déjà mort. Maintenant, il avait compris qu'il n'allait sûrement pas rentrer finir la nuit au Harry's devant un bourbon, comme il en avait pris l'habitude en Afrique. Ilana avait pris les choses en main. Faut dire qu'elle avait sans doute fait sa provision d'énergie avec Abie deux heures plus tôt.

« Je vais vous proposer un deal, Dufer. J'ai deux solutions. La première : je vous liquide. Je fonce à mon ambassade et j'ai quelques heures pour qu'ils me rapatrient par le premier avion avant que quiconque se doute de votre présence ici. Pour moi, c'est bien. Mais l'objet de ma mission, comme de la vôtre d'ailleurs, est définitivement envolé. J'ai échoué. Et je n'aime pas ça ! Deuxième solution : vous prenez votre téléphone, vous réveillez votre patron et vous lui demandez qu'il nous assure l'immunité. Il envoie le service de nettoyage et vient effacer les traces de votre carnage avant le lever du jour. À ce prix, j'accepte de metttre en commun nos acquis et nous avons une chance de récupérer le docteur Abadie et le document. Je vous propose une sorte d'alliance, au fond. En un mot : la possibilité de récupérer tout de même le document contre mon rapatriement. Voilà ! Vous avez le choix. Vous avez... – disons – trente secondes pour vous décider. »
Elle a saisi fermement son Uzi et l'a appuyé sur la

tempe de Dufer. Le mec, il n'a pas hésité une seule seconde.

« Je téléphone.

– Je vous préviens, Dufer, la conversation ne doit pas durer plus d'une minute. Si vous mentionnez – ou même si vous faites seulement allusion à l'endroit où nous nous trouvons, je vous abats comme un chien. Et j'aurai toujours le temps de filer. »

Elle a gardé le doigt sur la détente pendant que Dufer appelait Naintré sur le numéro de secours. On l'a entendu expliquer la situation en trois phrases ; puis dire « oui », « oui », « attendez, je vais lui demander… ».

« Madame… Mon patron vous demande si vous êtes sous les ordres directs de "Z".

– Oui ! »

Et puis, au téléphone… « Oui… » « D'accord. Je rappelle dans dix minutes. »

« Il a dit qu'il se mettait immédiatement en contact avec "Z" ; il a demandé que nous le rappelions dans dix minutes…

– Pas une de plus ! » avait ajouté Ilana.

« Z » et Naintré se connaissaient bien. Ils avaient été tous deux ambassadeurs à Lagos, au Nigeria, à la même période, il y avait de cela plus de vingt ans. Ils allaient forcément s'entendre. Mais moi, je n'étais pas d'accord ! Pas d'accord du tout. J'ai levé les yeux et ils ont croisé ceux de Sebbag qui n'osait pas l'ouvrir en présence de son patron. J'ai bien vu qu'il pensait comme moi. Et Sarah s'était pelotonnée dans le coin d'un canapé, en état de choc. Et nous autres, alors ? Elle était gonflée, la môme ! Qu'est-ce que nous allions devenir ? Ils allaient nous effacer, nous aussi… Et pour la première fois, je me suis adressé à lui : Mon Dieu ! C'était pas la peine de me faire traverser toutes ces épreuves pour me ramener là. Pourquoi ne m'as-tu pas laissé crever dans le ruisseau ? Pourquoi m'avoir choisi pour faire percer l'un des furoncles de ce monde pourri ? Et j'ai pensé à Tsipora… Au moineau égaré tombé de son nid. Et j'ai pensé à mon rêve. Le moineau, c'était Tsipora, le lion, c'était Sebbag, mais le chien… ben tiens ! Le chien, c'était Ilana. C'est bien de chien que la traitait la vieille Abadie. Et dans mon rêve, le chien, il se transformait en pierre. Alors, j'ai su ce que je devais faire. Je me suis doucement glissé derrière Dufer. J'avais mon Skorpion à la main. Je le lui ai enfoncé dans le dos en le saisissant à la gorge. Et j'ai dit à Ilana :

« Chère amie, lorsque l'autre téléphonera, vous lui demanderez cinq billets d'avion supplémentaires… et livrables de suite. Sinon, vous pouvez mettre une croix sur votre monnaie d'échange. »

Elle a immédiatement décliqué. C'était tout de même pas n'importe qui, Ilana. Elle s'est esclaffée :

« Range ton armurerie, le Juif errant. Je n'allais tout de même pas vous abandonner ici. En vérité, je ne pensais qu'à ça.

– Je ne lâche pas le grand crétin avant d'avoir les billets d'avion dans la poche. Cinq billets… Où tu veux aller, toi, Sebbag ?

– Au Bongo…

– J'en étais sûr ! Tu ne veux pas emmener le Hummer avec toi ? Tu pourrais en avoir besoin, là-bas… Les routes ne sont pas terribles, à ce qu'il paraît. »

Et j'ai regardé la vieille… Et je me suis dit que Abie, franchement, il déconnait. Qu'il ait réussi à tromper tout le monde, c'est une chose… Mais abandonner sa mère à une bande de tarés de la gâchette. Ce n'était pas gentil, pas gentil du tout ; ce n'était pas moral, en tout cas. Sebbag a suivi mon regard et a décliqué à son tour. Il a regardé Sarah qui s'était un peu redressée pour suivre les derniers rebondissements… Il a désigné la mère d'Abie d'un signe de tête. C'est Sarah qui a dit :

« On l'emmène, Sebbag. Ne t'inquiète pas ; on l'emmène. »

⁂

Tsipora avait repris ses esprits. Elle a réordonné ses vêtements d'un geste rapide de ses mains.

« Mais… Il y a quelque chose… Je n'ai pas compris… Abie avait le document depuis le début de toute cette affaire, alors… Depuis ce fameux vendredi où on a tous les trois séché le séminaire de Cohen… »

J'ai rigolé en pensant au gros.

« Ouais !

– Mais pourquoi il n'a pas tout de suite filé avec ?

– Mais parce qu'il ne savait pas quoi en faire, tiens ! Lorsqu'il a vu cet acte de vente, il s'est dit qu'il venait de tomber sur un gros coup. Mais il ne savait ni quoi ni comment. Et quand les ennuis ont commencé à pleuvoir sur sa tronche comme les impôts le 15 février, ça lui a confirmé qu'il était vraiment sur une grosse affaire. Mais il ne savait toujours pas comment utiliser le document. En fait, ce n'est que quand Ilana lui a expliqué les enjeux, qu'il en a appris suffisamment pour…

– Tu es sûr ? Tu es sûr de ce que tu avances ?

– Ouais ! C'est seulement à ce moment qu'il a pensé en savoir suffisamment pour continuer tout seul. Ça, j'en suis certain !

– Parce que si l'histoire est bien comme tu la racontes, Abie, il a des nerfs d'acier…

– Ouais !

– Mais tout de même… un psychiatre…

– Justement ! Un psychiatre, c'est un spécialiste des nerfs. »

Elle avait souri, était venue se blottir contre moi…

« Comment il a récupéré le document ? Tu le sais, toi, comment il l'a récupéré ?

– Non ! Lufua avait sans doute dû lui raconter… Lui demander de le transmettre à quelqu'un, peut-être…

– Mais qui c'était, ce Lufua ?

– Je ne sais pas. Ça, je ne sais pas !

– Mais c'était beau, tu te souviens, lorsque Sebbag et Sarah ont annoncé à la vieille Abadie qu'ils l'emmenaient avec eux. Tu te souviens ? »

Nous étions tous serrés dans le van Citroën que nous avait envoyé Naintré. Tout le monde faisait la gueule. Le mec qui conduisait n'avait pas réussi à nous convaincre qu'il fallait retirer les menottes de Dufer. Ça me plaisait assez de ramener ce grand con au quai d'Orsay avec des menottes aux poignets. J'aimais ce retournement de situation où le puissant est destitué par le destin. Je m'attendais tout de même à des embrouilles. Du coup, même avec les menottes, je gardais la mire du Skorpion juste sur la nuque de Dufer et je m'amusais à ne jamais perdre le petit pli de peau, entre les deux vertèbres. C'est Ilana qui s'est décidée à rompre le silence.

« Ça va, madame Abadie ? »

Au fond, elle lui devait bien quelque chose, à la vieille ; elle lui devait au moins d'avoir enfanté le premier mec capable de rivaliser avec ses *sheddim*, avec ses diables.

« *Ya'ni*... Ça va... *Ya'ni*... Ça va pas... *oué ba'den* ? Et après ? D'un côté, ça va parce que je suis contente d'Abie. En partant, il vous a abandonnée. Il a bien fait ! Je n'avais rien contre vous, vous savez... Mais une femme qui pêche les hommes la lance en avant, *zay takhod el samak*, comme elle prendrait du poisson, elle ne peut pas réussir. C'est une *ghoula*... (je crois que c'est ce mot qui a donné goule en français). Une suceuse de sang ! Je ne l'aime pas. Chez nous, on dit : *elley 'agle warda ye ass' i boustam ; elley 'agle am'ha taroui faddan*. Vous ne savez pas ce que ça veut dire, n'est-ce pas ? Vous ne pouvez pas savoir. Parce que vous, les Israéliens, vous voulez tout prendre *bel ba' ouel dera'*, avec la persuasion et avec la force – *ya'ni* vous voulez tout avoir, quoi... Je vais vous dire ce que signifie le proverbe : “Qui veut obtenir une seule fleur, devra arroser tout le jardin ; qui veut obtenir un seul grain de blé, devra irriguer un hectare”. » Même si je traduis, vous ne comprenez pas... Vous ne saisissez pas la *ma'na* du proverbe, sa signification, quoi. N'est-ce pas ?

– Non, madame Abadie. Non, je ne comprends pas.

– Ça veut dire ça ! *Ya'ni*... Ça veut dire que si tu veux obtenir l'amour de quelqu'un, tu dois faire la cour à toute sa famille... Voilà ! Vous voulez mon fils... Vous ne deviez pas le pêcher lui, mais venir parler avec moi...

– Mais justement ! Je ne savais pas que je voulais votre fils !

– Ah parce que maintenant vous le savez… Ah… Non ! Vous ne connaissez pas Abie ; vous ne l'aurez jamais ! Si vous étiez venue prendre conseil auprès de sa famille… Mais Madame est trop grande… Madame est un homme… Même les hommes, les plus grands des hommes, savent une chose pareille. Mon mari, par exemple… Lorsque mon mari m'a demandée en mariage, *ya setti*, ô madame, il a offert une automobile à mon père… Une Singer, décapotable… Vous vous rendez compte ? Une Singer… Je sens encore l'odeur du cuir des sièges… Pa pa pa pa (elle faisait un geste des mains) c'était la haute… Un grand seigneur. Il a offert un collier de diamant à ma mère… Pa pa pa pa… il l'a acheté chez Licha', le Caraïte, *fé Masr*, au Caire… Le meilleur de tous les bijoutiers d'Orient… Mais pas *fé sagha*, pas dans le souk des bijoutiers, non ! À la rue kasr el Nil… C'est comme ça, la vie des gens civilisés ! Enfin… ! C'était comme ça. »

Puis la vieille s'était retournée pour bouder dans son coin. Mais elle était revenue quelques instants plus tard.

« *Ya'ni* et moi ? *Ya'ni* vous allez me ramener *chare' el Roquette* ? Rue de la Roquette ? *Ya'ni chare' el Roquette, ro'ht oué get, raét oué chare' el Roquette kafart…* » (D'abord, ça rimait, mais en plus, elle voulait dire que la rue de la Roquette, elle en était partie, elle y était revenue, la rue de la Roquette s'était calmée et la rue de la Roquette, elle en avait soupé…) Et Sebbag en avait les larmes aux yeux. Il lui a dit :

« Ne vous inquiétez pas, madame Aabadie, nous vous emmenons en vacances, Sarah et moi. En attendant que votre fils revienne. Un petit voyage…

– En villégiature… Ah ! Les voyages, mon cher, j'adore les voyages. Dans le temps, *fé Masr*, en Égypte, jamais je ne restais plus d'un mois sans partir à l'étranger… Vous voulez que je vous dise, vous, mon fils, comme vous êtes beau ! Comme vous êtes sucré, mon fils, *zay el 'assal…* comme le miel ! Comme vous êtes salé… (Alors ça, c'était de l'arabe littéralement traduit, de l'arabe en français. Ça voulait simplement dire qu'il était gentil, le Sebbagh.) Puis, elle s'était faite romantique… Dans ma douleur d'avoir perdu mon fils, je vais me réjouir d'avoir gagné deux enfants… Regardez ce que dit le proverbe. C'est en arabe littéraire. *Ya'ni high, high, high !* (Là, elle mélangeait l'arabe et l'anglais. Elle voulait dire que c'était vraiment un proverbe très classe…) *Thalassaton iaz'habou 'an el kalb elcekam, al maou, al khodra wal wagh el 'hassan.* » Et sans même un commentaire, elle nous avait donné la traduction : « Ils sont trois à savoir éloigner du cœur l'humeur triste : l'eau, la verdure et le doux visage. » Et le doux visage, c'était celui de Sebbag.

« Même moi, tu vois, même moi, j'ai eu envie de pleurer à ce moment, tellement j'étais ému.

– Toi ? Tout n'est pas perdu, alors. »

⁂

Au passage de la douane, Uri, l'agent du Mossad préposé aux arrivées, nous avait pris à part, dans une petite pièce isolée.

« Heureux de vous revoir israélien, capitaine Katzman. »

Donc ils savaient ! Ils avaient fini par raccrocher les

wagons. Et ils me laissaient tout de même entrer dans le pays. Pourquoi ? J'ai répondu :

« Je reviens pour m'asseoir.

– Peut-être aura-t-on à nouveau besoin de vous… Un jour… »

22

L'année suivante, à Jérusalem

Un an et un mois plus tard. Vendredi, le 10 avril. Jérusalem.

Mon Dieu ! Les 613 ? Pourquoi tout ça ? Pourquoi 613 *mitzvot* ? Pourquoi nous as-tu contraints à 613 commandements ? 513 n'auraient pas suffi ? Et si 513 avaient suffi, alors peut-être que 413 auraient purifié le peuple ? Et si 413 avaient purifié le peuple… 313… Non ? Ce n'était pas un bon chiffre, 313 ?

Tsipora est entrée il y a à peine une heure. J'espère que tout se passe bien. Le médecin m'a demandé si je voulais assister. Il n'est pas fou, non ? Il n'a pas vu ma barbe et ma kippa ? Il devrait savoir que nous autres, les Juifs, nous ne devons jamais être au contact du sang des femmes. Nous n'avons pas le droit. Je sais déjà que ce sera une fille. Nous l'appellerons Perla, comme la sœur de mon père qui a été assassinée dans les camps. Mais elle aura un second nom ; en hébreu, elle s'appellera Zohar. C'est presque la même chose, d'ailleurs, puisque ça signifie « la splendeur », « le joyau ». Depuis que je suis entré à la *yeshiva*, littéralement « l'endroit où l'on s'assoit », j'étudie le jour comme la nuit. Heureusement que Tsipora a trouvé ce demi-poste de comptable. Ça nous permet de manger tout de même tous les jours. Ici, à Jérusalem, la rue, c'est comme une gigantesque cour de récréation. Les gens crient et se disputent sans cesse, comme des enfants. Ça m'amuse toujours. Les hommes du Mossad ne sont passés me voir qu'une seule fois, il y a trois mois, juste à mon retour du Venezuela. Je ne sais pas ce qu'ils me voulaient. Ils ont commencé à m'interroger mais c'était l'heure de la prière. Alors, je les ai un peu brusqués. Ils ne sont jamais plus revenus. Que Dieu les garde ! Tous les jours, je demande à Dieu pourquoi il m'a fait tuer des hommes. Il ne répond jamais à cette question. Mais souvent, lorsque j'ouvre le livre de la main droite, à minuit, après avoir dit les paroles, il répond à des questions que je ne lui ai pas posées. « Le sang ne doit pas sortir des morts », me dit-il. « La nuque des Juifs restera raide car sans cela, je ne pourrais plus discuter avec quiconque et le monde finirait », a-t-il rajouté. Il a expliqué que si, ces dernières années, il a multiplié les *sheddim*, « les diables », c'était pour que les hommes prennent conscience de la grandeur de l'unicité. « Si le multiple est puissant, seul l'unique est grand. » Voilà une autre phrase. « Chaque homme est deux, chaque femme quatre », encore une. Cette phrase, je ne l'ai pas encore comprise. Il ne faut pas trop s'occuper de sexualité parce que « Dieu *est* le sexe ». Je ne sais pas très bien ce qu'il a voulu dire par là. En tout cas, avec Tsipora, le désir dure encore. Nous respectons scrupuleusement les *Taharath hamichpa'hah*, « les règles de la pureté nuptiale », et nous ne manquons jamais de nous unir la nuit de shabbat. Il faut dire que durant un mois, après mon opération, je n'ai pas pu l'approcher à cause de la *brith mila*, « la coupure de l'alliance », c'est-à-dire : la circoncision. Ça nous a encore rapprochés, en vérité. J'ai fait ma circoncision à l'hôpital universitaire, avec un rabbin près du billard qui bénissait l'ablation du petit chapeau. Tout s'est bien passé. Après, durant une semaine, c'était l'enfer pour pisser. C'est bizarre, l'impression que ça fait. Sans prépuce, c'est comme si on était tout le temps en érection. Le simple contact avec le coton de la djellaba déclenchait mon désir. Du coup, durant quelques semaines, j'avais sans cesse envie de Tsipora. Puis, ça s'est calmé. Maintenant, je ne vois presque plus de différence. Je ne saurais dire si c'est mieux ou si c'est moins bien. Il faut dire que je n'ai pas le temps d'y penser ; l'étude m'accapare.

Ce soir, c'est Pessa'h. Je comptais aller passer le Seder chez mon rabbi, qui nous a très gentiment invités avec toute sa famille. Mais je crois que l'enfant arrivera cette nuit. Dire que ma fille naîtra la nuit de Pâques, cette nuit où l'on commémore la sortie d'Égypte, et qu'elle naîtra à Jérusalem. Qui pouvait rêver plus belle naissance ?

Depuis quelque temps, Dieu me donne aussi des réponses qui sont adressées à d'autres. Moi, je ne m'étais même pas rendu compte qu'ils posaient des questions. Je parle par exemple avec Asher, le boucher, qui me dit que sa fille veut quitter le pays, entreprendre des études en Amérique. Le soir même, Dieu m'apprend qu'arrivée là-bas, elle ira s'engouffrer dans une équipe de journalistes, à Washington, et qu'elle deviendra idiote. C'est dommage, parce que Shoushanah est tellement vive, tellement intelligente… Mais je ne sais que faire des nouvelles qu'il m'apprend ainsi. Alors, depuis ce temps, j'évite d'acheter la viande chez Asher, pour ne pas avoir à parler avec lui et à lui donner de mauvaises nouvelles de sa fille. Une autre fois, Linda, une amie de Tsipora qu'elle a rencontrée à son travail, une Française d'origine tunisienne, est venue boire le thé à la maison. Elles ont parlé de politique. La nuit, Dieu m'a parlé des *Baal*, des femmes qui s'accouplent avec les chiens et avec les porcs. Je n'ai rien dit à Tsipora, mais lorsqu'elle m'apprend que Linda doit venir à la maison, je me débrouille pour sortir. Je ne me suis toujours pas décidé à ouvrir le livre de la main gauche. J'ai encore trop peur.

Hier, j'ai entendu sur TV5 une déclaration du président français qui encensait le colonel Toussega et le félicitait d'avoir introduit une véritable démocratie dans son pays. Les choses ont donc dû s'arranger entre les Américains et les Français sur le partage de l'influence politique au Bongo, et par conséquent entre les Israéliens et les Français. Dire que nous avons tous failli mourir pour un conflit provisoire entre les puissants... Ce n'est pas une bonne façon de mourir.

Il n'y a pas de cela quinze jours, Sebbag est venu ici en vacances avec Sarah. Ils ont logé chez nous. Elle n'est toujours pas enceinte. Ça les inquiète un peu, tout de même. Nous leur avons laissé la pièce et dormi dans la cuisine. C'était très joyeux. Là-bas, en Afrique, ils se sont installés dans un village – je ne me souviens plus très bien du nom – ou bien une petite ville, en province ? En tout cas, ils n'ont ni l'eau courante ni l'électricité. C'est tout près de la région d'où la famille de Sarah est originaire. Il paraît qu'ils sont déjà près de deux mille Juifs, au Bongo. Je ne comprends pas ce que cela peut signifier aux yeux de Dieu. Sarah est encore plus belle et Sebbag saute toujours autant d'un pied sur l'autre. Il a acquis la nationalité bongolaise et occupe là-bas un poste important dans la hiérarchie de la police – quelque chose comme préfet ou gouverneur de province. Ils m'ont aussi appris que la vieille Abadie était morte chez eux, il y a deux mois à peine. Ils étaient justement en train de bâtir la synagogue, dans le village. Ils l'ont enterrée dans les fondations de l'édifice. Sebbag a prétendu que c'était un acte pieux ; une façon de « fixer les ancêtres » et de les inciter à protéger la communauté. Moi, je crois que ce sont plutôt des traditions africaines. Mais quelle importance ? L'essentiel est qu'elle ait pu un temps les nourrir de ses proverbes. Quoi qu'il en soit, malgré ce que j'apprends, malgré cette sagesse qui pénètre goutte à goutte dans mon sang, je m'abstiens toujours de penser à la bonne façon de se conduire. Qui sait par quels chemins Dieu nous conduit ?

J'ai appris qu'Ilana avait quitté le Mossad – ou bien l'ont-ils renvoyée ? En revenant de Paris, elle n'était plus la même femme qu'avant. Elle errait par les rues, hagarde, comme une junkie, parlant à tout le monde. Puis, elle a totalement disparu durant un temps. Certains qui la connaissaient ont prétendu qu'elle était partie vivre au Nord près de Haïfa, dans un village habité par des émigrants yéménites. Peut-être là où vit son guérisseur mâcheur de khat ? Puis, un jour, elle est réapparue dans les rues de Jérusalem. Malgré ses vêtements noirs, l'absence de maquillage et le fichu qui cachait ses beaux cheveux d'or, je l'ai reconnue à sa façon de marcher comme un homme, en claquant les talons. Je suis resté interdit. Peut-être la troisième métamorphose de mon rêve la concernait-elle aussi ? Les serpents qui devenaient les racines d'un petit arbre... Parce qu'il faut reconnaître qu'elle était mauvaise comme un serpent. Maintenant, elle aide à soigner ceux qui sont empoisonnés par le venin de la drogue, avec son rabbin de mari, à *Mea Shaarim*, au quartier orthodoxe de Jérusalem. Nous ne nous sommes jamais plus parlé depuis ce jeudi où elle m'a remis les passeports et les billets d'avion dans le hall de l'ambassade israélienne, à Paris.

Maintenant, je n'aime plus m'éloigner de la maison. Je me rends seulement tous les jours chez mon rabbi, à deux cents mètres, et à la synagogue à cent mètres. J'aime apercevoir ma silhouette courbée dans la glace des devantures. Ça me donne la sensation d'être devenu un vieux Juif. Quelquefois, je pousse jusque chez Vlad, l'épicier russe qui se trouve à cinq cents mètres et j'échange avec lui quelques plaisanteries sur les Ashkénazes et les Sépharades. Le dimanche, il nous arrive de jouer aux échecs. Nous avons décidé le blitz à un shekel. Je trouve ça cher, d'autant que je perds trois parties sur quatre. Je ne fais aucun progrès dans ce domaine. C'est chez Vlad que les gens me posent parfois des questions sur leur vie. Je ne comprends pas ce qui leur prend parce que moi, je débute dans l'étude, je sais si peu de choses. Que pourrais-je leur répondre ? Au nom de quoi leur expliquer quoi que ce soit ? Avec Tsipora, nous ne nous sommes quasiment plus lâchés d'une semelle. Je ne suis parti seul en voyage qu'une fois. J'avais reçu au courrier une enveloppe contenant un aller-retour pour Caracas, en première classe, avec un carton sur lequel étaient écrits ces seuls mots : « De la part de mon père ». J'ai immédiatement compris que c'était Abie puisque son prénom signifie « mon père ». Nous en avions plaisanté autrefois, chez Raïs, le vieux guérisseur marocain. Il est venu me chercher à l'aéroport. Il avait acheté pour l'occasion la même Jaguar que celle dans laquelle il nous avait faussé compagnie, cette terrible nuit, à Neauphle-le-Château. Abie a gardé son tempérament joueur. Il ne peut pas s'empêcher de faire des blagues. J'ai passé une semaine dans son ranch. Il s'étend sur cent cinquante hectares, il y élève des bœufs et des chevaux par centaines. Il voulait parler sans cesse, même quand j'étais debout pour prier. Il m'a méthodiquement interrogé sur chacun. Je lui ai répondu tout ce que je savais. Il a gardé les questions sur Ilana pour la fin. Lorsque je lui ai raconté ce qu'elle était devenue, il s'est contenté de me dire :

« Bien. C'est bien. C'est bien. »

J'ai bien vu qu'il avait gardé une sorte d'affection secrète pour cette femme. Je n'ai pas insisté, ne voulant pas le faire souffrir. D'ailleurs, il a tout de suite changé de sujet.

« Et ta répulsion pour l'alcool, est-ce que c'est passé, ou bien…

– Du tout ! Ça n'est pas passé du tout ! Lorsque je suis invité chez mon rabbi, je ne peux même pas goûter le vin du shabbat. Parce que chez moi, il n'y en a pas une larme – ni du vin, ni de l'alcool, ni même du vinaigre. Imagine, je dis le *kiddoush* sur du raisin pressé.

– Ah, tu dis le *kiddoush* ? »

S'il savait tout ce que je ne fais pas… Et toutes les prières qu'il m'arrive d'oublier… Et toutes les règles que je ne respecte pas, aussi… Il a évidemment appris la mort de sa mère. Je l'ai tout de même trouvé un peu triste lorsqu'il l'a évoquée, mais à peine. Il a raison. Dieu ne nous recommande-t-il pas de ne pas être trop affligé par un deuil ?

« Il a fallu que cette vieille chipie se fasse tout de même enterrer dans la terre d'Afrique. Que veux-tu, je n'avais aucun moyen de lui offrir une tombe en Égypte… Tu sais qu'ils ont détruit le cimetière juif de Bassatine, au Caire… »

Bien sûr que nous avons parlé des Juifs. Il n'a pas cessé de me poser des questions sur ma nouvelle façon de vivre et de penser. Je lui ai expliqué ma conception profonde, que la vie était une échelle ; qu'on la montait à certains moments et qu'on la descendait à d'autres. Une échelle ? Non ! Lui pensait toujours que la vie était une flèche et que ceux qui s'arrêtent tombent tout droit dans l'abîme, comme un avion en panne de réacteur. Nous nous sommes un peu chamaillés. Et puis, nous avons aussi parlé de Dieu, bien sûr.

« Comment toi, Katzman le clodo… Non… ! Je te pensais immortel. Je pensais que même Dieu ne voudrait pas de toi, tellement tu puais. Te voilà te préparant à la mort… Quelle autre raison peut-on avoir pour faire *téchouva*, “le retour à Dieu” ?

– Dieu, tu vois, c'est le seul problème des Juifs. Il n'y en a pas d'autre ! Si on réfléchit bien, leur seul problème est de déterminer à qui Dieu est en train de parler. Aujourd'hui, on sait que ce n'est pas au Mossad !

– Tu penses que c'est aux rabbins, alors ?

– Non ! Pas aux rabbins non plus. Mais c'est eux qui détiennent la langue. Il faut bien l'apprendre auprès d'eux si on veut savoir ce qu'il dit…

– Je crois que tu te trompes. Dieu, s'il parle, il faut à chaque fois découvrir la langue dans laquelle il s'exprime. C'est ce qui rend la vie intéressante pour les Juifs.

– Non, Abie ! C'est toi qui te trompes. Qu'est-ce que c'est qu'un Juif, aujourd'hui ? Je vais te répondre : c'est celui qui a vécu tous les états actuels du Juif : la

Shoah, l'exil et la méchanceté au cœur des nations, le marxisme et les forfaitures qui en ont découlé, Israël pour le bien, Israël pour le mal, le Mossad... tout ! Abie, rends-toi à l'évidence ; celui qui a traversé tout ça, c'est moi. Le Juif, c'est moi !

– Non, Samouel, tu te trompes totalement ; je regrette de te le dire puisque tu es en train de bâtir ta vie là-dessus… Un Juif est celui qui n'y pense pas ; celui dont l'identité ne lui est pas renvoyée par quiconque, ni par ses proches, ni par les siens, ni par les autres. Un Juif, c'est de la substance de Juif. Donc, le Juif, c'est moi ! »

Et là, nous étions totalement en désaccord. Mais ce n'était pas grave ; nous nous aimions toujours autant. Ce qui était sûr, c'est bien que nous étions juifs tous les deux. Ça, c'est sûr ! Alors, j'ai voulu changer de conversation.

« Tu es toujours amoureux, Abie ?

– Toujours. Et même, pour te dire… toujours ! Je veux dire toujours autant, quoi, chaque six mois, environ…

– Tu n'as pas trouvé une cousine, une sœur, une femme allaitée aux seins de ta mère ?

– Ah… Ne parle pas comme ça ; tu me dégoûtes ! »

Durant tout le séjour, nous avons évité d'évoquer sa fuite dans la Jaguar et ce qu'il avait fait après ça. Je craignais qu'il imagine que je venais l'accuser. Savait-il à ce moment si un seul de nous survivrait ? Y avait-il même pensé ? Après tout, chacun est libre de ses actes… C'est Dieu, *baroukh hachem*, qui les jugera au jour de la venue du *Mashia'h*, du messie (que ce soit de notre vivant !). Je pense que ce ne sera pas un jour mais une nuit… Ou même peut-être pas Dieu mais des prophètes… Ou je ne sais qui… Mais le dernier jour, avant de repartir, je lui ai tout de même posé une question…

« Et Lufua ?

– Quoi, Lufua ?

– Ben… Lufua, quoi ! Raconte. »

Et il m'a raconté.

« C'était un lundi, je me souviens, le lundi 10 mars ; la seconde fois que je venais le voir pour l'expertise. La première fois, je n'avais pas compris un mot de ce qu'il m'avait raconté. Il ne parlait pas très bien le français, tu sais… Alors là, j'étais revenu avec une interprète bongolaise, maman Hélène. Ils discutaient dans leur langue et elle me traduisait ce qu'elle pouvait. Parce que, tu vois, ce type, il n'était pas clair, pas même dans sa langue. C'est elle qui m'a expliqué que Lufua avait été un homme très connu dans son pays, une sorte de star, pasteur, évêque, archevêque et pape d'une nouvelle église évangélique qu'il avait lui-même fondée. Un jour, il avait annoncé partout, à la radio, la télé, les journaux, qu'il allait nettoyer le pays de toute sorcellerie, l'éradiquer… Qu'il allait faire en sorte que, à travers tout le Bongo, il ne reste plus un seul sorcier… Et il avait convoqué la population dans son église, à Zébraville. Ils étaient venus nombreux, les Bongolais. Je parie qu'il n'y en avait pas un seul à travers tout le pays qui n'avait pas eu de problème avec la sorcellerie. L'église était pleine à craquer – peut-être cinq mille personnes ? Tu vois ? Il était monté en chaire et avait commencé à expliquer que sorcellerie et idolâtrie étaient des sœurs jumelles. Au début, des banalités, si tu veux. Puis, il s'était fait plus précis et avait accusé les *Béni Saba*, les enfants de Saba…

– Les *Béni Saba* ? Tu connaissais donc l'existence des Juifs bongolais…

– Non ! C'est Lufua qui me l'a apprise. Donc, il accuse les « enfants de Saba » d'être une secte de sorciers prêts à dévorer tout le pays…

– Mais comment il a pu argumenter une chose pareille puisque les "enfants de Saba" sont juifs, donc par définition opposés à l'idolâtrie ?

– Justement ! Il a expliqué durant son sermon qu'ils cachaient leurs fétiches dans leur Torah. Il a demandé, comme ça, aux gens dans l'église : "Vous êtes tous chrétiens, n'est-ce pas ?" Et ils ont répondu en chœur qu'ils l'étaient. "Vous croyez tous à la Bible, vous la lisez et vous inspirez de ses préceptes pour guider votre vie ?" Et ils ont à nouveau acquiescé. Puis, il leur a demandé : "Y en a-t-il un seul parmi vous qui soit en possession d'une Torah ?" Et ils ont tous répondu que non. Que personne n'avait même jamais vu une Torah… Alors, il a expliqué que les *Béni Saba* donnaient à manger à la Torah comme à un *nkisi*.

– Un *nkisi* ?

– Ouais ! Un nkisi, c'est un fétiche, quoi… Qu'ils lui donnaient du sang à manger… Et aussi de l'huile rouge, de l'huile de palme… et tout… Du gin, du riz, de la viande crue… Et du foie d'être humain. Alors, il y a un type, au premier rang de l'église, un vieux qui s'est levé et qui a demandé à Lufua : "Tu veux brûler les *nkisi* que nous ont légués nos ancêtres ?" Et Lufua a répondu : "Nos ancêtres étaient dans l'erreur. Nous allons racheter leur mémoire. Est-ce parce que ton ancêtre roulait à vélo que tu vas adorer le vélo et refuser l'automobile ?" Et tout le monde a rigolé, dans l'église. Alors, le vieux a répété une seconde fois la question :

“Tu veux brûler les *nkisi* que nous ont légués nos ancêtres pour nous défendre de nos ennemis ?” Et Lufua a argumenté à nouveau : “Nos ancêtres connaissaient-ils les avions, les fusées, la télévision ? Comment peut-on ainsi s’attacher à de vieilles choses lorsque le monde avance à la vitesse de la lumière ?” Et le vieux a posé la question une troisième fois. Il aurait dû comprendre, Lufua. Lorsqu’on te pose trois fois la même question, en vérité, c’est une menace. Mais il a une fois de plus chanté les louanges de la modernité. Alors le vieux a invité ses amis du premier rang à le suivre – au moins une trentaine de vieux qui ont dignement quitté l’église, en file indienne. Et leurs yeux lançaient des flammes de sang alentour. Après un moment de perplexité, Lufua a continué à prêcher. Mais une demi-heure plus tard… tu vois, un orage, la foudre… L’église a pris feu… Imagine cinq mille pèlerins dans cette église en feu… Il y a eu deux cents morts ! Ou trois cents… je ne sais plus ce que maman Hélène m’a raconté. Lufua a dû quitter le pays tellement les gens voulaient le découper en morceaux.

– Attends ! Pourquoi on lui en voulait, à lui ? On pensait que c’étaient les vieux qui s’étaient vengés parce qu’il voulait débarrasser le Bongo de ses fétiches ?

– Mais oui ! Alors que lui restait persuadé que la destruction de son église était une vengeance des *Béni Saba*. D’autant qu’après ça, plusieurs membres de sa famille sont décédés coup sur coup… de maladie, d’accidents… Pour lui, c’étaient eux, les *Béni Saba*, qui bouffaient successivement les membres de sa famille pour se venger d’avoir été dénoncés. Émigré à Paris, Lufua avait réinstallé son église et commençait à drainer toute une population d'Africains déracinés – pas uniquement des Bongolais, d'ailleurs. Il y avait aussi des Ivoiriens, des Togolais… C'est là qu'il a été approché par les gens de la DST qui trouvaient, prêts à l'emploi, des mouchards de toutes les communautés. Tu vois, quand j'ai compris qu'il avait été manipulé pour tuer Vanna…

– Ah, j'ai compris ! Vanna… c'était aussi un *Béni Saba*.

– Évidemment ! Pas seulement un *Béni Saba*, c'était leur chef ! C'est maman Hélène qui m'a permis de découvrir ça. Elle commence toujours son travail de traduction par une discussion sur la signification des noms… Alors, lorsqu'on a parlé de Vanna, elle a tout de suite remarqué que ce nom signifiait "donner".

– Ah bon ? Et alors ?

– Alors, j'ai dit, comme ça… "Vanna, c'est 'donner'… alors, c'est comme Nathane en hébreu… Nathane, ça veut dire 'donner'. » Et j'ai commenté : par exemple : Nathanaël, "donné à Dieu" ; Yonathan, "Dieu a donné"… Et les *Béni Nathane*, m'a demandé Lufua ? J'ai dit que je n'avais jamais entendu parler de ce nom-là. Alors, il m'a dit que Vanna, c'était un *Béni Nathane*. C'était le *mfumu a kanda*, "le chef de famille" des *Béni Nathane* ; la principale famille des *Béni Saba*. C'est comme ça que j'ai été au courant de l'affaire des Bongolais.

– D'accord, d'accord ! Mais le document… l'acte de vente ? Où était-il ?

– Chez Ruthy !

– Chez Ruthy ? Ah oui ! Ta copine, la, la…

– La *hollandeya*, la *lefta*, (la Hollandaise, le navet), comme disait ma mère…

– Ah, c'est là que tu es allé le rechercher, cette fameuse nuit quand tu nous as lâchés ?

– Oui !

– Non ! Mais avant que tu ne le caches chez Ruthy, où était-il ?

– Dans la sacoche de cuir que Lufua a récupérée sur Vanna.

– Oui… Oui, je sais ! J'ai compris ! Mais où était la sacoche, puisque les flics ne l'ont pas trouvée ? Ni sur le cadavre, ni sur Lufua.

– C'est là que j'ai été malin, tu vois… »

Et il m'a raconté.

⁂

Mardi, le 18 mars. Maison d'arrêt de la Santé. Paris. 10 h 30.

« Monsieur Lufua, on ne vous avait pas seulement dit de tuer Vanna, on vous avait aussi demandé de rapporter sa sacoche, n'est-ce pas ? Sa sacoche de cuir…

– Le Seigneur a sauvé son peuple, esclave en Égypte ; mais il a ensuite fait périr les incrédules. »

Lorsqu'il récitait les Évangiles, son français devenait correct. Je l'ai incité à préciser.

« Vanna croyait en Dieu, tout de même…

– Malheur ! Malheur ! Ce n'était pas à Dieu qu'il croyait, mais à Caïn.

– À Caïn ?

– Le Seigneur est venu exercer son jugement et confondre tous les impies.

– Le Seigneur est venu ?

– Vanna a péché contre la croix ; il est mort par la croix.

– Je comprends ! Je comprends. Mais la sacoche ? »

Et il a pris un air inspiré, Lufua. Il a roulé ses gros yeux rougis et m'a dit :

« La sacoche est cachée dans ma parole… Reste dans l'amour de Dieu, monsieur docteur, en attendant la miséricorde de notre Seigneur Jésus-Christ pour la vie éternelle. »

⁂

Au début, je n'ai rien compris à ce que racontait Abie. Mais rien ! Il m'a regardé, moqueur.

« Tu vois, ça sert d'être instruit… Ça sert de connaître les dieux des autres…

– De quoi tu parles, Abie ? Il est interdit de connaître les dieux des autres…

– Ça dépend ! Il paraît qu'autrefois, du temps où nous avions encore le Temple, certains juges se spécialisaient dans la connaissance des dieux des autres – précisément pour mieux juger ceux qui s'en allaient rendre des cultes idolâtres chez les voisins. Tu vois, ça sert ! »

Je lui ai répondu que si au temps du Temple, les Juifs pouvaient apprécier des savants ou des juges versés dans l'étude des dieux des autres, aujourd'hui, comme il était devenu beaucoup trop difficile de se purifier, il valait mieux éviter. Mais je ne comprenais pas comment l'étude des Évangiles pouvait lui apporter la clé de l'énigme.

« Explique-moi, alors…

– Il avait cité l'Évangile de Matthieu. Le passage sur saint Jude.

– Ah, tu pouvais reconnaître ça, toi ? Mais c'est tout

pareil. Les Évangiles, c'est tout pareil, non ? Comment as-tu pu reconnaître le passage ?

– Je ne l'ai pas reconnu. Je suis allé le chercher. Et même que j'y ai passé une bonne partie de la nuit.

– Mais pourquoi ?

– Puisqu'il m'avait dit que la sacoche était cachée dans sa parole. Il fallait que j'identifie le lieu de sa parole.

– D'accord ! Donc, l'Évangile de Matthieu, d'accord. Et ensuite ?

– Ensuite, je me suis dit : saint Jude, ça tombe sous le sens ; puisqu'il s'agit d'un combat contre les Juifs. Jude, ça veut dire "juif". Mais des statues de saint Jude Tadeus, tu en as déjà vu ? Sûrement pas en France. On en trouve aux États-Unis, au Canada... et surtout : au Brésil... Parce que saint Jude Tadeus, c'est aussi un esprit du culte des saints, de la *santería*, une sorte de dieu de la *macumba*... Donc, à Paris, ça ne pouvait être que dans un lieu pareil... À tout hasard, je me suis rendu dans une cave où on organise des séances de macumba, dans le Xe, près de Strasbourg-Saint-Denis. Et là, derrière la statue de saint Jude, la petite sacoche de cuir. Posée, comme ça...

– Non ?

– Mais si ! Je t'assure ! Personne n'y avait touché. Les autres avaient dû penser qu'il s'agissait d'une offrande ou quelque chose comme ça. Elle était restée à la place où l'avait laissée Lufua. Je l'ai prise et je me suis tiré avec.

– Mais pourquoi revenir voir Lufua, alors, au risque de te faire repérer ? Pourquoi ?

– Dans cette sacoche, il y avait juste l'acte de vente ; rien d'autre ! Je ne savais pas ce que c'était... Je me suis bien douté qu'il s'agissait d'une grosse affaire… Mais…

– Attends un peu… La DST était déchaînée. Ils avaient bien mis une dizaine d'hommes prêts à tout sur le coup… Et durant quinze jours, ils ont laissé Lufua parler à qui il voulait, comme ça… Pourquoi ils ne l'ont pas tout de suite descendu ?

– Une erreur, je pense ! Une erreur de Dufer qui pensait qu'une fois Vanna éliminé, tout danger était écarté.

– Et toi ? Après ?

– Je me suis planqué quelque temps, puis je suis allé proposer ma sacoche aux Américains… Je me suis simplement présenté à l'ambassade. Ils sont corrects en affaires. Ils m'ont bien payé la marchandise. »

⁂

Avec l'argent qu'il a obtenu des Américains, Abie a réinstallé l'Égypte au Venezuela – l'Égypte des Abadie d'Alexandrie. Il a au moins cinq voitures, dont une Bentley. Il vit dans un véritable château, entouré d'une armée de serviteurs en livrée qui guettent le moindre de ses gestes pour lui présenter son maudit bourbon Jack Daniels. Rien que d'apercevoir le verre, j'en ai des haut-le-cœur. Il m'a dit qu'il voudrait bien dire le kiddoush à shabbat, comme autrefois, mais il faudrait qu'une femme soit là, dans la maison, qu'elle allume les bougies avant la tombée de la nuit, qu'elle prépare aussi la table avec le pain, le vin, le livre de prière… Abie, il lui faudrait une Égyptienne ; une Juive égyptienne. Mais va trouver une Juive égyptienne à Caracas… Quoique… Je connais une marieuse à

Jérusalem… Abie m'a proposé de l'argent pour m'aider à étudier, mais j'ai refusé.

En parlant avec lui, j'ai compris la dernière métamorphose de mon rêve. Les quatre chevaux attachés au char… Les quatre hommes juifs… Abie, Sebbag, Beni Nathane et moi… Nous pensions chacun avoir trouvé une solution, alors que nous tirions le même char, tous quatre harnachés au même attelage. Mais pourquoi avons-nous été transformés en pucerons ? Il faudra que je pose la question une de ces prochaines nuits.

Dieu, toutes ces confessions, je les ai écrites et consignées dans ce manuscrit sur ta demande. Et puis voilà. Quelquefois, je me dis que je devrais en faire un livre pour édifier les Juifs. Bien sûr, il me faudra changer les noms de toutes les personnes et aussi le nom des lieux, peut-être même des pays… Pour ne pas avoir d'ennuis avec le Mossad ou avec les services secrets français. Mais un livre, ce n'est rien qu'un livre. Quelque chose qui parle et qui se trompe. Comment un livre devient-il parole ? Comment pourrait-il se transformer en cette chose qu'on questionne et qu'on interprète ? J'ai interrogé à ce sujet. Et il m'a été répondu cette seule formule : *ma'haram ata*… « l'anathème est sur toi ». Certains prétendent que c'est de cette expression que dérive le mot « marrane » ; d'autres disent que « marrane » vient de l'espagnol : « cochon ».

Glossaire des mots et expressions en langue étrangère

'Abad... Hébreu. « Esclave. »

Abadane !... Arabe. « Jamais ! »

'Abadim hayenou léphar'o mismirayim... Hébreu. Prière que l'on récite le soir de la fête de Pâques et qui signifie : « nos aïeux étaient esclaves de Pharaon en Égypte. »

Abou'l assisse... Arabe. « Le père du curé. »

Abou shabbat... Arabe. Nom d'une araignée particulièrement venimeuse.

'Achan... Arabe. « Parce que. »

'Afrit... Arabe. « Diable », « être maléfique réputé sortir du Nil. »

'Akham... Hébreu. « Savant », par extension : « rabbin. »

Allah yer'hamou... Arabe. « Que Dieu assure son repos. »

'Alya... Hébreu. Littéralement « la montée ». Désigne en général l'émigration en Israël (« la montée » vers la terre promise).

'Araki... Arabe. Alcool blanc, parfumé à l'anis, généralement à haut degré d'alcool.

'Asphoura... Arabe. « Oiseau » au féminin.

Assé lekha rav... Hébreu. « Trouve-toi un rav »... « Trouve-toi un maître. »

Assisse... Arabe. « Curé. »

Baal... Hébreu. Divinité de l'antiquité sémitique connue pour les offrandes sexuelles qu'elle exigeait des humains. Ce mot existe aussi dans la langue commune et signifie « maître » comme dans *baal ha chem*, « le maître du nom » ou simplement « mari. »

Balache... Arabe. « Tant pis. »

Baladi... Arabe. « Campagnard », « vulgaire. »

Bar mitzva... Hébreu. Rituel d'initiation auquel est soumis chaque garçon juif à l'âge de treize ans au cours duquel il doit démontrer sa capacité à lire devant l'assemblée des croyants un passage de la *Torah*.

Baroukh hachem... Hébreu. « Béni soit le nom. »

Baroukh ata adonay... Hébreu. « Sois béni, mon Dieu. »

Bass eskoti... Arabe. « Assez, tais-toi. »

Be seder... Hébreu. « Exact. Bien. »

Beesmellah... Arabe. « Au nom d'Allah. » « Au nom de Dieu. »

Behim... Arabe. « Bétail. »

Beit el 'haïm... Hébreu. Littéralement « la maison des vivants », autrement dit : « le cimetière. »

Beit hamidrashe... Hébreu. Littéralement « la maison d'étude » ; lieu où l'on enseigne le talmud.

Bel ba' ouel dera'... Arabe. Expression signifiant littéralement : « avec la persuasion et avec la force. » Se dit de quelqu'un qui ne voit aucun obstacle à la réalisation de ses désirs.

Bet el eh... Arabe. « Fille de rien. »

Bet el kalb... Arabe. Injure. « Fille de chien. »

Brith mila... Hébreu. Littéralement : « La coupure de l'alliance », c'est-à-dire : « la circoncision. »

Chalia'h mitsva... Hébreu. Quelqu'un chargé par Dieu d'une *mitsva*, d'une obligation.
Chare'... Arabe. « Rue. »
Cheytane... Arabe. « Diable », « Satan. »
Choffar... Hébreu. Cor fait d'une corne de bélier que l'on sonne au cours de certaines cérémonies rituelles.
Chouf... Arabe. « Regarde ! »
Dammou zay el sharbat... Arabe. « Son sang est comme le sirop d'orgeat. » Autrement dit : « sa substance est toute de douceur » ; « il est sympathique. »
Dibbuk... Hébreu. Âme d'un mort revenue persécuter un vivant.
Djinn, pluriel *jnoun*... Arabe. Êtres invisibles susceptibles de posséder les humains pour les contraindre à leur rendre un culte.
Ech bi oul ?... Arabe. « Qu'est-ce qu'il dit ?. »
Ech da ?... Arabe. « Qu'est-ce que c'est ?. »
Ech dé'lefta di ?... Arabe. « Qu'est-ce que c'est que ce navet ?. »
Ech fi ?... Arabe. « Qu'est-ce qu'il y a ?. »
Ekha... Hébreu. Commémoration de la destruction du temple.
Ekhss !... Arabe. Interjection de dégoût.
Ekhss 'alek !... Arabe. « Que la saleté soit sur toi. »
El donia kbira... Arabe. « Le monde est grand.... »
El lé fatou matou... Arabe. « Ceux qui sont partis sont morts... »
Eretz... Hébreu. « La terre », se dit du pays d'Israël.
Erev yom kippour... Hébreu. La veille de Kippour.
Eshta... Arabe. « Crème du lait. »
Esma'... Arabe. « Écoute. »
Fallah... Arabe. « Paysan. »

Fé Masr… Arabe. « Au Caire. »
Froum… Yiddish. « Pieux », se dit d'un religieux particulièrement orthodoxe.
Gabbay… Hébreu. « Bedeau. »
Ghasra… Arabe. « Angoisse. »
Ghoula… Arabe. « Ogresse. »
Gomel… Hébreu. « Prière de remerciement à Dieu. »
Goy ; pluriel *goyim*… Hébreu. Au sens littéral « peuple », « nation. » Se dit d'un non-juif.
Haadama… Hébreu. « La terre », « la tourbe. »
Habibi… Arabe. « Chéri. »
'Haï… Hébreu. « Vivant. »
Hallal… Arabe. « Licite », « autorisé par Dieu. »
'Hamor… Arabe. « Âne. »
'Hara… Arabe. « Ruelle. »
'Harakat… Arabe. « Mouvements. » Se dit aussi des relations sexuelles.
'Haram !… Arabe. « C'est péché ! »
'Haram 'alek… Arabe. Plainte. « Que le péché retombe sur toi. »
'Har't'el yahoud… Arabe. « La ruelle aux Juifs. »
'Hassid… Hébreu. « Homme pieux. » Membre d'un mouvement orthodoxe : le « hassidisme. »
Hatsna lékhet… Hébreu. Discret dans son amour de *Ha chem*.
'Herz… Arabe. « Talisman. »
'Het et din kadhab… Arabe. « Quel foutu menteur. »
Inghilizi, el'hass tizi… Arabe. Plaisanterie. « Anglais, lèche-moi le cul… »
Ka'hk… Arabe. Petites rosquettes circulaires, le plus souvent salées et saupoudrées de graines de sésame.
Kan 'aouez yé gaouez okhti… Arabe. « Il voulait épouser ma sœur. »

Katran… Arabe. « Goudron. »
Kémot… (pluriel) Hébreu. « Amulettes. »
Ketouba… Hébreu. Contrat de mariage traditionnel.
Khara… Arabe. « Merde. »
Khfif… Arabe. Littéralement « léger. » Désigne une procédure de divination par le plomb fondu.
Kiddoush… Hébreu. Bénédiction du vin et du pain avant le repas.
Kipa… Hébreu. « Calotte. »
Kippour… Hébreu. Fête juive dite « du grand pardon » commémorant le pardon de Dieu après l'épisode du veau d'or.
Koll e da… Arabe. « Tout ça. »
Lakam… Hébreu. L'un des services secrets israéliens.
Lefta… Arabe. « Navet. »
Ma by efhamch 'haga, el schlekht da… Arabe. « Il ne comprend rien, ce "shlekht"… »
Ma'lech, sibou !… Arabe. « Laisse-le ! Ça ne fait rien ! »
Ma'haram ata… Hébreu. « L'anathème est sur toi. »
Ma'na… Arabe. « Signification », « sens secret. »
Ma'woug… Arabe. « Il est tordu. »
Macumba… Portugais du Brésil. Rituel syncrétique associant des divinités originaires d'Afrique, le plus souvent du vaudou originaire du golfe de Guinée et les saints catholiques.
Mafich… Arabe. « Il n'y a pas. »
Mah tovou ohalékha ya'kov michkénotékha yisraël… Hébreu. « Que tes tentes sont belles, Israël… » Début de la prière que l'on récitait en franchissant les portes du temple.
Majnouna… Arabe. Littéralement, « possédée par un *djinn*. » Le plus souvent « folle. »

Maskin… Arabe. « Pauvre. »
Mazal Tov… Hébreu. « Bonne chance. »
Mazlout… Arabe. « Rond comme un galet. »
Mboté nayo !… Lingala du Congo et d'Angola. « Bonjour à toi ! »
Mea Shaarim… Hébreu. Littéralement « cent fenêtres. » Quartier de Jérusalem habité par les Juifs pieux.
Méneinat… Arabe. Pluriel. Petits gâteaux sucrés de forme circulaire fourrés aux dattes ou aux noix.
Messirout nefech… Hébreu. « Sacrifice de soi. »
Mfumu a kanda… Lingala du Congo et d'Angola. « Chef de famille. »
Mitzva, pluriel *mitzvot*… Hébreu. Obligations imposées aux Juifs par Dieu. Selon la tradition, les Juifs doivent respecter 613 obligations.
Nass… Arabe. Pluriel. « Les gens. »
Nila… Arabe. Littéralement : désigne une sorte de terre bleutée utilisée autrefois pour teindre les textiles. Par extension, « nullité. »
Nkisi… Lingala du Congo et d'Angola. « Fétiche. »
Oua œlaya !… Arabe. « Que le malheur soit sur moi ! »
Oué… Arabe. « Et. »
Pessa'h… Hébreu. Littéralement, « passer par-dessus », « enjamber. » Désigne la fête de Pâques commémorant la nuit où Dieu a enjambé la maison des Juifs pour épargner leurs premiers-nés.
Pilpoul… Hébreu. Littéralement « poivre. » Désigne le plus souvent une méthode de discussion des textes bibliques, une sorte de dialectique.
Pourim… Hébreu. Littéralement : « Les sorts. » Désigne la fête commémorant l'histoire d'Esther qui

a sauvé le peuple juif de la destruction décidée par Aman, le ministre du roi Assuerus.

Ras el sana… Arabe. « Le début de l'année. » Désigne « *rosh hashana* », le nouvel an juif.

Rébézzé… Yiddish. « Femme de rabbin. »

Ro'ht oué get… Arabe. « Je suis allée et je suis venue. »

Sagha… Arabe. « Souk des bijoutiers. »

Samboussek… Arabe. Mot sans doute d'origine sanskrite désignant de petits pâtés à la viande.

Santeria… Espagnol. Culte syncrétique afro-catholique (voir *macumba*).

Seder… Hébreu. Littéralement « ordre. » Désigne l'ordonnancement du rituel de Pâques.

S'hur… Arabe. « Sort »

Sharmuta… Arabe. « Putain »

Shed… Pluriel *sheddim*… Hébreu. « Démon. »

Sheitan… Arabe. Satan.

Shema'… Hébreu. « Écoute. »

Shema' Israël… Hébreu. Credo juif commençant par les mots « Écoute ô Israël… »

Shéol… Hébreu. Le monde des morts.

Shikse… Yiddish. Désigne la femme non juive.

Souccot… Hébreu. Littéralement « cabanes. » Désigne la fête juive commémorant le campement de fortune des Juifs lors de leur errance à travers le désert.

Ta'ala !… Arabe. « Viens ! »

Taharath hamichpa'hah… Hébreu. « Les règles de la pureté nuptiale. »

Talmid 'hakham… Hébreu. Maître de l'étude.

Talmud… Hébreu. Corpus de commentaires de la *Torah* rédigés depuis la destruction du second temple.

Téchouva… Hébreu. « Retour à Dieu. »

Tephillin… Hébreu. Généralement traduit par le mot grec « phylactères », désigne de petites boîtes de cuir cubiques renfermant certains versets de la *Torah*, que les juifs posent sur leur front et sur leur bras durant la prière du matin.

Tikoune… Hébreu. « Réparation des fautes », « rachat. »

Toshav… Hébreu. Autochtone.

Tsadik hatsadikim… Hébreu. « Juste entre les justes. »

Tsadik nistar… Hébreu. Juste caché.

Tsion… Hébreu. L'un des noms de Jérusalem.

Tsitsitt… Hébreu. Franges du châle de prière et, de manière métonymique, le châle de prière.

Ya setti… Arabe. « Ô madame. »

Ya'ni… Arabe. « Ça veut dire. »

Ye'hra' dinak !… Arabe. Injure. « Que ta foi soit brûlée. »

Yeshiva… Hébreu. Littéralement « l'endroit où l'on s'assoit. » Désigne en général l'école intensive où l'on enseigne les textes sacrés.

Zay el 'assal… Arabe. « Comme le miel. »

Zay takhod el samak… Arabe. « Comme elle prendrait du poisson. »

Zay el zeft… Arabe. « Comme la poix », « mauvais », « sale. »

Zeft ouél atran… Arabe. « La poix et le goudron. »

Proverbes en langue arabe

Ya ellé raye'h kattar men el fadaye'.

« Ô, toi qui t'en vas, tu commettras toujours plus d'erreurs. »

Wala el li y' ghib ie wa'hach'hom ; wala elli yégui ié anes' hom.

« Celui qui tarde ne leur manque pas et celui qui arrive ne les réjouit pas. »

I za 'habibak 'assal, ma tel'hassouche kollou.

« Si ton ami est de miel, ne le lèche pas tout entier. »

Kalam el leil mad'houn bé zebda, yesba'h 'alé l'nahar, ye si'h...

« Les paroles de la nuit sont enduites de beurre, le premier rayon de soleil les fait fondre... »

May 'hok gesmak ela defrak...

« Rien ne te grattera mieux que ton ongle. »

Li kol da'enne dawaon iastatabbou lihi, ella elhamakaton ayatman iodawiha.

« Pour tout mal il existe un remède, sauf la colère qui est absolument incurable... »

Man chaf a'hbabou nessi ass'habou.

« Celui qui rencontre son amour oublie ses amis. »

Seket el salama, seket el nadama oué seket el le yrou'h ma yerga'hch.

« Il existe trois chemins : le chemin de la paix, le chemin du regret et celui du départ sans retour. »

Elley 'agle warda ye ass' i boustam ; elley 'agle am'ha taroui faddan.

« Qui veut obtenir une seule fleur, devra arroser tout le jardin ; qui veut obtenir un seul grain de blé, devra irriguer un hectare. »

Thalassaton iaz'habou 'an el kalb elcekam, al maou, al khodra wal wagh el 'hassan.

« Ils sont trois à savoir éloigner du cœur l'humeur triste : l'eau, la verdure et le doux visage. »

Sa'heb balein kadhab.

« Celui qui a deux esprits est un menteur. »

Table

Composition et mise en pages : Facompo, Lisieux